Werner Lips
Norddalmatien

„Tko rano rani, dvije srece grabi"
(Wer früh aufsteht, sammelt doppelt so viel Glück;
dalmatisches Sprichwort)

Impressum

Werner Lips
Norddalmatien

erschienen im
Reise Know-How Verlag Peter Rump GmbH
Osnabrücker Str. 79, 33649 Bielefeld

1. Auflage 2008

Gestaltung
Umschlag: G. Pawlak, P. Rump (Layout); M. Luck (Realisierung)
Inhalt: G. Pawlak (Layout); M. Luck (Realisierung)
Karten: C. Raisin; der Verlag
Fotos: der Autor (wl), Kroatische Fremdenverkehrszentrale (fz)
Titelfoto: der Autor

Lektorat: M. Luck

Druck und Bindung: Wilhelm & Adam, Heusenstamm

ISBN 978-3-8317-1679-1
Printed in Germany

Dieses Buch ist erhältlich in jeder Buchhandlung Deutschlands, der Schweiz, Österreichs, Belgiens und der Niederlande. Bitte informieren Sie Ihren Buchhändler über folgende Bezugsadressen:

Deutschland
Prolit GmbH, Postfach 9, D-35461 Fernwald (Annerod) sowie alle Barsortimente

Schweiz
AVA-buch 2000, Postfach, CH-8910 Affoltern

Österreich
Mohr Morawa Buchvertrieb GmbH, Sulzengasse 2, A-1230 Wien

Niederlande, Belgien
Willems Adventure, www.willemsadventure.nl

Wer im Buchhandel trotzdem kein Glück hat, bekommt unsere Bücher auch über unseren
Büchershop im Internet: www.reise-know-how.de

005nd08 Foto: fz

Werner Lips

Norddalmatien

Reise Know-How im Internet

Aktuelle Reisetipps und Neuigkeiten
Ergänzungen nach Redaktionsschluss
Büchershop und Sonderangebote

www.reise-know-how.de
info@reise-know-how.de

Wir freuen uns über Anregungen und Kritik.

Vorwort

Das **„neue Kroatien"**, für die nächste Beitrittsrunde offizieller EU-Kandidat, verzeichnet eine **politische und touristische Erfolgsgeschichte** ohnegleichen. Etwas mehr als ein Jahrzehnt zurück, noch am Ende eines unseligen Bürgerkrieges stehend, hatten viele Menschen in und außerhalb Kroatiens erhebliche Zweifel am Sinn und Nutzen der Eigenstaatlichkeit aus dem zerfallenen Jugoslawien heraus. Hinzu kam eine rechtskonservative Regierung unter *Tuđman,* die mitunter Erinnerungen an das faschistische Ustaša-Regime im 2. Weltkrieg hervorrief. Die stetigen Auseinandersetzungen auf dem Balkan (Bosnien, Serbien) taten damals ein Übriges, um Reisende von der Region fern zu halten.

Ende der 1990er Jahre kamen die Menschen trotzdem. Wie schon im „alten" Jugoslawien erfreute sich die kroatische Küste mit ihren zahlreichen malerischen Buchten, ungezählten Inseln und traumhaften Kleinstädten einer boomenden Beliebtheit insbesondere im deutschsprachigen Raum – und keine „Kriegsgerüchte", keine innenpolitischen Wirrnisse, keine kleinen Mankos im touristischen Komfort taten dem Abbruch.

Mit Präsident *Stjepan Mesić* folgte der nationalistischen Tuđman-Administration ein liberaler Freidenker mit Gerechtigkeitssinn und Drang zum Ausgleich mit allen Nachbarn. Er schuf die politischen Voraussetzungen, die das „neue Kroatien" Wirklichkeit werden ließen und das Land auf EU-Kurs führten.

Dieses Urlaubshandbuch soll all denen eine Hilfestellung geben, die – egal ob pauschal oder individuell unterwegs, ob mit eigenem Fahrzeug, Mietwagen oder öffentlichen Verkehrsmitteln – die wundervolle dalmatische Küste und das Hinterland bereisen möchten, und zwar sowohl bei der Vorbereitung wie auch bei der Urlaubsgestaltung vor Ort. Eine kleine Landeskunde macht mit Kultur und Geschichte des Gastlandes, mit den Menschen und ihrem Leben vertraut.

Neben der Beschreibung aller lohnenswerten Ziele Nord- und Mitteldalmatiens wird im Rahmen dieses Buches einer breiten Interessensvielfalt Rechnung getragen; so finden sich unter anderem wertvolle Tipps für Segler, Taucher, Wanderer, Biker, Familien mit Kindern, Strandurlauber u.v.m.

Bleibt mir noch, die außerordentliche Gastfreundschaft der Bewohner der jungen Republik Kroatien ganz besonders hervorzuheben und allen Reisenden einen interessanten und gelungenen Urlaub zu wünschen. Gute Reise!

Werner Lips

Inhalt

Reisetipps A–Z

(unter Mitarbeit
von *Elfi H. M. Gilissen*)

Land und Leute

Nördliches Dalmatien

Karten

Auf die passenden Karten/Stadtpläne wird jeweils in den Kopfzeilen verwiesen.

Exkurse

Anmerkung: Die in diesem Buch genannten **E-Mail- und Internet-Adressen** können – bedingt durch den Zeilenumbruch – getrennt werden, sodass ein Trennstrich eingefügt wird, der nicht zur Adresse gehören muss!

Die nord-dalmatische Inselwelt

Zwischen Zadar und Šibenik

Zentraldalmatien

Abkürzungen

a/c – Klimaanlage, Air condition
AC – Autocamp (Campingplatz)
AI – All inclusive
Bbhf – Busbahnhof
DZ bzw. **EZ** – Doppel-/Einzelzimmer
FeWo – Ferienwohnung
frz. – französisch
Hbf – Hauptbahnhof
ital. – italienisch
krt. – kroatisch
lat. – lateinisch
p.P. – pro Person
TI – Touristeninformation
Zi – Zimmer

Landesüberblick Kroatien

- **Ländername:** Republik Kroatien/*Republika Hrvatska*
- **Klima:** an der Küste maritimes, mildes Mittelmeerklima, sonst Kontinentalklima mit heißen Sommern und kalten Wintern
- **Lage:** mediterraner und mitteleuropäischer Staat mit Landgrenzen zu Slowenien, Ungarn, Serbien, Bosnien-Herzegowina und Montenegro
- **Größe:** 56.691 km² plus 1185 Inseln (davon 67 bewohnt) mit einem Küstenhoheitsgebiet von insgesamt 31.139 km²
- **Hauptstadt:** Zagreb (ca. 780.000 Einwohner, mit Umland 1,2 Mio.)
- **Bevölkerung:** ca. 4,5 Mio., davon ca. 90 % Kroaten, 7 % Serben, 3 % Sonstige
- **Zeitzone:** MEZ und MESZ
- **Reisedokumente:** Personalausweis oder Reisepass, Kinderausweis mit Bild
- **Währung:** Kuna (Jan. 2008: 1 Euro = 7,36 K, 1 K = 0,14 Euro; 1 SFr = 4,54 K, 1 K = 0,22 SFr)
- **Impfvorschriften:** keine, Standardimpfungen nach dem deutschen Impfkalender empfohlen
- **Landessprache:** Kroatisch; Fremdsprachen Deutsch, Englisch, Italienisch
- **Religionen:** 80 % römisch-katholisch, 5 % serbisch-orthodox, 1 % muslimisch
- **Nationaltag:** 30. Mai (Tag der kroatischen Eigenstaatlichkeit)
- **Unabhängigkeit:** Unabhängigkeitserklärung am 25.6.1991; Anerkennung durch Deutschland am 23.12.1991 mit Wirkung zum 15.1.1992, gemeinsam mit der Europäischen Union
- **Staats- und Regierungsform:** parlamentarische Demokratie; Zwei-Kammer-System und starke Stellung des Präsidenten
- **Staatsoberhaupt:** Präsident der Republik, *Stjepan Mesić* (bis 2010)

Anhang

008nd08 Foto: wl

014nd08 Foto: wl

Reisetipps A–Z

Anreise

Anreise mit dem Flugzeug

Nach Dubrovnik, Split und Zadar

Die meisten internationalen **Flughäfen in Kroatien** (Dubrovnik, Pula, Rijeka, Split, Zadar und Zagreb) werden aus dem Ausland **nur im Sommerhalbjahr** angeflogen. Nonstop-Verbindungen aus dem deutschsprachigen Raum mit Linienfluggesellschaften gibt es nach Split und Dubrovnik, eine ganze Reihe von Umsteigeverbindungen über Zagreb und andere europäische Hauptstädte (z.B. mit Austrian Airlines über Wien oder mit Malev über Budapest).

Flugpreise

Ein Economy-Ticket von Deutschland, Österreich und der Schweiz hin und zurück nach Split bekommt man je nach Jahreszeit und Aufenthaltsdauer **ab rund 150 Euro** (einschließlich aller Steuern, Gebühren und Entgelte). Am teuersten ist es in der Hauptsaison im Sommerhalbjahr, in der die Preise für Flüge in den Sommerferien im Juli und August besonders hoch sind und über 300 Euro betragen können.

Indirekt sparen kann man als Vielflieger, indem man Mitglied bei einem **Vielflieger-Programm** wird. Alitalia und Czech Airlines gehören dem Verbund www.skyteam.com an, während Austrian Airlines und Lufthansa im Verbund www.star-alliance.com sind. Diese Gesellschaften fliegen Zagreb, Split und/oder Dubrovnik an.

Buchung

Für die Tickets der Linienairlines kann man bei folgenden **zuverlässigen Reisebüros** meistens günstigere Preise als bei vielen anderen finden:

Bild auf den Seiten zuvor: Badefreuden in der Sakarun-Bucht

Buchtipps:
- Frank Littek, **Fliegen ohne Angst**
- Erich Witschi, **Clever buchen – besser fliegen**

(beide Bände Reise Know-How Praxis)

Kleines „Flug-Know-how“

Check-in

- Nicht vergessen: Ohne einen **gültigen Reisepass oder Personalausweis** (Letzerer nur für EU-Staatsbürger) kommt man nicht an Bord eines Flugzeuges nach Kroatien.
- Bei den innereuropäischen Flügen muss man mindestens **1 Stunde vor Abflug** am Schalter der Airline eingecheckt haben. Viele Airlines neigen zum Überbuchen, d.h., sie buchen mehr Passagiere ein, als Sitze im Flugzeug vorhanden sind, und wer zuletzt kommt, hat dann möglicherweise das Nachsehen.

Das Gepäck

- In der Economy Class darf man in der Regel nur **Gepäck bis zu 20 kg pro Person** einchecken (steht auf dem Flugticket) und zusätzlich ein Handgepäck von 7 kg in die Kabine mitnehmen, welches eine bestimmte Größe von 55 x 40 x 23 cm nicht überschreiten darf. In der Business Class sind es meist 30 kg pro Person und zwei Handgepäckstücke, die insgesamt nicht mehr als 12 kg wiegen dürfen. Man sollte sich beim Kauf des Tickets über die Bestimmungen der Airline informieren.
- **Flüssigkeiten** sowie wachs- und gelartige Stoffe (wie Kosmetik- und Toilettenartikel, Sprays, Shampoos, Cremes, Zahnpasta, Suppen) dürfen nur mit an Bord genommen werden, sofern sie die Höchstmenge von 100 ml nicht überschreiten und in einem durchsichtigen, wiederverschließbaren Plastikbeutel verpackt sind (den Beutel vorher kaufen, Fassungsvermögen: max. 1 l). Von den Einschränkungen ausgenommen sind verschreibungspflichtige Medikamente und Babynahrung sowie alle Flüssigkeiten/Getränke/Gels, die nach der Fluggastkontrolle z.B. in Travel-Value-Shops erworben wurden. Da sich diese Regelungen jedoch ständig ändern, sollte man sich im Reisebüro oder bei der Fluggesellschaft nach den jeweils gültigen Regelungen erkundigen.
- **Sperrige Gepäckstücke** (z.B. Fahrräder) müssen bei der Fluggesellschaft vorab angemeldet werden. Deren Beförderung kann mit Zusatzkosten verknüpft sein, die je nach Airline unterschiedlich sind.
- Aus Sicherheitsgründen dürfen **Taschenmesser, Nagelfeilen, Nagelscheren,** sonstige Scheren und Ähnliches nicht mehr im Handgepäck untergebracht werden. Diese Gegenstände sollte man unbedingt im aufzugebenden Gepäck verstauen, sonst werden sie bei der Sicherheitskontrolle einfach weggeworfen. Darüber hinaus gilt, dass Feuerwerke, leicht entzündliche Gase (in Sprühdosen, Campinggas), entflammbare Stoffe (in Benzinfeuerzeugen, Feuerzeugfüllung) etc. nichts im Passagiergepäck zu suchen haben.

- **Jet-Travel,** Buchholzstr. 35, 53127 Bonn, Tel. 0228-284315, Fax 284086, info@jet-travel.de, www.jet-travel.de. Sonderangebote auf der Website unter „Schnäppchenflüge".
- **Globetrotter Travel Service,** Löwenstr. 61, 8023 Zürich, Tel. 044-2286666, www.globetrotter.ch. Weitere Filialen siehe Website.

Billigfluglinien

Split und **Dubrovnik** werden von folgenden Billigairlines angeflogen:

- **Fly Baboo,** www.flybaboo.com. Von Genf nach Dubrovnik.
- **Air Berlin,** www.airberlin.com. Von Düsseldorf nach Split.
- **Germanwings,** www.germanwings.com. Von Köln/Bonn, Stuttgart, Hamburg, Berlin-Schöneberg, München, Dresden, Leipzig/Halle und Dortmund nach Split und von Köln/Bonn nach Dubrovnik.
- **TUIfly,** www.tuifly.com. Von Hannover, München und Stuttgart nach Dubrovnik.

Last Minute

Wer sich erst im letzten Augenblick für eine Reise nach Kroatien entscheidet oder gern pokert, kann Ausschau nach Last-Minute-Flügen halten, die von einigen Airlines mit deutlicher Ermäßigung ab etwa **14 Tage vor Abflug** angeboten werden, wenn noch Plätze zu füllen sind. Diese Last-Minute-Flüge lassen sich nur bei Spezialisten buchen:

- **L'Tur,** www.ltur.com, (D)-Tel. 01805-212121 (0,12 Euro/Min.), (A)-Tel. 0820-600800 (0,12 Euro/Min.), (CH)-Tel. 0848-808088 (0,12 SFr/Min.); 140 Niederlassungen europaweit.
- **Lastminute.com,** www.de.lastminute.com, (D)-Tel. 01805-777257 (0,12 Euro/Min.).
- **5 vor Flug,** www.5vorflug.de, (D)-Tel. 01805-105105 (0,12 Euro/Min.).
- **www.restplatzboerse.at:** Schnäppchenflüge für Leser in Österreich.

Anreise mit dem Bus

Gute und preiswerte Verbindungen

Von Pauschalreisen abgesehen (Information und Buchung in jedem Reisebüro) gibt es in Kroatien und seinen Nachbarstaaten, bedingt durch die langjährige Gastarbeitertradition, gute und preiswerte Linienbusverbindungen zwischen Deutschland und Kroatien. Die Rückfahrtickets sind in der Regel sechs Monate gültig, sodass man seinen Urlaub flexibel planen kann.

Einzelheiten, Fahrpläne und Buchungen sind bei der **Deutschen Touring GmbH** erhältlich. Auf der Internetseite können Ausgangs- und Zielorte gewählt, Fahrtzeiten und Preise abgefragt sowie Kataloge bestellt werden:

- **Deutsche Touring GmbH,** Am Römerhof 17, D-60486 Frankfurt am Main, Tel. 069-7903-501, Fax 7903-219, service@deutsche-touring.com, www.touring.de. Ticketkauf und Reservierungen kann man in 17 DTG-Ticket-Center in Deutschland sowie in DER-Reisebüros und den meisten Reisezentren der Deutschen Bahn vornehmen.

Alle wichtigen Orte werden angefahren

Von allen deutschen Großstädten werden alle wichtigen Orte in Kroatien, Bosnien oder Serbien-Montenegro – viele davon täglich – angefahren. Ein Beispiel: Eine Linienbusfahrt von Hamburg nach Zadar kostet rund **120 Euro** (180 Euro retour). Auf allen Routen erhalten Studenten mit Ausweis 10 % Rabatt, Kinder (4–12 Jahre) zahlen die Hälfte.

Die Mitnahme von **Reisegepäck** ist pro Person auf zwei Gepäckstücke und ein Handgepäckstück begrenzt. Auch sperriges Gepäck wie ein Fahrrad oder die Tauchausrüstung ist kein Problem, in der Hochsaison im Sommer und zu Weihnachten sollte man es jedoch lange im Voraus anmelden. Pro Gepäckstück wird eine Gebühr von 3 Euro beim Einstieg in den Bus erhoben. Als Quittung wird eine Gepäckmarke ausgegeben; das Handgepäck ist frei.

Wichtig: Die **Rückbestätigung** (Reservierung für die Rückfahrt) muss am Zielort durchgeführt werden, wofür vor Ort eine Gebühr von umgerechnet etwa 3 Euro erhoben wird.

Ähnliches wird auch **in Österreich** ab Wien bzw. Graz angeboten, etwa als Nachtfahrt über Karlovac und Zadar bis Split für knapp 92 Euro (Rückfahrkarte) bzw. Kinder für 46 Euro. Infos unter www.blaguss.com oder auch www.wintereder-busreisen.at.

Anreise mit der Bahn

Nach Rijeka

Derzeit bestehen **zwei gute Verbindungen täglich** von München nach Rijeka, dem für Bahnreisende günstigsten Zielort an der kroatischen Adria. Tagsüber geht es um 7.26 Uhr los, man erreicht sein Ziel nach Umsteigen in Ljubljana um 17.24 Uhr. Der direkte „Nachtzug" startet um 23.45 Uhr und erreicht Rijeka um 8.51 Uhr. Fahrpreisbeispiel: Für zwei Personen mit Bahncard 25 kostet die Hin- und Rückreise bei rechtzeitiger Buchung rund 150 Euro. Der Komfort eines Schlaf-

kro_019 Foto: wl

oder Liegewagens wird extra berechnet. Nach München bestehen viele bequeme ICE-Verbindungen aus dem gesamten Bundesgebiet.

Von Rijeka aus startet mindestens einmal pro Woche das Küstenschiff der Fährgesellschaft Jadrolinija Richtung Split und Dubrovnik – eine der landschaftlich schönsten Fährreisen überhaupt!

Eine reizvolle **Variante** ist es auch, mit dem Nachtzug um 21.03 ab München **nach Venedig** (Ankunft 7.37 Uhr) zu reisen, dort dann einen Tag zu verbringen und dann mit dem Schnellboot nach Kroatien überzusetzen.

Die Preise bei der Bahn schwanken sehr, je nachdem, ob es gerade ein Sparangebot gibt, ob man eine Ermäßigungskarte besitzt etc. Es empfiehlt sich daher die kompetente **Beratung** bei einem **spezialisierten Reisebüro** wie z.B.:

- **Gleisnost am Stadttheater,** Bertoldstr. 44, D-79098 Freiburg, Tel. 0761-383031.
- **Gleisnost im Bahnhof Littenweiler,** Lindenmattenstr. 18, D-79117 Freiburg, Tel. 0761-62037.
- **www.gleisnost.de.**

Fahrradtransport

Hinweis für alle, die ihr Fahrrad mitnehmen wollen: Die Mitnahme von Fahrrädern ist nur in sehr, sehr wenigen Zügen möglich. In den durchgehenden Zügen von Deutschland aus besteht die Möglichkeit gar nicht.

Wer sein Fahrrad jedoch in eine **Fahrradtasche** verpackt, reist nicht mit einem „Fahrrad", sondern mit einem normalen Gepäckstück – schon ist das Problem gelöst!

Alternativ bietet es sich an, die **EMS-Kurier-Post GmbH,** den Nachfolger des Gepäckversandes der ehemaligen Bundesbahn, mit der Beförderung zu beauftragen: In Verbindung mit der normalen Bahnfahrkarte wird dann für pauschal 25 Euro das

Auch für Biker geeignet: Wanderweg im Nationalpark Paklenica

Rad zum Bahnhof des Zielortes transportiert. Es muss im Karton verpackt (Lenker quer, Pedale ab; spezielle Radkartons bietet EMS für 5 Euro an) und mit einem Gepäckschein (Bahnhöfe) versehen sein. Spätestens 24 Stunden vor der eigenen Abreise (besser 3–4 Tage vorher) muss EMS unter Tel. 0180-3320520 informiert werden. Das Rad wird von der Haustür abgeholt, man erhält es dann am Bahnhof des Reiseziels wieder.

Anreise mit dem Auto

Autobahn bis Makarska

Dalmatien gehört wie Italien oder Frankreich zu den „klassischen" Autoreisezielen, wobei unterschiedliche Routen für die einzelnen Großräume zu beachten sind (s.u.). **Am schnellsten** kommt man über die Autobahn nach Dalmatien; sie ist mittlerweile bis hinter Makarska (Süddalmatien) freigegeben und soll noch im Laufe dieser Auflage bis Dubrovnik befahrbar sein.

Der vielleicht **wichtigste Tipp** ist: **Man meide den Samstag** auf kroatischen Straßen um jeden Preis; insbesondere im Hochsommer sind stundenlange Staus vorprogrammiert! Leider bestehen die meisten Unterkunftsvermieter auf den üblichen „Bettenwechsel am Samstag", anstatt durch individuelle Lösungen zu einer Entzerrung dieser Stoßzeiten beizutragen.

Grundsätzlich gilt: Wie in Kroatien selbst auch für alle Transitländer (Tschechien, Slowenien, Italien, Österreich) die **Pannensignalweste** nicht vergessen und **tagsüber Abblendlicht** einschalten (Verstöße kosten 15–40 Euro Bußgeld)!

Transit Österreich

Für Kfz bis 3,5 t verlangt Österreich eine **Autobahn-Vignettengebühr** von 72,60 (Jahr) bzw. 21,80 Euro (2 Monate); das zehn Tage gültige „Pickerl" kostet 7,60 Euro – es empfiehlt sich somit die Anschaffung zweier 10-Tages-Vignetten (die Preise für ein Motorrad betragen 29 Euro/ 10,90 Euro/4,30 Euro). Damit nicht genug: Die gängige Route Salzburg – Ljubljana via Tauernautobahn und Karawankentunnel wird zusätzlich jeweils einfach mit einer Maut von 9,50 Euro (Tauern) und 6,50 Euro (Karawanken) belegt, auf der Route Linz – Graz sind es 4,50 Euro für den Bosrucktunnel und 7,50 Euro für den Gleinalmtunnel.

In Österreich müssen Kfz über 3,5 t eine „Go-Maut-Box“ für einmalig 5 Euro erwerben (alle Grenzbüros/Tankstellen in Grenznähe) und diese dann mit einem Guthaben von 50 bis 500 Euro aufladen. Auf allen mautpflichtigen Strecken wird dann automatisch per Funksignal die entsprechende Gebühr abgebucht. Dieses System gilt auch für **Wohnmobile,** die prinzipiell etwa das 1,5-fache (zweiachsig) bzw. zweifache (dreiachsig) der oben genannten Pkw-Tunnelgebühren zahlen.

Eine **Umgehung der Tauernautobahn** ist möglich, kostet aber Zeit und ist nur für zugkräftige Fahrzeuge mit Einschränkungen, für Kradfahrer jedoch durchaus empfehlenswert: Tauernautobahn Abfahrt „Lammertal“, dann via Radstadt und Mauterndorf bis Rennweg (Mehraufwand ca. 40 Minuten, malerische Strecke über zwei Pässe); Karawankentunnel bei Villach-West via Wurzenpass (bis 20 % Steigung, für Gespanne gesperrt!) nach Kranjska Gora, dort Richtung Bled und Ljubljana (Mehraufwand ca. 45 Minuten).

Transit Slowenien

Auch Slowenien erhebt Gebühren an **Mautstationen:** für den Karawankentunnel (auf der Rückreise, hin zahlt man in Österreich) 8 Euro, auf der kurzen Autobahn vor Ljubljana 1,50 Euro, hinter Ljubljana (man muss leider ganz hindurch) Richtung Zagreb bis Novo Mesto 3 Euro (Autobahn Novo Mesto – Karlovac) und von Ljubljana Richtung Postojna/Triest 3,50 Euro (Camper/Wohnmobile jeweils ca. 50 % mehr). Seit 2007 gilt in Slowenien der Euro als alleiniges Zahlungsmittel, für die Transitmaut werden alle gängigen Währungen ohne Aufschläge akzeptiert, man kann sogar in kroatischen Kuna zahlen (nicht Karawankentunnel oder Tauernautobahn).

In Kroatien

In Kroatien kosten die Autobahnen eine **moderate Gebühr,** eine Umgehung lohnt keinesfalls; von der slowenisch-kroatischen Grenze zahlt ein Pkw auf der nördlichen Route Zagreb – Slavonski Brod

	Deutschland	Österreich	Slowenien	Kroatien	Bosnien-Herzegowina
Höchstgeschwindigkeit Ort/Landstr./Autobahn	50 / 100 / keine	50 / 100 / 130 km/h	50 / 90 / 130 km/h	50 / 80 / 130 km/h	50 / 90 / keine
Promillegrenze	0,5	0,5	0,5	0,0	0,5
Strafe für: Alkohol am Steuer	ab 250 €	ab 220 €	125-430 €	ab 80 €	ab 150 €
20 km/h zu schnell	30-40 €	20-55 €	40-125 €	ab 40 €	ab 40 €
Rote Ampel überfahren	ab 50 €	70-145 €	bis 250 €	130 €	75 €
Überholverstoß	30-125 €	70-145 €	170 €	ab 40 €	ab 30 €
Parkverstoß	5-50 €	ab 10 €	40 €	ab 40 €	ab 30 €
Treibstoff-Preisniveau	100 %	5-15 % günstiger[1]	10 % günstiger[2]	10 % günstiger[2]	10 % günstiger[2]
ADAC-Notruf	089-767676	01-2512060	051-3440650	01-3440666	051-3440660
Mautgebühren	keine	Tauern 10 € Karawanken 8 €	Karawanken 8 € Autobahn s. Text	bis Split ca. 150 K, bis Spll. Brod 85 K	keine

[1] Landstraßentankstellen 15 %, an Autobahnen ca. 5%   [2] landesweit gleiche Preise

rund 88 K (ca. 12 Euro), auf der Südroute bis Split rund 157 K (ca. 21 Euro). Die Autobahnen sind ausgezeichnet, viele Autobahnraststätten bieten Übernachtungsmöglichkeiten, die Spritpreise sind landesweit identisch (auch an Autobahnen). An der Autobahnzufahrt erhält man ein Ticket (gut aufbewahren!), welches man beim Verlassen an der Mautstation abgibt, erst dann wird der Routenpreis berechnet.

Autobahngebühren

Die genauen Autobahngebühren (detailliert zwischen zwei Ein-/Ausfahrten) kann man unter **www.hak.hr** – dort den Suchbegriff „Straßengebühren" eingeben – einsehen und ausdrucken. Für die slowenischen Straßengebühren werfe man einen Blick auf die Seite **www.kroatien-information.de**/html/kroatische_maut_kroatien.html.

Zusätzliche Tunnelgebühren auf kroatischen Straßen:

- **Zagreb – Karlovac: 16 K**
- **Karlovac – Vukova Gorica: 23 K**
- **Tunnel Učka: 28 K**
- **Krk-Brücke: 15 K**
- **Lepenica – Rijeka: 15 K**
- **Zagreb – Slavonski Brod: 68 K**
- **Zagreb – Krapina: 10 K**
- **Goričan – Varaždin: 13 K**
- **Sv. Helena – Zagreb: 14 K**
- **Zagreb – Jastrebarsko: 8 K**

Haupttransitroute

Viele Kroatien-Urlauber wählen die Haupttransitroute **durch die Alpen,** die von München über Salzburg und Villach **nach Ljubljana,** der Hauptstadt von Slowenien, führt. Dabei passiert man in Österreich die Tauernautobahn und den Karawankentunnel mit der slowenischen Grenze unmittelbar dahinter. Ab Ljubljana nach Osten Richtung Zagreb und bei Novo Mesto Richtung Grenzübergang Metlika abzweigend, erreicht man **Karlovac.** Ab Karlovac wurde die von Reisenden lang ersehnte **neue Autobahn bis Makarska** (südlich von Split) dem Verkehr übergeben, sodass Reisende nach Dalmatien die Strecke Karlovac – Zadar und weiter bis Split zügig zurücklegen können. Spätestens 2009 soll das letzte Teilstück bis Dubrovnik (Süddalmatien) fertig gestellt sein.

Alternativroute

Neben der oben genannten Route bietet sich alternativ die **Autobahn Linz – Graz – Maribor – Zagreb – Rijeka** an, denn gerade in den Ferienzeiten platzt die „klassische" Tauernroute aus allen Nähten; kilometerlange Staus an Tauern- und Katschbergtunnel sind nur eine Folge. Den Abschnitt München – Tauern – Ljubljana – Karlovac kann man auch auf der (vom ADAC empfohlenen) so genannten **„Wohlfühlroute"** – wohl weil die Tester dort nicht im Stau standen – umgehen: Ab Nürnberg fährt man via Regensburg, Passau, Linz, Graz und Maribor bis Zagreb. Wer aus Norddeutschland/Ostösterreich anreist, ist damit sicherlich gut beraten; Eindrücke und Infos auf der Website www.wohlfuehlroute.de.

Route über Slawonien/ Nordostkroatien

Aus Mitteldeutschland via Tschechien bzw. **aus Ostösterreich via Graz** könnte man in Kroatien alternativ über das östliche Binnenland/kroatische Donaugebiet fahren. Dazu folgt man ab Zagreb der A 3 oder der Landstraße N 2 ab Maribor via Varaždin und Virovitica bis Osijek/Vukovar. In Ostslawonien kann man über die serbische Autobahn A 1 Richtung Belgrad oder (bei Slawonski Brod) über Sarajevo und Mostar Mittel- und Süddalmatien (Split bzw. Dubrovnik) erreichen.

Anreise mit dem Schiff

Ab Venedig

Von Venedig in einige istrische Küstenstädte verkehren **in den Sommermonaten** regelmäßig **Personenfähren** von Venezia Lines:

- **Venedig – Rabac:** Juni bis Sept. 1x wöchentlich
- **Venedig – Pula:** Juni bis August 1–3x wöchentlich
- **Venedig – Piran:** Mai bis Sept. 1x wöchentlich
- **Venedig – Poreč und Rovinj:** Ende April bis Anfang Okt. jeweils 3–6x wöchentlich

028nd08 Foto: wl

Die **Preise** für die einfache Strecke starten bei ca. 50 Euro pro Person (Fahrrad 10 Euro, Pkw-Mitnahme ist auf diesen Strecken nicht möglich). Die direkten Überfahrten dauern 2,5–4 Stunden. Aufgrund der wenigen Abfahrten empfiehlt sich eine langfristige Buchung.

Ab Ancona Für Reisen nach Nord- und Mitteldalmatien geeigneter ist die Anreise per **Autofähre** ab Ancona. Die Überfahrt nach Zadar für zwei Personen (Unterbringung Sitz) inklusive Pkw kostet derzeit ab 157 Euro (Rückfahrkarte) bzw. 137 Euro einfache Fahrt (Sitz).

Infos und Buchung

- **www.venezialines.com**
- **www.smc-ferry.com**
- **www.jadrolinija.hr**
- Eine zuverlässige, unverbindliche individuelle Preisberechnung ist unter **www.ocean24.com** möglich.
- Tickets und Informationen zu Fähren erhält man außerdem bei den Spezialisten von **Richtig Schiffen:** im Internet unter www.richtig-schiffen.de und unter Tel. 01805-742484472443336 (0180-richtigschiffen) (0,12 Euro/Min.).

Einfahrt einer Jadrolinija-Fähre in Zadar

Ausrüstung und Reisegepäck

Weniger ist mehr

Grundsätzlich gilt: So wenig wie möglich mitnehmen, bei Bedarf kann nahezu alles unterwegs nachgekauft werden. Neben Toilettenartikeln und der persönlichen Bekleidung, die in den Sommermonaten leicht und luftig sein sollte, könnte eine **Basisausrüstung** folgendermaßen aussehen:

- **Schwimmkleidung,** evtl. Schnorchelausrüstung (Inseln).
- **Schuhe:** Für die Stadt gute Laufschuhe, denn die Kopfsteinpflaster der oft steilen Altstadtgassen sind auch bei Trockenheit glatt wie Schmierseife; für die Berge Wander- oder gute Sportschuhe; für den Strand Schlappen oder Gummisandalen (Steinstrände!).
- **Regenschutz:** Ein Regenschirm kann auch als Sonnenschutz dienen; für Fahrrad- und Mopedtouren eine leichte Regenjacke.
- **Sonnenschutz:** Sonnencreme sowie Tuch, Hut oder Mütze für Wanderungen oder Sonnenbäder in der heißen Jahreszeit (insbesondere für Kinder!), Sonnenbrille.
- **Taschenmesser:** Multifunktionsmesser mit Büchsenöffner, Schere, Feile usw.
- **Wäscheleine** zum Aufhängen der Handwäsche, besser noch ein flexibles Hosengummi; in Ferienwohnungen besteht meist die Möglichkeit, die Handwäsche auf dem Balkon/der Terrasse zu trocknen.
- **Waschmittel:** Spezielle Reisewaschmittel sind vor Ort meist nicht erhältlich, ein Stück Kernseife genügt.
- **Wanderausrüstung:** Tagesrucksack (auch für Einkäufe), bruchfeste Feldflasche.
- **Reisewecker** für frühe Wanderungen, öffentliche Verkehrsmittel usw.

Wer mit dem eigenen Fahrzeug unterwegs ist, hat bei der Zusammenstellung des Gepäcks natürlich einen ganz anderen Spielraum.

Reisende mit Rucksack, die ein mittleres oder besseres Hotel aufsuchen, werden zuweilen schräg angesehen. Aber gerade **Koffer** sind das denkbar ungeeignetste Transportmittel, wenn man nicht gerade von Hoteltür zu Hoteltür fährt bzw. gefahren wird. Für alle Zwecke sehr gut bewährt haben sich **Reisetaschen.** Wer sich überwiegend in Städten und an Stränden aufhalten will, ist mit einer Tragetasche mit Schulterriemen gut beraten.

Es versteht sich von selbst, dass man in Museen, Kirchen, guten Restaurants, Casinos usw. **angemessene Kleidung** trägt, während an den Stränden, in Touristenorten und auf Wanderungen lockere Freizeitkleidung völlig in Ordnung ist. Für offizielle Anlässe oder Geschäftsreisen sind Kostüm bzw. Anzug und Krawatte unverzichtbar.

Autofahren in Kroatien

Defensiv fahren!

„Hinter Wien beginnt der Balkan", hieß es immer – hinsichtlich der Fahrweise vieler Bewohner Ex-Jugoslawiens sicherlich nicht gänzlich aus der Luft gegriffen. Trotz der recht häufigen Polizeikontrollen mutet manch riskantes Überholmanöver der Einheimischen recht abenteuerlich an. **Als Gast im fremden Land** sollte man besonders vorsichtig und defensiv fahren, um Unfälle und Ärger von vornherein zu vermeiden.

Straßennetz

Das Straßennetz ist **vollkommen ausreichend.** Trotz etlicher Neubaumaßnahmen muss jedoch auf dem Großteil der alten Küsten- und Landstraßen mit Vorsicht gefahren werden. Neben den Autobahnen sind auch manche Tunnels sowie die Brücke zur Insel Krk mautpflichtig.

Landkarten

Allgemein hilfreich für die Anreise (einschließlich Transit) sind die **ADAC-Reisekarten,** die (für Mitglieder kostenlos) in den Geschäftsstellen erhältlich sind. Bei **Reise Know-How** gibt es detaillierte **Landkarten** mit Ortsregister zu Dalmatien (Maßstab 1:175.000) und Kroatien (1:300.000).

Geschwindigkeit

In Kroatien sind folgende Geschwindigkeitsbegrenzungen zu beachten: **50 km/h** in Siedlungen, **90 km/h** auf Landstraßen außerhalb von Siedlungen, **110 km/h** auf Kraftfahrtstraßen, **130 km/h** auf Autobahnen; für Pkw mit Anhänger gelten außerhalb von Ortschaften grundsätzlich 80 km/h.

0,0 Promille!

Auf kroatischen Straßen gilt ein absolutes Alkoholverbot! Hierzu eine kleine **Anekdote:** Ein Priester, der sich gegen die 0,0-Promille-Regelung vor Gericht beschwerte, fand eine interessante Argumentation: Er müsse mehrere Gemeinden betreuen, am selben Tage oft Messwein trinken und käme so aus beruflichen Gründen auf einen gewissen Pegel ...

Parken

Wichtig sind auch die **neuen Parkregelungen,** die in fast allen größeren Orten mittlerweile umgesetzt wurden: Das Parken ist (abgesehen von Parkhäusern, z.B. in Zagreb) nur auf farbig markierten Parkflächen erlaubt. Dabei steht „Rot" für 60 Minuten, „Gelb" für 120 Minuten und „Grün/Blau" für 180 Minuten, die in aller Regel Mo bis Fr von 7–20 Uhr und Samstag bis 14 Uhr **gebührenpflichtig** sind (Parkscheinautomaten).

Sonstiges

Weitere Vorschriften: In Kroatien besteht eine grundsätzliche **Anschnall- und** (für Kradfahrer) **Helmpflicht.** Mitzuführen sind **Verbandskasten, Warndreieck und Abschleppseil,** auch Ersatzbirnen für die Beleuchtung sind offiziell Pflicht. Ersatzkanister mit Treibstoff dürfen nicht mitgeführt werden. Kinder unter 12 Jahren müssen auf dem Rücksitz befördert werden. **Tagsüber** muss – wie auch in Slowenien – **mit Abblendlicht** gefahren werden.

Buchtipp:

- RA Michael Nissen, Friedrich Köthe

Bordbuch Südeuropa für Unfall, Panne und Verkehr

Dieser Praxis-Ratgeber informiert über spezielle Verkehrsregeln und Einreisebestimmungen, Strafen, Notrufe und viele weitere Fragen rund ums Autofahren und hilft, Unfälle und Pannen zu regulieren und seine Rechtsansprüche durchzusetzen (REISE KNOW-HOW Verlag, Bielefeld).

Die Entstehung der Krawatte

Die „Krawatte“, gemeinhin die gängige Bezeichnung für Halsbinde oder Schlips, hat überraschenderweise ihren **Ursprung in – Kroatien!** Das deutsche Wort leitet sich vom französischen „cravatte“ ab, das folgendermaßen entstand: Im 17. Jahrhundert hielten sich am französischen Königshof Gesandte aus aller Herren Länder auf, auch wurden besondere Militärverbände gerne aus anderen Ländern rekrutiert, da man diesen größere Loyalität unterstellte. Ein solch besonderer Kavallerieverband wurde von den Franzosen aus Kroatien angeworben, die hervorragend ausgebildeten Reiter dienten der französischen Reiterei als Vorbild. Bemerkenswert war aber noch etwas anderes: Um ihren Hals trugen diese Kroaten seltsam gebundene Halstücher, die schon bald als modisch empfunden und am Königshof getragen wurden. Da es keinen eigenen Namen für diesen Halsschmuck gab, nannten die Franzosen ihn nach der Herkunft seiner Träger „Crvate“ (aus altslavisch „Chvat“), woraus dann allmählich französisch „cravatte“ und das deutsche „Krawatte“ wurde.

Papiere An Pkw-Papieren sind **Führerschein** und **Kfz-Zulassungsschein** Pflicht; die **„Grüne Versicherungskarte“** ist ebenfalls vorgeschrieben.

Unfälle Bei Unfällen sollte man unbedingt eine **polizeiliche Unfallbestätigung** ausstellen lassen! Nur damit ist die problemlose Ausreise möglich, da Fahrzeuge mit auffälligen Karosserieschäden die Grenze nicht passieren dürfen, ehe der (mögliche) Verkehrsunfall nachweislich geregelt wurde. Für die heimische Versicherung und um langwierige Schadensersatzprozesse zu vermeiden unbedingt das mehrsprachige Formular „Europäischer Unfallbericht“ (Automobilclubs) mitführen und zusammen mit dem Unfallgegner ausfüllen!

Notruf/ Pannenhilfe Der ADAC unterhält eine **Notrufstation in Zagreb,** die unter Tel. 01-3440666 angerufen werden kann. Der ÖAMTC ist in Zagreb unter Tel. 01-3440644 erreichbar. Andere Automobilclubs haben nur Notrufnummern im jeweiligen Heimatland, die in der Regel auf der Mitgliedskarte des

Clubs aufgedruckt sind. Die **Pannenhilfe des kroatischen Autoclubs HAK** ist unter Tel. 987 (aus Mobilnetzen Tel. 01987) durchgehend erreichbar (man achte auf die Aufschrift „Pomoć na cesti 987" - andere Pannenhelfer sind wesentlich teurer).

Diplomatische Vertretungen

Die Republik Kroatien unterhält **diplomatische Beziehungen zu über hundert Ländern,** von denen etwa die Hälfte ihre Botschaft in Zagreb hat, einige Länder unterhalten zudem Konsulate in Rijeka, Split und Dubrovnik.

In Kroatien

- **Deutschland: in Zagreb,** Njemačko Veleposlanstvo, Ulica Grada Vukovara 64, Tel. 01-6300100 und bei dringenden Notfällen Tel. 098-227136; **in Split,** Njemački Konzulat, Svačiceva 4, Tel. 021-409347.
- **Österreich: in Zagreb,** Austrijsko Veleposlanstvo, Jabukovac 39, Tel. 01-4881050; **in Pula,** Austrijski Konzulat, Stiglicheva 28, Tel. 052-541999; **in Rijeka:** Austrijski Konzulat, Stipana Istranina Konzula 2, Tel. 051-338554; **in Split:** Austrijski Konzulat, Klaiceva poljana 1, Tel. 021-322610.
- **Schweiz: in Zagreb,** Švicarsko Veleposlanstvo, Bogoviceva 3, Tel. 01-4878800.

In D/A/CH

- **Botschaft der Republik Kroatien,** Ahornstr. 4, D-10787 **Berlin,** Tel. 030-21915514, Fax 23628965.
- **Botschaft der Republik Kroatien,** Heuberggasse 10, A-1170 **Wien,** Tel. 01-4802083, Fax 4802942.
- **Botschaft der Republik Kroatien,** Thunstr. 45, CH-3005 **Bern,** Tel. 031-3520275, Fax 3520373.

Ein- und Ausreisebestimmungen

Kurzfristige Änderungen

Ein- und Ausreisebestimmungen können sich kurzfristig ändern. Bitte **informieren** Sie sich kurz **vor Antritt der Reise** nach dem aktuellen Stand (z.B. unter www.auswaertiges-amt.de für Deutsche, unter www.bmaa.gv.at für Österreicher und unter www.eda.admin.ch für Schweizer).

Papiere

Für die Einreise nach Kroatien mit einer Aufenthaltsdauer von bis zu drei Monaten genügt ein gültiger **Personalausweis.** Schweizer und Reisende durch Bosnien-Herzegowina (z.B. im Transit nach Süddalmatien/Dubrovnik) benötigen einen **Reisepass.** Kinder müssen in den Reisedokumenten der Eltern eingetragen sein, ab 12 Jahren ist ein eigener **Kinderausweis** mit Lichtbild erforderlich. **Impfvorschriften bestehen keine.**

Mitnahme von Tieren

Für die Mitnahme von Tieren wird ein gültiger und aktualisierter **Impfpass** (Tierarzt) benötigt. Achtung: Auch schon für die Durchreiseländer innerhalb der EU muss für das Tier eine ordnungsgemäße **Tollwutschutzimpfung** und ein **EU-Heimtierausweis** („Pet Passport" genannt) oder übergangsweise der bisherige Impfausweis vorgelegt werden. Darüber hinaus muss das Tier neuerdings mit einem **Microchip** oder übergangsweise bis zum 2. Juli 2011 mit einer lesbaren Tätowierung gekennzeichnet sein.

Zoll in Kroatien

Auf Gegenstände des persönlichen Bedarfs in üblichen Mengen wird kein Zoll erhoben. Ansonsten gelten bei der **Ausfuhr** die internationalen **Höchstmengen:** 200 Zigaretten oder 250 g Tabak, 50 ml Parfüm, 250 ml Eau de Toilette, 1 Liter Spirituosen oder 1 Liter Wein.

Wertvollere **professionelle und technische Ausrüstung** muss deklariert werden (nicht aber die private Kamera- oder Tauchausrüstung).

Devisen

Die Ein- und Ausfuhr von Devisen ist **in unbegrenzter Höhe** zulässig, die Landeswährung darf bis zu 2000 Kuna ein- bzw. ausgeführt werden.

Schnappschuss auf dem Markt

035nd08 Foto: wl

Mehrwertsteuer

Für in Kroatien gekaufte Waren (mit Ausnahme von Treibstoffen) kann die Mehrwertsteuer (PDV) auf Rechnungen von über 500 Kuna **rückerstattet** werden. Beim Kauf verlangt man hierzu das Formular „PDV-P", welches vom Verkäufer ausgefüllt werden muss. Bei der Ausreise lässt man diese Rechnungen vom Zollamt gegenbestätigen. Die Mehrwertsteuer kann dann innerhalb von sechs Monaten rückerstattet werden: entweder persönlich beim Verkäufer, bei dem die Ware gekauft wurde, oder postalisch (Adresse des Verkäufers) unter Angabe der Kontonummer, auf die der Betrag eingezahlt werden soll. Die Erstattung erfolgt innerhalb von 15 Tagen nach Eingang.

EU-Zoll

Bei der **Rückkehr** gibt es auch auf EU- bzw. schweizerischer Seite **Freigrenzen, Verbote und Einschränkungen,** die man beachten sollte, um eine böse Überraschung am Zoll zu vermeiden. Die nachfolgend genannten Freimengen darf man zollfrei einführen:

- **Tabakwaren** (über 17-Jährige in EU-Länder und in die Schweiz): 200 Zigaretten oder 100 Zigarillos oder 50 Zigarren oder 250 g Tabak.
- **Alkohol** (über 17-Jährige in EU-Länder): 1 Liter über 22 % Vol. oder 2 Liter bis 22 % Vol. und zusätzlich 2 Liter nichtschäumende Weine; (in die Schweiz): 2 Liter (bis 15 % Vol.) und 1 Liter (über 15 % Vol.)
- **Andere Waren für den persönlichen Gebrauch** (über 15-Jährige): nach Deutschland 500 g Kaffee, nach Österreich zusätzlich 100 g Tee; (ohne Altersbeschränkung): 50 g Parfüm und 0,25 Liter Eau de Toilette sowie Waren bis zu 175 Euro; in die Schweiz Waren bis zu einem Gesamtwert von 300 SFr p.P.

Wird der Warenwert von 175 Euro bzw. 300 SFr überschritten, sind **Einfuhrabgaben** auf den Gesamtwert der Ware zu zahlen und nicht nur auf den die Freigrenze übersteigenden Anteil! Die Berechnung erfolgt entweder pauschalisiert oder nach dem Zolltarif jeder einzelnen Ware zzgl. sonstigen Steuern.

Einfuhrbeschränkungen bestehen **in Deutschland** für Tiere, Pflanzen, Arznei- und Betäubungsmittel, Feuerwerkskörper, Lebensmittel, Raubkopien, verfassungswidrige Schriften, Pornografie, Waffen und Munition; **in Österreich** für Rohgold, Tiere, Pflanzen, Lebensmittel, Arzneimittel und Waffen; **in der Schweiz** für Pflanzen, Lebensmittel, Waffen, Tiere, CB-Funkgeräte etc. Nähere Informationen gibt es bei:

- **Deutschland:** www.zoll.de oder beim Zoll-Infocenter, Tel. 069-469976-00.
- **Österreich:** www.bmf.gv.at oder beim Zollamt Villach, Tel. 04242-33233.
- **Schweiz:** www.ezv.admin.ch oder bei der Zollkreisdirektion in Basel, Tel. 061-2871111.

Einkäufe und Souvenirs

Obst und Gemüse

Man wird als Selbstverpfleger gar nicht umhin kommen, von dem leckeren frischen Obst und Gemüse zu kosten, das auf den **lokalen Märkten** und oft auch **am Straßenrand** angeboten wird.

Ein paar **Richtpreise** (für 1 kg):
- **Paprika: 5–7 K**
- **Tomaten: 5–6 K**
- **Trauben: 10–12 K**
- **Bananen: 8–12 K**
- **Pfirsiche: 12–15 K**
- **Kohl: 5–6 K**
- **Zucchini: 5–7 K**
- **Melonen: 3–5 K**
- **Kartoffeln: 4–5 K**

Fleisch und Fisch

Frischfleisch und Fisch kauft man in der **mesnica** (Fleischerei, Metzgerei) und in der **ribarnica** (örtliche Fischhalle), wo hauptsächlich vormittags Muscheln, Tintenfische, Scampi und diverse Speisefische je nach Saison fangfrisch verkauft werden – für Fischfreunde ein Muss!

Bäckereien

Bäckereien **(pekarna)** gibt es in jedem Ort; Brote und Teigwaren sind durchweg sehr preiswert, wobei überwiegend mit Weizenmehl gebacken wird (ein Laib Weißbrot kostet ca. 5 K). Kuchenteilchen sind sehr preiswert und lecker – es gibt viele Sorten, einfach mal durchprobieren! Die bekanntesten Leckereien sind *fritule, krostule,* Strudel, *cukerančići* und die pikant gefüllten *burek* (s.u.). In kleineren Orten, seltener in großen, steht zu bestimmten Tageszeiten ein Bäckereiwagen mit einem Grundsortiment frischer Brote und Kuchen.

Mini- und Supermärkte

Eier, Frischmilch, Konserven, Getränke aller Art und ein **ähnliches Angebot** wie in westeuropäischen Lebensmittelmärkten sind in Mini-Märkten (größere „Tante-Emma-Läden") oder Supermärkten erhältlich, die sich rapide an den Hauptverbindungsstraßen der größeren Orte ausbreiten.

Eisdielen

Unübersehbar dem italienischen Einfluss sind – neben den Pizzerien – die vielen Eisdielen („Gellateria") zuzuschreiben. Im Gegensatz zu früheren Jahren kann das Speiseeis (4–6 K pro großer Kugel) heute als sehr gut bezeichnet werden.

Souvenirs

Was kann man mitbringen? Von kitschigen Erinnerungsstücken abgesehen, die in den Touristenorten angeboten werden, könnte eine Spitzendecke oder eine Strickjacke gerade älteren Menschen Freude machen. Auch Holzschnitzereien, etwa Puppen mit Regionaltrachten, kommen in Frage. Als Idee für die Wohnungsgestaltung sei erwähnt, dass es in den kroatischen Städten unendlich viele Künstler gibt, die moderne Aquarelle, Radierungen, Plastiken u.v.m. feilbieten.

Mehr als ein Verlegenheitssouvenir sind lokale **Weine und Schnäpse,** allen voran das auf jedem Bauernhof gebrannte **Nationalgetränk Sliwowitz** *(Šlivovica).* In Touristenorten bekommt man diesen Pflaumenbranntwein als verdünnten Fusel mit künstlichen Aromen, aber in schönen Flaschen, oft mit Kräutern oder eingelegten Früchten. Richtig guten Schnaps erhält man auf den Höfen – einfach auf Schilder wie „Vino" und „Šlivovica/Rakija" achten.

Elektrizität

220 V bei 50 Hz

Die Stromspannung beträgt wie bei uns 220 V bei 50 Hz, die **Steckdosen** sind landesweit **ohne Adapter nutzbar.**

Essen und Trinken

Kroatien kann sich einer **ausgezeichneten Küche** überall im Lande und auf den Inseln rühmen. Es versteht sich von selbst, dass die unterschiedlichen **Regionen** ihre jeweils eigenen **kulinarischen Spezialitäten** hervorgebracht haben, so auch Dalmatien.

Fisch

Aufgrund der Lage am Meer sind Fischgerichte, Hummer, Scampi, Muscheln und andere Meeresfrüchte **typisch für die** meisten der in diesem Buch beschriebenen **Küstenorte.** „Klassische" Speisefische sind Goldbrasse, Wolfbarsch, Drachenkopf und Rotbrasse. Sehr beliebt sind auch Krebs- und Seepolypensalat, Austern sowie Jakobs- und Miesmuscheln, *dondole* genannt. Ferner dürfen gegrillte Sardinen oder Sardellen (köstlich!) auf den Speisekarten nicht fehlen.

Nudeln

Nicht zu verachten sind (besonders in Istrien) die **hausgemachten Nudeln,** z.B. Makkaroni mit Fleischsauce. Maultaschen *(fuži), gnocchi* mit Wild und *krafi* (mit Käse gefüllte Ravioli) mit Fleischsauce sind Gerichte, deren Rezepte hier von Generation zu Generation weitervererbt werden und eine „kulinarische Nähe" zur italienischen Küche aufweisen.

Trüffel

In der Gegend um Motovun werden hervorragende Trüffel gefunden, die von manchen Kennern zu den **besten der Welt** gezählt werden, und auch der Kaiserling gilt als istrische Pilzspezialität.

Maneštra, Würste, žarebnjak

Die unersetzliche *maneštra* (Minestrone, Gemüsesuppe) mit Bohnen und jungem Mais oder Gerstenkorn, hausgemachte Würste und *žarebnjak* (geräuchertes Schweinskarree) mit Sauerkraut sind traditionelle **„Hausmannskost"**, die in alten Weinstuben und Lokalen *(gostionica, konoba)* serviert wird.

Eine kulinarische Besonderheit Slawoniens, das man evtl. im Transit über Tschechien passiert, ist das exzellente **Gulasch,** welches auf die kulturelle Nähe Donaukroatiens zur „Urheimat des Gulasch" (Ungarn) hinweist.

008is Foto: wl

Rohschinken und Schafskäse An kleinen, kalten Speisen seien der ausgezeichnete Rohschinken **(pršut)** und Schafskäse **(sir)** erwähnt, ergänzt durch selbst gebackenes Brot *(kruh)*.

Spanferkel Und da wir gerade von zünftigen, deftigen Leckerbissen sprechen: Unübersehbar sind die **entlang der Straßen** scheinbar unentwegt rotierenden, knusprigen Spanferkel **(odojak),** die jeder einmal gekostet haben sollte.

Gegrillte Kleinigkeiten Gegrillte Kleinigkeiten wie **čevapčići** (*čevapi,* Hackfleischröllchen), **pljeskavica** (Frikadellen) oder **ražnjići** (Fleischspieße) werden mit *ajvar,* einer roten Paprikapaste, serviert.

Burek Sehr beliebt sind auch warme *burek* (Blätterteigtorte, in Bäckereien), die **mit Spinat, Käse, Hackfleisch oder Apfel gefüllt** sind, eine – wie auch das Lamm am Spieß – von den muslimischen Bosniern übernommene Spezialität.

Beilagen, Gemüse Die beliebtesten Beilagen sind Brot, Reis und Pommes Frites. An Gemüse werden je nach Saison Mangold, Tomaten, Feldsalat, Wildspargel, Zucchini, Bohnen, Erbsen und Oliven gereicht.

Getränke An Getränken steht zuvorderst der heimische **Wein** in diversen Sorten, zu nennen sind vor allem *Pleškavica* (weiß und rot), *Malvazija-Weißwein, Teran-* und *Borgonja-Rotwein* sowie *Hrvatica-Rosé,* im Süden die bekannten *Pelješac-Weine*. Hausmarken können übrigens in den meisten Orten (Schilder „Vino“ beachten) direkt vom Erzeuger für 5–6 K pro Liter gekauft werden, ebenso **Schnäpse,** allen voran *Šlivovica* (Pflaume) und

Dalmatien kann mit gutem Wein überzeugen

Kruškovac (Birne), wobei besonders die handwarm getrunkene Mischung *Juliška* (Pflaume und Birne) zu empfehlen ist. Als typischer Aperitif wird gern der überall erhältliche, sehr milde **Likörwein** *Prošek* getrunken, bei der Jugend ist *Bambus* aus Rotwein und Cola in oder auch *Gemišt* (Weißwein und Wasser), auch *Bevanda* genannt. Als Durstlöscher empfiehlt sich **Mineralwasser,** das mit oder ohne Kohlensäure („gaz") in Kunststoffflaschen in Supermärkten vertrieben wird.

Restaurants

Ausländische Restaurants sind relativ selten in Kroatien zu finden – mit Ausnahme der allgegenwärtigen **Pizzerien,** gleichzeitig auch die **günstigsten Lokale** in Kroatien.

Ein Wort zum **Preisgefüge:** Essen gehen in Kroatien ist im Durchschnitt immer noch rund 10 % günstiger als in Österreich, Deutschland oder der Schweiz. Grundgerichte scheinen geradezu billig zu sein, man darf sich jedoch nicht täuschen lassen: Beilagen werden extra bestellt und gesondert berechnet. Recht günstig sind gemischte Platten für zwei Personen, etwa Fisch für 180–220 K oder Grillfleisch für 140–170 K. Als Faustregel gilt: Je weiter weg von der Küste, desto uriger, originaler und preiswerter!

Feste und Feiertage

Lokale Feste

Neben den gesetzlichen Feiertagen wird in fast allen Orten mindestens ein lokales Fest im Jahr gefeiert, von zahllosen Veranstaltungen, Ausstellungen, Sportwettkämpfen usw. ganz abgesehen. Sehr interessant ist in diesem Zusammenhang **www.istra.com/events/pregled.html,** wo nach Eingabe des geplanten Aufenthaltszeitraumes und -ortes alle entsprechenden Veranstaltungen und Feste angezeigt werden.

- **1. Januar:** Neujahr
- **6. Januar:** Heilige Drei Könige
- **März/April:** Ostern
- **1. Mai:** Tag der Arbeit
- **30. Mai:** Staatsfeiertag (kroatischer Parlamentsbeschluss von 1991 zum Austritt aus der BR Jugoslawien)
- **22. Juni:** Antifaschismustag
- **5. August:** Staatsfeiertag; Rückeroberung der Krajina 1995
- **15. August:** Mariä Himmelfahrt
- **1. November:** Allerheiligen
- **25. und 26. Dezember:** Weihnachten

Geld und Finanzen

Kuna (K)

Die nationale Währung heißt Kuna (K; 1 Kuna = **100 Lipa**), das kroatische Wort für „Marder“ (siehe Exkurs „Wissenswertes zur kroatischen Währung“). Im Gebrauch sind Münzen zu 1, 2, 5, 10, 20 und 50 Lipa sowie 1, 2 und 5 Kuna, ferner Geldscheine im Wert von 5, 10, 20, 50, 100, 200, 500 und 1000 Kuna.

Geldwechsel

Devisen werden in **Banken, Wechselstuben,** auf **Postämtern** sowie in den meisten **Reisebüros, Hotels** und an **Campingplätzen** gewechselt. Es empfiehlt sich definitiv nicht, Kuna schon zu Hause zu tauschen, denn der Wechselkurs vor Ort ist deutlich besser. In Kroatien wiederum bieten die Banken den weit besseren Kurs als Hotels oder Andenkenläden. Wechselstuben sind unkomplizierter, aber ungünstiger.

Wechselkurs (Januar 2008):
- **1 Euro** = 7,35 K, 1 K = 0,14 Euro
- **1 SFr** = 4,58 K, 1 K = 0,22 SFr

Hinweis: Die kroatische Währung wurde im Zusammenhang mit den EU-Aufnahmeverhandlungen in einem engen Korridor an den Euro angebunden, sodass große Schwankungen nicht zu erwarten sind.

Banken

Die Banken sind von **7–19 Uhr geöffnet,** samstags bis 13 Uhr; manche Banken in größeren Städten sind auch sonntags geöffnet (meist in touristischen Orten); für Schecks werden 1,5 %, für Bargeldtransaktionen 1 % Kommission verlangt (besser als Wechselstuben).

Kreditkarte

In den meisten **Hotels, Restaurants und Geschäften** kann mit gängigen Kreditkarten (American Express, Diners Club, Master- bzw. EuroCard, VISA) bezahlt werden.

Für **Barabhebungen** per Kreditkarte kann das Kreditkartenkonto je nach ausstellender Bank mit einer Gebühr von bis zu 5,5 % belastet werden, für das bargeldlose Zahlen werden nur 1–2 % für den Auslandseinsatz berechnet. Also am besten viel bargeldlos bezahlen und für Bargeld gleich größere Summen mit der Maestro-Karte abheben.

EC-/Maestro-Karte

Sehr praktisch sind die **Geldautomaten** (mit Deutsch in der Sprachauswahl) an den Banken, wo mit EC-/Maestro-Karte und PIN-Code bis zu 2000 Kuna pro Transaktion abgehoben werden können. Es kommt allerdings manchmal zu so genannten „Verbindungsschwierigkeiten", sodass man nicht unbedingt auf den letzten Drücker versuchen sollte, Geld abzuheben! Die Barabhebung per Maestro-Karte ist die preiswerteste Art der Geldbeschaffung. Je nach Hausbank wird dafür pro Abhebung eine Gebühr von 1,30–4 Euro bzw. 4–6 SFr berechnet, allerdings wird der günstigere Banken-Mittelkurs verrechnet (besser als Bargeldtausch!), sodass man gut fährt, wenn man den jeweiligen Höchstbetrag aus dem Automaten zieht.

In großen Supermarktketten kann direkt mit der EC-Karte gezahlt werden, was sich nur bei hohen Beträgen lohnt.

Verlust der Geldkarte

Bei Verlust oder Diebstahl der Kredit- oder Maestro-Karte sollte man diese **umgehend sperren lassen.** Für deutsche Maestro- und Kreditkarten gibt es die einheitliche Sperrnummer 0049-116116, im Ausland zusätzlich 0049-30-40504050. Für österreicherische und schweizerische Karten gelten:

Wissenswertes zur kroatischen Währung

Die Bezeichnung „Kuna" für die kroatische Landeswährung reicht viele Jahrhunderte zurück und beweist allein durch ihren Namen die ehemalige Tauschwirtschaft unter den Menschen. **„Kuna"** bedeutet nämlich nichts anderes als **„Marder"**, ein Hinweis darauf, dass vor der Verbreitung von Gold und Geld als allgemeinem Zahlungsmittel die einfachen Kroaten mit den auf der Jagd erbeuteten Marderpelzen bezahlten. Auf den kroatischen Kuna-Münzen ist das Tierchen verewigt.

Recht ähnlich ist auch der ethymologische Hintergrund des russischen **Rubel,** der „das Abgeschlagene" bedeutet, da die Händler Silberbarren bei sich trugen, von denen sie beim Bezahlen mit der Axt etwas „abschlugen".

Derartige **Tauschwirtschaften** wie beim „Kuna" sind auch aus anderen Kulturen bekannt, etwa aus der Südsee, wo man Muscheln als Zahlungsmittel verwendete.

009is Foto: wl

Früher zahlte man mit echten Mardern

- **Maestro-(EC-)Karte,** (A)-Tel. 0043-1-2048800; (CH)-Tel. 0041-44-2712230, UBS, Tel. 0041-800-888601, Credit Suisse, Tel. 0041-800-800488.
- **MasterCard/VISA,** (A)-Tel. 0043-1-71701-4500 (MasterCard) bzw. Tel. 0043-1-7111-1770 (VISA); (CH)-Tel. 0041-58-9588383 für alle Banken außer Credit Suisse, Corner Bank Lugano und UBS.
- **American Express,** (A)-Tel. 0049-69-9797-1000; (CH)-Tel. 0041-44-6596333.
- **Diners Club,** (A)-Tel. 0043-1-5013514; (CH)-Tel. 0041-44-8354545.

Informationsstellen

Für einen Urlaub in Kroatien stehen nationale, regionale und lokale Informationsstellen zur Verfügung, bei denen man sich vorab ausführlich informieren und/oder Buchungen vornehmen kann.

Touristikbüros außerhalb Kroatiens

Außerhalb des Landes bieten die „klassischen" Touristikvertretungen Kroatiens **Informationen, Hilfestellungen und Literatur** zur Reisevorbereitung. Dazu ist anzumerken, dass die kroatische Zentrale für Tourismus in den letzten Jahren spürbar professionalisiert (im positiven Sinne) wurde und heute sehr nützliche Publikationen und Karten kostenfrei ausgegeben werden, wohingegen noch vor wenigen Jahren jeder Stadtplan nur gegen bare Münze zu erhalten war.

Die **Kroatische Zentrale für Tourismus** ist online unter **www.croatia.hr** vertreten, man kann aber auch Kontakt mit der Vertretung vor Ort aufnehmen:

Deutschland:
- Kaiserstr. 23, D-60311 **Frankfurt/M.,** Tel. 069-2385350, Fax 23853520, info@visitkroatien.de.
- Rumfordstr. 7, D-80469 **München,** Tel. 089-223344, Fax 223377, kroatien-tourismus@t-online.de.

Österreich:
- Am Hof 13, A-1010 **Wien,** Tel. 01-5853884, Fax 585388420, office@kroatien.at.

Schweiz:
- Badenerstr. 332, CH-8004 **Zürich,** Tel. 043-3362030, Fax 3362039, info@kroatien-tourismus.ch.

Touristikbüros in Kroatien

Wichtig für Touristen vor Ort ist die Nummer **0800-200-200,** eine landesweit kostenlose **Informations-Hotline der Kroatischen Zentrale für Tourismus.**

- **Zentrale für Tourismus,** Ilica 1a, 10000 **Zagreb,** Tel. 01-4556455, Fax 4816756, 4816757, www.htz.hr, www.mint.hr.

Daneben existieren einige **regionale touristische Informationsstellen** der Gespanschaften (Verwaltungsbezirke). Diese Stellen bieten reichhaltiges Prospekt- und Informationsmaterial zu den jeweiligen Regionen, ohne einen konkreten Ort besonders hervorzuheben, und sind daher neutraler als die lokalen Touristeninformationen, die ihren jeweiligen Ort propagieren. Für Nordwestkroatien und Norddalmatien sind dies:

- **Karlovačka,** Ambroza Vraniczanya 1, 47000 **Karlovac,** Tel. 047-615320, Fax 615320.
- **Primorsko-Goranska** (Tourismusverband der Region Kvarner), Nikole Tesle 2, 51410 **Opatija,** Tel. 051-272988, 272665, Fax 272909, www.opatija-tourism.hr.
- **Zagreb:** Informationen zur kroatischen Hauptstadt bietet die Turistica zajednica grada Zagreba unter info@zagreb-touristinfo.hr oder im Internet: www.zagreb-touristinfo.hr.
- Die drei norddalmatischen Gespanschaften (= Kantone, Bundesländer) veröffentlichen ihre jeweiligen Informationen unter **www.zadarska-zupanija.hr** (Gespanschaft Zadar), **www.sibensko-kninska-zupanija.hr** (Gespanschaft Šibenik-Knin) und **www.dalmacija.hr** (Gespanschaft Split-Dalmatien).

In Kroatien ist die Institution des so genannten **„Turist Biro"** (auch „Information" oder „Tourist Service/Agency" oder ähnlich) praktisch allerorts vertreten; es handelt sich um **kommerzielle Agenturen,** die Privatunterkünfte vermitteln, Geld wechseln, Ausflüge organisieren, Angel- und Tauchlizenzen (nicht alle) ausstellen usw. Dieser Service ist nicht umsonst, Auskünfte – etwa in Form von Stadtplänen – kosten Bares (teilweise werden 5 Euro für einen kleinen Stadtplan verlangt!). Für die Organisation von Fremdenzimmern und Ferienwohnungen sind diese Institutionen unumgänglich (siehe „Unterkunft“), für normale touristische Anliegen (Hintergrundinfos zum Ort, Faltblätter, Stadtpläne usw.) empfiehlt sich jedoch grundsätzlich der Besuch der „richtigen“ Touristikinformationen in den einzelnen Orten, kroatisch **„Turistična Zajednica Grada …“** (Tourismusverband der Stadt …). Die lokalen Informationsbüros sind in den jeweiligen Ortsbeschreibungen aufgeführt. Diese verfahren in Bezug auf Informationsmaterial, insbesondere Karten, Wanderpläne usw., vor allem auf den Inseln, auf unterschiedliche Art und Weise. Während in einem Ort das Material kostenlos ausgegeben wird, werden in anderen Orten (derselben Insel) auf ein und dieselben Karten Gebühren von mehreren Euro erhoben.

Infos im Internet

Jede beliebige Suchmaschine findet heute in Sekundenschnelle Tausende Internetseiten zum Stichwort „Dalmatien“; nur einen Bruchteil davon hier zu kommentieren, ist schlicht unmöglich. An dieser Stelle sei daher auf einige wichtige oder besonders hilfreiche Seiten verwiesen. Spezielle Hinweise besonders zu Unterkünften sind im Kapitel „Unterkunft“ zu finden, wichtig sind auch die offiziellen Seiten der Zentrale für Tourismus (s.o.). Linkhinweise zu den einzelnen Städten und Regionen sind in den jeweiligen Ortsbeschreibungen angegeben. Einige besonders **empfehlenswerte Internetseiten** sind:

- **www.dalmatienweb.eu**
Informiert über Wissens- und Sehenswertes und bietet praktische Informationen zu ganz Dalmatien.
- **www.dalmatien.info**
Neben Reisehinweisen auch allgemeine Hintergrundinformationen zur Region sowie eine Weiterverknüpfung zu diversen Unterkunftsangeboten (siehe „Unterkunft“).
- **www.kroatien.netzstart.net**
Die Themen dieser exzellenten Linksammlung reichen von Nationalparks, Verkehrsnachrichten und Sport über Webcams und Kreativurlaub bis hin zu Stadtplänen und Unterkunftsbuchung.

- **www.hak.hr**
Seite des kroatischen Automobilclubs.
- **www.kroatien.hr**
Offizielle Website der kroatischen Fremdenverkehrsämter.
- **www.croatia.hr** und **www.croatica.net/de**
Sollte man bei der Suche nach Hotels, Agenturen, Tauchbasen und Sportmöglichkeiten durchforsten.
- **www.generalturist.com**
Repräsentiert den seit 1923 in Kroatien ansässigen Reisespezialisten Generalturist, wo neben Unterkünften aller Art auch Autoverleih, Bootsanmietung, Ausflüge oder auch Kreuzfahrten arrangiert werden können.
- **www.travelmed.de**
Allgemeine Infos und Hintergründe zur Gesundheit bzw. zu Krankheiten, konkrete Infos zum gewünschten Reiseland, viele sonstige reise-/gesundheitsrelevante Adressen.

Kinder auf der Reise

Dalmatien wird Kindern gefallen!

Von „Ritterburgen“ über „Robinson-Inseln“ bis zu Hüpfburgen wird so allerlei geboten – für kleine und für große Kinder (siehe bei den Ortsbeschreibungen). Dennoch sollte man ein paar Kleinigkeiten beachten, um ungetrübte Urlaubsfreuden mit der gesamten Familie genießen zu können. Wegen des Klimas (sonniges Mittelmeerklima während der Haupturlaubszeit) versteht sich ein **guter Sonnenschutz** (auch für den Kopf) von selbst; wichtig ist es, **viel** zu **trinken,** am besten Mineralwasser, das vor Ort preiswert erhältlich ist. Sehr wichtig sind auch **Strandsandalen** wegen der häufigen Kies- und Felsbuchten mit teils unangenehm scharfkantigen Steinen. Höschenwindeln für ganz kleine Gäste sind nur in größeren Supermärkten/Drogerien erhältlich, Gleiches gilt für spezielle Babynahrung.

Buchtipp:
- Jeanette und Werner Lips, **Schwanger reisen**
(REISE KNOW-HOW Praxis)

Medien

Rundfunk

Von 6.35 bis 21.35 Uhr sendet das 2. Programm des kroatischen Rundfunks HRT (98,5 MHz) zu jeder vollen Stunde nach den Nachrichten touristische Informationen (Straßenverhältnisse, Sperrungen, Staus, wichtige Fähren und sonstige Hinweise) in englischer, deutscher und italienischer Sprache – allerdings nur vom 1.7. bis 15.9. (sonst kroatisch und englisch). Der Automobilclub HAK sendet zudem zweimal täglich in den genannten Sprachen den Nautikerbericht (Wind- und Seeverhältnisse). Nachrichten in englischer Sprache strahlt das 1. Programm auf der Frequenz 92,1 MHz täglich um 8.03 (sonntags ab 9.03 Uhr), 10.03, 14.03, 20.03 und 00.10 Uhr aus.

Zeitungen

Größere **deutschsprachige Tages- und Wochenzeitungen** sind landesweit an Kiosken und in Buchhandlungen erhältlich.

Die wichtigsten **kroatischen Tageszeitungen** (in kroatischer Sprache) sind „Večernji List" (Abendblatt), „Vjesnik" (Bote) und im Süden „Slobodna Dalmacija" (Freies Dalmatien).

Medizinische Versorgung

Das medizinische Versorgungssystem wird permanent verbessert und auch für Touristen erweitert. Viele Campingplätze verfügen über eine **Erste-Hilfe-Station,** mittlere und größere Städte über ordentliche, moderne **Kreiskrankenhäuser.** Alle Behandlungskosten sind bar zu entrichten; es empfiehlt sich der Abschluss einer Reisekrankenversicherung (siehe „Versicherungen").

Medizinische Infos im Internet unter der Adresse:
- **www.travelmed.de**

051nd08 Foto: wl

Mietwagen

Teuer

Zahlreiche international renommierte Unternehmen (Avis, Hertz) bieten ihren Service auch in Kroatien an und sind an den Flughäfen sowie in größeren Ortschaften vertreten. Die Preise liegen in Kroatien überdurchschnittlich hoch – mit 40 Euro pro Tag für einen Kleinwagen ist immer zu rechnen, die namhaften Vermieter verlangen oft das Doppelte! Günstiger sind Fahrräder und Mo-

Steilküste im Naturpark Telašćica

peds, die von kleineren Händlern in vielen Touristenorten vermietet werden. In aller Regel ist unabhängig vom Fahrzeug eine Kaution zu entrichten.

Verleihstellen gibt es in den großen Hotels oder am Flughafen, zur Voraborganisation eignen sich u.a. die Webseiten www.avis.com.hr, www.budget.hr, www.hertz.hr, www.sixt.hr, www.europcar.hr oder www.kompasrent.hr.

Wer mit einem **im Ausland angemieteten Fahrzeug** unterwegs ist (Wohnmobil, Leihwagen), benötigt eine Vollmacht des Vermieters – Vordrucke stellen die Automobilclubs zur Verfügung. Außerdem ist, wie bei jeder Auslandsreise, der Kfz-Schutzbrief eines Automobilclubs ratsam.

Nachtleben

Vielfältig

Die meisten Hotels der höheren Kategorie haben **Nightclubs,** wichtigere touristische Ortschaften verfügen über **Discos.** Im Sommer werden oftmals **Tanzabende im Freien** sowie verschiedene **Unterhaltungsprogramme** und **Kulturveranstaltungen** organisiert – es ist wirklich ein Genuss, eine kroatische Dorfband auf einem kleinen Platz einer der Altstädte zu erleben! In den bekannteren Hotel- und Freizeitanlagen gibt es auch das eine oder andere **Spielcasino.** Nachtschwärmer werden sich ansonsten an den malerischen Promenaden der Küstenstädte wohlfühlen, wenn nach Einbruch der Dunkelheit das Leben in den **Bars** und **Cafés** erwacht.

Notfälle

Man hofft es natürlich nicht, aber wenn doch einmal etwas passiert, sollte man trotz aller Aufregung einen **kühlen Kopf bewahren** und bei folgenden Stellen Hilfe in Anspruch nehmen.

Verlust von Reisedokumenten

Beim Verlust von Reisedokumenten kontaktiere man außer der **Polizei** die **diplomatische Vertretung** (zu den Adressen siehe entsprechendes Kapitel); idealerweise hat man Fotokopien gesondert aufbewahrt!

Verlust von Geld

Ist das Geld weg, **Sonderversicherer** (z.B. Automobilclub) kontaktieren, ein Grundbetrag zur Heimreise wird ggf. vorgestreckt. Bei entsprechender Bonität hilft auch die **Hausbank** mit einer Geldanweisung, um den Urlaub eventuell wie geplant fortzusetzen!

Notrufnummern

- **Polizei:** Tel. 92.
- **Feuerwehr:** Tel. 93.
- **Notruf:** Tel. 94.
- **Kfz-Pannendienst:** Tel. 987 oder 01987 (Funktelefon), s.a. „Autofahren".
- **Notrufstation** der Automobilclubs: siehe „Autofahren".

Öffnungszeiten

Banken, Post, Behörden

Öffentliche Institutionen, Postämter und Banken sind Montag bis Freitag von **8–16 Uhr** durchgehend geöffnet, Banken und Postämter größerer oder touristischer Orte von 7–19 Uhr. Während der Sommersaison sind viele Postämter auch bis 21 Uhr geöffnet.

Geschäfte

Geschäfte und Warenhäuser unterliegen keiner einheitlichen Regelung, öffnen aber meist von **8–20 Uhr.**

Gastronomie

Restaurants und touristische Einzelhändler (Souvenirläden usw.) passen ihre Öffnungszeiten dem jeweiligen **Bedarf** an.

Tankstellen

Tankstellen sind jeden Tag von **7–19 oder 20 Uhr,** im Sommer bis 22 Uhr geöffnet, in größeren Städten und auf Fernverkehrsstraßen rund um die Uhr.

Post

Zuverlässig

Die **kroatische Post HPT** hat sich als effektiv und zuverlässig erwiesen (Öffnungszeiten s.o.). Briefe (Porto: 5,50 K) und Postkarten (3,50 K) benötigen etwa 3–4 Tage nach Mitteleuropa.

Briefmarken sind nicht nur in Postämtern, sondern auch in Zeitschriftenläden und teilweise in Souvenirshops erhältlich (Faustregel: dort, wo es Ansichtskarten gibt).

Pakete können bis zu 10 kg per Post ins Ausland versandt werden, wobei neben der üblichen Paketkarte auch eine Zollerklärung (in dreifacher Ausfertigung) beizufügen ist.

Preise und Kosten

Relativ günstiges Reiseland

Kroatien ist immer noch eines der günstigeren Reiseziele Europas. Die Verpflegung im Land ist preiswert, vor allem dann, wenn man auf Märkten und in Bäckereien einkauft. Auch bei den Unterkünften finden sich manchmal Schnäppchen. Dazu muss man sich natürlich etwas umsehen (Zeitschriften) oder das Internet durchforsten – Wochenpreise von 150 Euro p.P. in einem Hotel sind durchaus normal. Auch Ferienwohnungen können vorab gebucht werden, „Wiederholungstäter" vereinbaren ohnehin oft mit dem Vermieter für den nächsten Urlaub eine direkte Buchung.

Die **Treibstoffpreise** nähern sich immer mehr den mitteleuropäischen an.

Richtpreise sind u.a.: Eier 1,20 K, Brot 10–14 K, Butter 7–8 K, Wurst und Käse sind durchschnittlich 20 % teurer als bei uns; Bier (Lokal) 12–15 K (0,5 l), Softdrink 10–15 K, Kaffee 5–6 K, Capuccino 8–10 K, Eiscreme ca. 5 K für die Riesenkugel.

Insgesamt kann eine vierköpfige Familie für einen dreiwöchigen Camping- oder Apartmenturlaub mit rund 3000 Euro (Eintritte und Sprit inbegriffen) rechnen.

Weltweit kann man auch **Rabatte** bei vielen Museen und Sehenswürdigkeiten, manchen Unterkünften, Tourveranstaltern und sogar Restaurants etc. bekommen, wenn man im Besitz eines Internationalen Studenten- (ISIC), Lehrer- (ITIC) oder Schülerausweises (IYTC) ist. Diesen Ausweis muss man schon zu Hause besorgen. Zum Kauf (12 Euro/D, 10 Euro/A, 20 SFr/CH) geht man zum AStA, in ein Reisebüro oder zum Studentenwerk und muss Immatrikulationsbescheinigung bzw. Schüler- oder Lehrerausweis, Personalausweis und Passbild vorlegen. Den nächsten Verkaufspunkt findet man auf den Webseiten www.isic.org oder www.isic.de. Hier kann man auch die konkreten Vergünstigungen in Kroatien bzw. Dalmatien nachsehen.

Radfahren

Vor- und Nachteile

Es hat so seine **Vorteile,** unabhängig und gemächlich per Drahtesel sein Urlaubsland zu erschließen. Man hat unmittelbaren Kontakt zum Umfeld, zahlt keine zusätzlichen Straßen- oder Schiffsgebühren (Fähren transportieren Fahrräder kostenlos), und ohne Frage wird auf diese Weise auch ein erheblicher Beitrag zum Umweltschutz geleistet. Aber die **Nachteile** sind nicht zu unterschätzen: Es gibt außerhalb Istriens nur wenige ausgewiesene Radwege, Kroatien ist überwiegend hügelig bis bergig, die Nebenstraßen sind in teilweise abenteuerlichem Zustand, und der Verkehr auf den Landstraßen (vor allem am Wochenende auf den Küs-

Buchtipps:

Für Radfahrer bietet Reise Know-How mehrere Praxis-Ratgeber an, z.B.:

- Ralle K.!, **Handbuch Mountain-Biking**
- Sven Bremer, **Radreisen Basishandbuch**

tenstraßen) ist teils so brutal, dass von einer reinen Radtour durch Kroatien eher abzuraten ist. Was nicht heißen soll, dass ein Rad gänzlich unnütz ist: Als zusätzliche „Mobilitätsreserve" z.B. im Camper macht es durchaus Sinn, so kann man vor Ort kleinere Nebenstrecken befahren oder vom Campingplatz in den nächsten Ort radeln.

Radgebiete

In Dalmatien werden derzeit sechs größere Radgebiete propagiert: auf dem Festland **Makarska** und **Omiš** sowie die **Inseln Vis, Hvar, Šolta und Brač.** Zu allen Gebieten sind bei den Informationsstellen jeweils eigene Übersichten/Kurzbeschreibungen (kostenlos) mit mehreren Routen erhältlich.

- Interessant für die Vorbereitung eigener Radfahr-Aktivitäten dürften die Internetseiten **www.dalmatia.hr** (dort: „Fahrradweg, Mountainbike"), **www.fahrradreisen.de/laender/kro.htm** (kleine Datenbank mit Beschreibungen und Verknüpfung zu den jeweiligen Anbietern) sowie **www.frosch-sportreisen.de, www.inselhuepfen.de** oder **http://radreisen-weltweit.de/dalmatien.htm** sein, alle drei Spezialveranstalter für kombinierte Boots-/Radtouren in Dalmatien mit Wochenpreisen ab 650 Euro (Ü/Boot, VP, geführte Radtouren).

Leihräder

Leihräder sind **nicht so oft** erhältlich, wie man es vielleicht erwartet; in Kroatien nimmt allerdings die Zahl der Verleihstellen durch den Ausbau der ausgewiesenen Radwege permanent zu (siehe Ortsbeschreibungen).

Dalmatien ist sicherlich vor allem ein Ziel für den Badeurlaub (hier am Strandbad von Zdrelac)

057nd08 Foto: wl

Reiseveranstalter

Viele Anbieter

Alle namhaften Pauschalreise-Anbieter haben Kroatien fest in ihrem Programm, auch kleinere Busunternehmer bieten in den Tageszeitungen Wochenreisen für das gesetztere Publikum an. Der **ADAC** hat Mitgliederreisen für Segler und Mitsegler zu Dalmatien anzubieten (Informationen in allen ADAC-Geschäftsstellen), und als einer der echten Kroatienspezialisten ist **Riva-Tours** (s.u.) hervorzuheben, der nicht nur komplette Flug- und Busreisen, Segeltörns oder auch Hotels/ Apartments bei eigener Anreise organisiert, sondern auch interessante Aktivprogramme wie Inselhüpfen für Radler oder Kanutouren im Angebot hat (300 Seiten starker Katalog). Ein anderer Spezialanbieter für Pauschalreisen nach ganz Kroatien ist Misir-Sonnenlandreisen (s.u.).

- **Riva-Tours,** Neuhauser Str. 27, 80331 München, Tel. 089-2311000, Fax 23110022, info@idriva.de.
- **Misir-Sonnenlandreisen,** Viehofer Str. 23, 45127 Essen, Tel. 0201-439370, Fax 238863, info@misir.de.

- Auch bei den einschlägigen, weltweit operierenden Reiseveranstaltern sollte man durchaus einmal die Angebote prüfen; so bietet beispielsweise TUI (www.tui.com/de) die einwöchige Flugreise auf die Insel Krk inklusive Hotelunterkunft derzeit ab 187 Euro pro Person an.

Reisezeit

Mit der Empfehlung einer idealen Reisezeit ist es immer so eine Sache: Der eine mag es lieber hektisch und mit Trubel, der andere liebt die aufblühende Natur im Frühling, und wieder andere sind auf Schulferien angewiesen und haben nur begrenzt die Wahl eines „idealen" Zeitraums ...

Touristiksaison

Offiziell wird die Touristiksaison wie folgt gegliedert (kleine Abweichungen sind je nach Wochenbeginn möglich):

- **27.03.–22.05.: E**
- **22.05.–26.06.: D**
- **26.06.–10.07.: C**
- **10.07.–24.07.: B**
- **24.07.–21.08.: A**
- **21.08.–28.08.: B**
- **28.08.–04.09.: C**
- **04.09.–11.09.: D**
- **11.09.–30.01.: E**

Nach diesem Schema berechnen Hotels, Vermieter von Ferienwohnungen und Zimmervermittler die Unterkunftspreise, werden Öffnungszeiten für Museen und Sehenswürdigkeiten, aber auch Preise für Campingplätze abgestimmt.

Die **Kernbereiche A und B** – also Mitte Juli bis Ende August – sind die absolute **Hauptsaison,** in der am meisten los ist und natürlich auch Engpässe im Unterkunftsbereich oder eine „Massenabfertigung" in den Gaststätten vorkommen können.

Die **Vorsaison** hat den Vorteil, dass man sich gemeinhin in Gastronomie/Hotellerie Mühe gibt und die Touristen umwirbt, während in der **Nachsaison** eine gewisse Müdigkeit unverkennbar ist.

Von **Ende Mai bis Anfang September** sind die Sonnentage deutlich in der Überzahl, die Wassertemperaturen laden zum Baden ein.

Außerhalb der Saisonzeiten wird man Mühe haben, etwas anderes als eine Hotelunterkunft zu finden, auch viele Gaststätten stellen von Oktober bis April den Herd ab.

3 goldene Kroatien-Regeln

- **1. Reise Mitte September nach Kroatien** – Unterkünfte sind dann schon 50 % billiger als noch drei Wochen zuvor!
- **2. Meide An- und Heimfahrt am Wochenende** wie der Teufel das Weihwasser!
- **3. Wähle eine Insel als Haupturlaubsziel** – je südlicher, desto besser!

Sicherheit

Sicheres Reiseland

Kroatien ist ein sicheres Reiseland. Taschendiebstähle, Touristennepp und Ähnliches mehr sind (noch?) die Ausnahme. Man kann sich in jeder Hinsicht **unbeschwert im Lande bewegen,** es drohen keine nächtlichen Überfälle, Gepäckschlitzer und motorisierte Handtaschenräuber. Eine kleine Ausnahme bildet die istrische Westküste, wo die Nähe zu Italien den einen oder anderen „Gastarbeiter" anzieht.

Insbesondere dem teilweise immer noch verbreiteten Vorurteil, Kroatien sei Krisengebiet, muss deutlich widersprochen werden! Es besteht schon lange kein Grund mehr für irgendwelche Ängste dieser Art!

Buchtipps:
- Matthias Faermann, **Schutz vor Gewalt und Kriminalität unterwegs**
- Birgit Adam, **Als Frau allein unterwegs**
- Harald A. Friedl, **Respektvoll reisen**

(alle Bände REISE KNOW-HOW Praxis)

Sport und Aktivitäten

Kroatien bietet eine **recht breite Vielfalt** an unterschiedlichen Betätigungsmöglichkeiten im Bereich Freizeit und Sport, was im Folgenden näher ausgeführt wird.

Spitzensport

Zunächst eine Anmerkung zum Leistungssport in Kroatien, der doch im Vergleich zur geringen Bevölkerungszahl des Landes etliche beachtliche Erfolge vorweisen kann. Die junge Demokratie hat nicht nur **zahlreiche Spitzensportler** hervorgebracht (*G. Ivanišević*/Tennis, die vierfache Goldmedaillen-Gewinnerin im Skisport *Janica Kostelić* oder den zweifachen Europameister und dreifache Vizeweltmeister im Tischtennis *Zoran Primorac*), sondern auch in den klassischen **Mannschaftssportarten** sind kroatische Nationalmannschaften in der Weltelite zu finden. Die Fußballer rangieren in der offiziellen Weltrangliste auf Platz 7 (1998 WM-Dritter), ebenso die Hallenhandballer (Vizeweltmeister 1995 und 2005). Und nicht zu vergessen im Trainerbereich *Otto* „maximale" *Barić*, der 2004 als Fussballnationalcoach gesagt haben soll, Kroatien dürfe getrost gegen jede Nation verlieren – außer gegen Serbien ...!

Strandfreuden

Das Baden im Meer ist für viele die Erholung und der Urlaubsspaß schlechthin. Es gibt in Kroatien kaum private oder gesperrte Küstenabschnitte, und selbst in kleinen und mittelgroßen Städten

Buchtipps:

Zu sportlichen Betätigungen und aktiver Freizeitgestaltung bietet Reise Know-How eine Reihe von Praxis-Ratgebern an, z.B.:

- Gunter Schramm, **Trekking-Handbuch**
- Klaus Becker, **Tauchen in warmen Gewässern**
- Wilfried Krusekopf, **Küstensegeln**

bieten sich immer wieder kleine Buchten und Felsstrände zum Sprung ins kühle Nass an. Sandstrände sind sehr selten: So, wie sich die Berge kahl und steil erheben, so fällt die Küste ebenso kahl und steil ins Meer ab. Die **Felsstrände** sind zwar nicht sonderlich bequem (zum Sonnenbaden), verleihen jedoch der kroatischen Adria mit ihren spektakulären Felsbuchten und Berglandschaften jene klare und ungetrübte Brillanz, die jeden Besucher verzaubert und fasziniert.

Neben den meisten Hotels und Campingplätzen gibt es **Sportplätze** für Tennis (sogar ATP-Turniere in Umag), Korbball, Beachvolleyball usw. Man kann praktisch überall **Boote** sowie **Angel- und Tauchausrüstungen mieten,** auch **Tauch- und Segelkurse** werden organisiert. Auf den Flüssen Dobra und Cetina wird **Rafting** angeboten; **Kajak- und Kanufahrten** auf Wildflüssen werden auf Kupa, Korana, Cetina und Una organisiert.

Hier ein kleiner Überblick über die **Preise** des vor Ort üblichen Strandlebens, die sich als Richtwerte zur Orientierung verstehen:

- **Katamaran:** Verleih 150 K/Stunde, 2-Tageskurs 600 K, 5-Tageskurs 1200 K
- **Fahrrad:** 20 K/Stunde, 80–100 K/Tag
- **Moped:** 450 K/Tag
- **Scooter:** ca. 300 K/Tag
- **Motorboot:** 700–1000 K/Tag
- **Jetski:** 150 K/15 Min.
- **Wasserski:** ab 100 K/Runde
- **Ruderboot:** 20–30 K/Stunde
- **Tretboot:** 40 K/Std.
- **Hüpfburg/Trampolin:** 15 K/5 Min.
- **Sonnenschirm:** ca. 25 K/Tag

FKK

Spezialisierte FKK-Campingplätze mit langer Tradition stehen reihenweise zur Verfügung, teilweise mit Mietbungalows. Neben den meisten Hotelstränden und Campingplätzen gibt es auch gesonderte **FKK-Strände** – diese Bereiche sind stets gut beschildert. Kroatien als eines der ältesten FKK-Paradiese Europas gilt auf diesem Sektor ungebrochen als eines der beliebtesten Urlaubsziele überhaupt.

Segeln

Kroatien ist ein sehr beliebtes Revier von Hobby- und Freizeitkapitänen, insbesondere Seglern. Es stehen landesweit über vierzig eingerichtete **Marinas** mit etwa 12.300 Anlegeplätzen im Meer und ca. 4200 Landliegeplätzen zur Verfügung. Größere Marinas bieten technischen Service, Kräne, Tankstellen, Geschäfte und Gaststätten. In den meisten Marinas kann man Jachten mieten, auch Segelkurse werden organisiert.

Zum Thema **Jachtcharter** informieren folgende Verbände/Clubs:

- **Deutscher Segler-Verband (DSV),** Kreuzer-Abteilung, Tel. 089-586282.
- **Zentrale des Adriatic Croatic International Club (ACI),** HR-51410 Opatija, Maršala Tita 151, Tel. 051-271288, Fax 271824, www.aci-club.hr. In den **Charterbasen** Vodice (Norddalmatien, 43°45,2′ Nord, 015°47,0′ Ost, Tel. 022-443086, Fax 442470, m.vodice@aci-club.hr, VHF-Kanal 17) und Trogir (Mitteldalmatien, 43°30,8′ Nord, 016°15,2′ Ost, Tel. 021-881544, Fax 881258, m.trogir@aci-club.hr) wurde eine eigene **Charterflotte** des ACI aufgestellt, bestehend aus Elan-333-, Elan-36-, 40er- und 45er-Schiffen. Im ACI sind mittlerweile 21 Marinas in Kroatien zusammengefasst, auch Einweg-Charter (auch von einer der anderen Marinas) ist möglich. Je nach Boot liegt der reine Charterpreis pro Woche zwischen 1150 und 3500 Euro (Hauptsaison, in der Nebensaison bis zu 50 % Nachlass).
- Daneben bieten einige **Privatfirmen** Bootscharter an, u.a. **Orvas,** Šibenska 37, Tel./Fax 021-569836, www.orvas-st.com, in Split, oder **Marina Charter,** ACI Marina Trogir, 21220 Trogir (Kontaktnummer s.o.), die hauptsächlich Bavaria 36 zu vergleichbaren Preisen im Angebot haben.

- **Törns:** Mitgliederreisen aller Art im **Motorsegler „MSY Adria“** ab 870 Euro; ADAC Mitgliederreisen, Pf 190101, 80601 München, Tel. 089-76762552, Fax 7439153.

- **Messe-Schnäppchen:** Segelfreunde wissen natürlich, dass auf der jährlichen Messe BOOT in Düsseldorf (Ende Januar) praktisch alle wichtigen Törnanbieter vertreten sind und teilweise zu Schnäppchen- bzw. Messepreisen um Kunden werben. Auch für Überführungstörns, Pauschaltouren und Komplettcharters hat sich die BOOT als optimale Plattform etabliert.

Wichtige Hinweise für Freizeitkapitäne:

- Es ist verboten, sich mit Motor- und Gleitbooten der Küste näher als 300 m zu nähern! Strengste Vorsicht ist wegen der Badenden geboten, bei Nichteinhaltung dieser Anordnung können fatale Unfälle passieren!
- Vor Verlassen des Hafens den **Wetterbericht** (s.u.) einholen; beim Verlassen des Hafens ist eine Abmeldung erforderlich. Wenn der Bericht ungünstig ist, sollten Sie nicht losfahren!
- Unternehmen Sie keine Fahrt ohne entsprechenden **Anker** und eine Ankerleine von mindestens 50 m Länge.
- Für alle Motor- sowie sonstigen Boote über 3 m Länge (Segel- oder Ruderboote) muss beim Hafenamt eine **Fahrtgenehmigung** beantragt werden. Die Anmeldung ist bei jedem Einlaufen eines Bootes in den Hafen bzw. bei Anreise über das Festland erforderlich; die erteilte Genehmigung gilt für ein Jahr. Vorzulegen sind Funkerlaubnis, Führerschein und Bootspapiere. Bei Anreise zur See erfolgt die Anmeldung in einem der ganzjährig geöffneten Hafenorte: Umag, Poreč, Rovinj, Pula, Raša-Bršica (südlich von Labin), Rijeka, Mali Lošinj, Senj, Maslenica, Zadar, Šibenik, Split, Ploče, Metković, Korčula und Dubrovnik.
- **Segelwetter** Kroatien (24-Stunden-Dienst) unter: Rijeka Radio auf Kanal 4, 16, 24, 20; Split Radio auf Kanal 7, 16, 21, 23, 28; Dubrovnik Radio auf Kanal 7, 16, 24. Die drei Küstenfunkstellen strahlen täglich Seewetterberichte in kroatischer und englischer Sprache aus: **Rijeka Radio** (UKW-Kanal 24) um 6.35, 15.35 und 20.35 Uhr, **Split Radio** (UKW-Kanal 21, 07, und 28) um 6.45, 13.45, und 20.45 Uhr) und **Dubrovnik Radio** (UKW-Kanal 07 und 04) um 7.25, 14.20 und 22.20 Uhr. Zwischen Mai und Oktober sendet Rijeka Radio außerdem auf Kanal 69 nonstop Wettermeldungen, auch auf Deutsch.

Bootsausflüge

Den Löwenanteil organisierter Bootstouren – abgesehen von reinen Ausflügen, die in den Touristenagenturen angeboten werden – stellen Touren ins Nationalparkgebiet der **Kornaten** (Kornati National Park, Betina 2, Tel. 00385-22-435740, Fax 435058, www.kornati.hr). Der Preis liegt bei ca. 220 K inkl. Essen (zzgl. Parkeintritt). Aktuelle, von der Parkverwaltung lizensierte **Agenturen** für die Kornaten sind:

- **Betina, Morska lastavica,** Tel. 022-436550, morskalastavica@globalnet.hr.
- **Biograd, Sangulin Tours,** Tel. 098-299659, sangulintours@sangulin.hr.

- **Murter, Aquakornat,** Tel. 022-434151, aquarius-murter @si.t-com.hr, und **Coronata,** Tel. 022-435089, www.coronata.hr.
- **Sibenik, NIK,** Tel. 022-338550, www.nik.hr.
- **Vodice, Lirica Tours,** Tel. 022-443018, www.lirica-tours.hr.

Windsurfen

Das Windsurfen findet in Dalmatien nicht den Anklang, den man vielleicht erwartet; daraus resultiert ein allgemeines Manko an Verleihstellen. Von den großen Hotels abgesehen gibt es für Individualreisende vor allem ein Zentrum des Windsurfens, und das ist **Viganj** auf der **Halbinsel Pelješac** (Süddalmatien). Hier bläst der Westwind günstig in den natürlichen Kanal zwischen der Halbinsel Pelješac und der Insel Korčula. Über mehrere Kilometer erstreckt sich auf der Südseite der Halbinsel der Strand mit mehreren Campingplätzen, auf denen auch organisierte Surfschulen/Verleihstellen ihre Dienste anbieten. Die bekanntesten Plätze sind das **Autocamp Anthony Boy** (ADAC-Partner), Tel./Fax 020-719077, autopleter@autopleter.hr, sowie das **Camp Liberan,** Tel. 020-719164, Fax 719015.

064nd08 Foto: fz

Tauchen

Tauchen mit ABC-Ausrüstung (Brille, Schnorchel, Flossen) ist ohne Genehmigung erlaubt, für das **Gerätetauchen** ist eine **Genehmigung** erforderlich, die unter Vorlage von Pass und Brevet bei den Hafenmeistereien, über eine Tauchschule oder bei den Touristenagenturen (nicht bei allen!) problemlos ausgestellt wird. Das ein Jahr gültige Permit kostet 100 K, sofern man seine Tauchgänge über eine ortsansässige Basis arrangiert (diese organisiert dann die Genehmigung). Wer selbstständig tauchen möchte, wird mittlerweile mit stolzen 2400 K zur Kasse gebeten.

Wer sich diesen Betrag leisten will, für den ist es nicht erforderlich, die Tauchgänge über eine Tauchbasis zu arrangieren. **Selbsttaucher** haben an den meisten Basen die Möglichkeit der Flaschenfüllung (rund 30 K); zur eigenen Sicherheit ist der Taucher jedoch verpflichtet, bei jedem Tauchgang eine auf der Wasseroberfläche schwimmende Boje mit sich zu ziehen. Theoretisch kann ganzjährig von Sonnenauf- bis Sonnenuntergang selbstständig getaucht werden, für Nachttauchgänge sollte eine Tauchschule eingeschaltet werden. Filmen und Fotografieren unter Wasser ist erlaubt, strengstens untersagt – und für echte Taucher selbstverständlich – ist es, irgendetwas vom Meeresboden zu entfernen; insbesondere das Sammeln von Steinbohrermuscheln *(Lithophaga)* und Seedatteln u.Ä. ist verboten; generell ist auch das Tauchen in Häfen und auf den Schifffahrtswegen strengstens verboten.

Richtpreise für Tauchgänge und Equipment:

- **Flaschenfüllung:** 5–7 Euro
- **Weste, Automat:** je 5 Euro
- **6er-Tauchpaket:** 150 Euro (eigene Ausrüstung, nur Blei und Flasche); 200 Euro (volle Leihausrüstung)
- **10er-Tauchpaket:** 250 Euro (300 Euro bei Leihausrüstung)

Paradies für Taucher: die Kornaten-Inselgruppe

- **Bootsausfahrten** werden meist gesondert berechnet (3 Euro pro Tauchgang), ebenso Nichttaucher auf dem Boot (15–18 Euro)
- **Grundkurs** (Anfängertauchschein inkl. Leihausrüstung): ca. 300 Euro

- Weitergehende **Infos** erteilt der **Kroatische Tauchverband,** Dalmatinska 12, **Zagreb,** Tel. 00385-14848765, Fax 14849119, www.diving-hrs.hr.
- **Dekokammern** befinden sich in **Pula** (Istrien), P. Togliattija 47, 52100 Pula, Tel. 052-24572, Fax 217877, mobil 098-255945, und in **Split** (Dalmatien), Domovinskog rata 1, 21000 Split, Tel. 021-343980, Fax 361355, mobil 099-475095.

Sehr beliebt sind **Pauschalarrangements** für Segler oder Taucher, die in Fachzeitschriften („Tauchen“) oder auf der Internationalen Bootsmesse BOOT in Düsseldorf alljährlich angeboten werden. Bei eigener Anreise kostet beispielsweise eine Woche mit Übernachtung und Frühstück inkl. Non-Limit-Tauchen rund 220 Euro.

Die wichtigsten deutsch-kroatischen/deutschsprachigen Basen werden in den Ortsbeschreibungen – soweit möglich mit E-Mail – gesondert aufgeführt, da diese oftmals auch gute Unterkunft preiswert arrangieren oder auch selbst anbieten (bevorzugt für Taucher; siehe auch Pauschalangebote in einschlägigen Fachzeitschriften wie „Unterwasser“ oder „Tauchen“).

Angeln/Fischen

Außer zum Angeln am Ufer benötigt man eine **Bewilligung der zuständigen Gemeinde.** Beim lizenzfreien Küstenangeln ist ein Fang von bis zu 5 kg täglich erlaubt. In Häfen und Naturschutzparks ist der Fischfang verboten, dies gilt auch für Muscheln und Krebse.

Fischfanggebiete sind die Gewässer rund um die Küste und die Inseln, wobei hauptsächlich Tintenfisch, Makrele, Goldbrasse, Brauner Serran, Thunfisch, Drachenkopf, Meeräsche, Aal, Zahnbrasse, Gelbstriemen, große Geisbrasse, schwarzer Schattenfisch, Muräne, Sackbrasse, Seebarbe und Rotbrasse gefangen werden.

Die Fremdenverkehrsämter geben alljährlich die **Gratisbroschüre „Sportfischerei"** heraus, ferner kann man sich an die Tourismusbüros vor Ort oder den „Zentralverband für Unterwasseraktivitäten und Sportfischerei am Meer" wenden (51000 Rijeka, M. Gupca 2, Tel. 051-25255).

Wandern

Die meisten Kroatien-Urlauber suchen die Erholung an den Stränden und in den Küstenorten, doch seien wir ehrlich: Nach ein oder gar zwei Wochen des reinen Müßigganges reizt es gewiss, wieder einmal etwas anderes zu sehen und vielleicht einsame Gegenden des Hinterlandes kennen zu lernen. Das Velebit-Gebirge, die Nationalparks Paklenica und Biokovo oder auch die unvergleichlichen Plitwitzer Seen drängen sich für ausgedehnte Spaziergänge und Wanderungen geradezu auf. An den Küsten laden teilweise kilometerlange befestigte Spazierwege an malerischen, einsamen Felsbuchten zu ausgedehnten Fußmärschen ein.

In Norddalmatien erhebt sich das **Velebit-Gebirge** unmittelbar an der Küste ziemlich steil – die Wanderungen können vor allem in den Sommermonaten Juli und August extrem schweißtreibend sein. Man sorge daher stets neben vernünftigem Schuhwerk auch für ausreichend Getränke.

Sportklettern, vor allem im Nationalpark Paklenica, ist mittlerweile recht beliebt. Auskünfte erteilen die Fremdenverkehrsämter.

Reiten

Insbesondere **auf einigen Inseln** bestehen Möglichkeiten zu Ausritten und Reitkursen; in den Ortsbeschreibungen wird gesondert darauf hingewiesen.

Wintersport

Kroatien verfügt über drei Skizentren mit mehreren Drahtseilbahnen und eingerichteten Skipässen: **Medvednica** bei Zagreb, **Platak** bei Rijeka und **Bjelolašica** bei Ogulin. Eigentliches Wintersportzentrum des ehemaligen Jugoslawien war allerdings Sarajevo (heute Bosnien-Herzegowina). Die Wintersportregionen sind auch von Norddalmatien relativ zügig erreichbar; weitergehende Infos bieten im Bedarfsfall die Tourismusbehörden.

Kanu/ Kajak

Kajak- und Kanufahrten werden in Kroatien auf den **Flüssen Kupa, Korana, Cetina und Una** organisiert, wobei die Cetina die besten Möglichkeiten bietet. Über die unten genannten Agenturen besteht auch die Möglichkeit, eine Raftingtour in Dalmatien z.B. mit einem Urlaub in Istrien zu verbinden.

Agenturen/Touren:

- Im **Raum Omiš** arrangiert die Agentur **Active Holidays** neben Rafting auf der Cetina auch Freeclimbing-Kurse, Windsurfen, Tauchen, Unterkunft, Pkw-Vermietung und Ausflüge; Knežova Kačića, Tel./Fax 021-863015, www.activeholidays-croatia.com.
- In **Stanići** bietet die Agentur **Emsa** Riverrafting (neben Freeclimbing, Wandern, Tauchen, Unterkunft, Fischen etc.) zu vergleichsweise günstigen Preisen an; Tel. 021-879047, Fax 897011, www.emsatours.hr.
- Im nahe gelegenen Ortsteil **Nemira** wende man sich an die sehr zuverlässige Agentur **Adria Tours;** Duže Zavlje II/2, Tel./Fax 021-734577, www.adria-tours.hr/.
- Besonderer Beliebtheit erfreute sich in der vergangenen Saison die berühmte „Kombi-Abenteuertour" der bekannten Firma **Atlas** in **Split,** die ab ca. 900 Euro pro Person gebucht werden kann; Tel. 021-343055, Fax 362012, www.atlas-croatia.com.

Sprache

Kroatisch

Kroatisch ist **seit der Unabhängigkeit die allgemeine offizielle Landessprache,** nur für Istrien gilt die Besonderheit, dass die Region historisch bedingt offiziell zweisprachig (Kroatisch und Italienisch) ist.

Eine Sonderform im kroatischen Sprachgebiet bildete das vermutlich seit Ende des 19. Jh. ausgestorbene **Dalmatische,** eine vom Venezianischen geprägte romanische Sprache. Das Verbreitungsgebiet lag etwa im heutigen Dalmatien und kann-

kro_084 Foto: wl

te sogar mundartliche Tendenzen, wie etwa das **Ragusische,** eine in Ragusa (Dubrovnik) in Stadtparlament und Handel gesprochene Unterform des Dalmatischen. Am längsten hielt sich das Dalmatische auf der Insel Krk.

Im Gebirgsland des nordöstlichen Istrien wird in einigen wenigen Ortschaften das so genannte **„Istrorumänische"** gesprochen, im Süden (Raum Rovinj/Pula) zudem **„Istrioto"** (Istroromano), eine unmittelbar auf das so genannte Vulgärlatein der dort ansässigen Römer zurückgehende Sprache. Beide Idiome sind sehr seltene, eigenständige Sprachen, keine Dialekte.

Südslawische Sprache

Das Kroatische als nationale Landessprache Kroatiens gehört ebenso wie das Slowenische oder auch das Serbische zu den südslawischen Sprachen. Im Unterschied etwa zum Bulgarischen

Internationales Publikum auf der Insel Brač

oder Serbischen wird in Kroatien allerdings unsere **lateinische Schrift** verwendet, sodass dem Besucher die Orientierung anhand von Straßenschildern oder Hotelnamen einfacher fällt als in Sprachgebieten mit kyrillischer Schrift.

Aussprache

Bei der Aussprache des Kroatischen gibt es folgende **Besonderheiten:**

- **c** wie ts
- **č** wie tsch
- **ć** wie tj
- **s** wie ss
- **š** wie sch
- **ž** wie sh in „Gelee"
- **z** wie s in „Suppe"
- **e** wie ä
- **dj** wie j in „James"
- **h** wie ch in „ach"
- **v** wie w
- **r** wie är (Krk = Kärk, Hrvata = Härvata)

Sprachführer

Obgleich man in Dalmatien neben italienisch auch sehr gut englisch und deutsch versteht, kann ein kleiner Wortschatz der Landessprache in entlegenen Gebieten oder kleinen Orten doch sehr hilfreich sein. Wer sich einige Kroatischkenntnisse für den Urlaub aneignen möchte, sei auf den Kauderwelsch-Band **„Kroatisch – Wort für Wort"** verwiesen, der im Reise Know-How Verlag erschienen ist. Hier werden sehr anschaulich die Grundlagen der Alltagskommunikation erläutert, ohne dass man sich mit unnötiger Theorie und Grammatik herumplagen muss. Ein AudioTrainer auf CD ist ebenfalls erhältlich.

Buchtipps:
- Volker Heinrich, **Kommunikation von unterwegs**
- Volker Heinrich, **Handy global**

(beide Bände Reise Know-How Praxis)

Telefonieren

Festnetz

Von den meisten öffentlichen Telefonen kann direkt **nach Mitteleuropa** gewählt werden: Auslandsvorwahl eingeben (Deutschland 0049, Österreich 0043, Schweiz 0041), Ortskennzahl ohne „0“ sowie die Rufnummer des Teilnehmers. **Telefonkarten** sind an Kiosken und in Postämtern erhältlich.

Die **Auslandsvorwahl** nach **Kroatien** lautet **00385,** dann ist ebenfalls die Ortsvorwahl (ohne „0“) sowie die Teilnehmernummer zu wählen. Innerhalb Kroatiens wird die „0“ (z.B. 01 für Zagreb, 051 für die Kvarner Bucht einschließlich Pag) mitgewählt.

Handy

Mobiltelefone **funktionieren gut.** Die Kosten ändern sich gerade im Mobiltelefonbereich permanent, ein grober Anhaltspunkt für ein Handy-Gespräch sind 3–4 Euro für ca. fünf Minuten. Am preiswertesten ist es, wenn man bei seinem Provider nachfragt oder auf der Website nachschaut, welcher der kroatischen Roamingpartner VIP oder T-Mobile in Kroatien am preiswertesten ist, und diesen per **manueller Netzauswahl** bei den Telefonaten voreinstellt.

Nicht zu vergessen sind die **passiven Kosten,** wenn man von zu Hause angerufen wird. Ein Anrufer in Ihrem Heimatland zahlt nur die Gebühr ins inländische Mobilnetz, die Rufweiterleitung nach Kroatien findet man später auf der eigenen Handyrechnung wieder.

Extrem ärgerlich sind diese Kosten vor allem, wenn man nur vergessen hat, die **Rufumleitung auf die Mailbox** zu deaktivieren. Wenn man dann nicht zu erreichen oder es besetzt ist, schlägt sich die Rufumleitung nach Kroatien und dann zurück ins Heimatland doppelt auf Ihrer Rechnung nieder (bzw. bei Prepaid-Verträgen ist das Guthaben schneller verbraucht als erwartet).

Wesentlich preiswerter ist von vornherein die Beschränkung auf das Versenden von **SMS.** Der Empfang von SMS ist in der Regel kostenfrei, der von **Bildern per MMS** nicht nur relativ teuer, sondern je nach Roaming-Partner auch gar nicht möglich. Die **Einwahl ins Internet** über das Mobiltelefon, um Daten auf das Notebook zu laden, ist noch kostspieliger – da ist ein Gang ins nächste Internet-Café weitaus günstiger.

Falls das Mobiltelefon **SIM-lock-frei** ist (keine Sperrung anderer Provider vorhanden ist) und man viele Telefonate innerhalb Kroatiens führen möchte, kann man sich eine örtliche **Prepaid-SIM-Karte** besorgen (siehe auch www.vipnet.hr und www.t-mobile.hr).

- Zu wichtigen **Notrufnummern** siehe „Notfälle".
- **HAK** (kroatischer Automobilclub) für Straßeninformationen: Tel. 01-4640800.
- **Touristische Infos:** Tel. 0800-200-200 (gebührenfrei).
- **Inlandsauskunft:** Tel. 988.

Trinkgeld

Gängige Praxis

Es ist üblich, Rechnungsbeträge in der **Gastronomie** aufzurunden und etwa **Hotelpersonal** (Zimmermädchen) eine Aufmerksamkeit von ca. 50 K pro Woche zukommen zu lassen. Dies gilt auch für **Ferienwohnungen,** wenn allgemeine Dienste (Zimmerreinigung, Handtuchwechsel usw.) mit einiger Regelmäßigkeit vorgenommen werden. Dabei sollte man die ersten ein bis zwei Tage abwarten und je nach Service dann das Trinkgeld vergeben, um das Personal frühzeitig besonders zu motivieren.

„Bakschischgelder" – wie in anderen Ländern auf dem Balkan teilweise üblich – sind in Kroatien **nicht erforderlich,** also auch nicht für Parkplätze, Auskünfte oder etwa zur Erlangung besonders guter Zimmer.

Uhrzeit

MEZ

In Kroatien gilt wie bei uns die **Mitteleuropäische Zeit** (MEZ) und vom letzten Märzwochenende bis Ende Oktober die **Sommerzeit** (MEZ + 1 Std.).

Unterkunft

Organisiert oder erst vor Ort

Die Unterkunft ist in unmittelbarem Zusammenspiel mit dem Urlaubsort sicherlich das A und O für einen gelungenen Aufenthalt. Grundsätzlich gibt es, von den persönlichen Umständen abhängend, zwei unterschiedliche Vorgehensweisen: Entweder organisiert man vorab eine Unterkunft (Pauschalreise, Unterkunft per Internet buchen usw.), oder man reist zum bevorzugten Zielort und sucht dort auf eigene Faust etwas Passendes.

Kroatien ist prinzipiell ein „El Dorado" für Glücksritter, die sich treiben lassen und **unorganisiert** reisen und ohne Vorabbuchung ein Zimmer oder ein Apartment vor Ort suchen möchten. Dies ist mit oder ohne Hilfestellung vor Ort möglich, zwei Kleinigkeiten sind aber auch dann zu beachten: Zum einen kommt es im August (Sommerferien in den großen touristischen Herkunftsländern) zu Engpässen, außerhalb des „Bettenwechsels" am Samstag muss man schon Glück haben, um etwas Passendes zu finden; und zweitens sollte man auch einen guten Standort für Ausflüge in andere Gebiete Dalmatiens wählen. Natürlich hat jeder seine eigenen Vorstellungen, allgemein aber empfehlen sich im Rahmen eines drei-

Buchtipps:
- Hartmut Schäfer, **All inclusive?**
- Erich Witschi,
Unterkunft und Mietwagen clever buchen
(beide Bände Reise Know-How Praxis)

wöchigen Urlaubs durchaus mehrere Domizile, etwa eine Woche auf einer Insel im Norden, eine Woche auf dem Festland bei Trogir/Split und eine weitere Woche auf einer Insel vor Split.

Kategorisierung in Kroatien

Bei **Hotels und Apartments/Bungalows** sowie **Privatunterkünften** wird in Kroatien nach den **Klassen A bis D oder 1 bis 4** unterschieden, manchmal gibt es zusätzlich „L" für Luxus. Grundsätzlich gilt: Wer eine Hotelunterkunft für den Urlaub sucht, fährt mit einer Pauschalreise in aller Regel weit günstiger als bei Eigeninitiative und Selbstbuchung (vorab oder vor Ort), da die Reiseveranstalter meist einen deutlich günstigeren Preis erzielen als der Einzelreisende. Im Winterhalbjahr sind Hotels oftmals die einzige durchgehend geöffnete Unterkunftsmöglichkeit.

Campingplätze

Für Campingplätze existieren unterschiedliche Kategorisierungen und Angaben über die Qualität, teilweise werden **Sternchen** (* bis ****), teilweise **Kategorien** benannt (Kat. I bis IV), wobei jeweils „1/I" die geringste und „4/IV" die höchste Komfortklasse bedeutet.

Insgesamt gibt es **über 300 registrierte Campingplätze,** etwa je zur Hälfte auf Istrien/Kvarner Bucht und Dalmatien verteilt. In Nordkroatien sind sie prinzipiell größer und besser organisiert (Tischtennis, Minimarkt, Busanbindung etc.), wohingegen viele dalmatischen Campingplätze – von ein paar größeren Plätzen abgesehen – als so genannte „Mini-Camps" lediglich einige Zelt- und Stellplätze mit „rustikaler Atmosphäre", oft ohne jegliche Infrastruktur, anbieten.

Wildes Campen ist in ganz Kroatien nicht nur generell **untersagt,** sondern erweist sich auch insbesondere entlang der dalmatischen Küste mit dem jäh aufsteigenden Bergland als ausgesprochen schwierig.

In der **Hochsaison** ist eine Woche die übliche **Mindestbelegzeit** auf Campingplätzen; darunter wird man oft erst gar nicht aufgenommen. Bei den Unterkünften wird für Kurzzeitbelegungen (bis drei Nächte) ein Zuschlag von 30 % erhoben.

Kategorisierung in diesem Buch

Um dem Leser eine einigermaßen vernünftige **Orientierung** zu ermöglichen, wird in den Ortsbeschreibungen in diesem Buch einheitlich **nach vier Klassen katalogisiert,** dargestellt durch ein bis vier hochgestellte Euro-Zeichen (€€€€). Diese Einteilung ist unabhängig davon, ob vor Ort „2", „**", „B" oder „II" verwendet wird. Die Kategorien sind der abgebildeten Tabelle zu entnehmen. Genannt sind die Höchstpreise während der Hauptsaison (Mitte Juli bis Ende August); außerhalb der A-Saison (siehe „Reisezeit") sinkt der Preis auf etwa zwei Drittel, in der Nebensaison teilweise bis auf ein Drittel! Viele Prospekte, Preistafeln usw. in Kroatien arbeiten auf Euro-Basis, die Abrechnung erfolgt jedoch bis zum EU-Beitritt (und der späteren Umstellung auf den Euro) in Kuna. Dabei akzeptieren manche Privatvermieter den Mietpreis gerne auch in Euro, da sie entweder als Gastarbei-

Kategorien in diesem Buch (Preise in Euro)

Kategorie	Hotel	Apartments/FeWo	Campingplatz
€	DZ Ü/F	2er 25–35	4 Pers./Zelt 15–20
	(kplt f. 2 Pers.)	4er 40–55	4 Pers./WoWa 20–25
	40–60	6er 30–45	4 Pers./WoMo 20–25
€€	60–80	2er 35–45	4 Pers./Zelt 20–25
		4er 60–80	4 Pers./WoWa 22–27
		6er 40–60	4 Pers./WoMo 24–29
€€€	80–140	2er 45–60	4 Pers./Zelt 25–30
		4er 80–105	4 Pers./WoWa 30–35
		6er 60–100	4 Pers./WoMo 30–35
€€€€	140–180	2er 60–70	4 Pers./Zelt 30–40
		4er 95–150	4 Pers./WoWa 35–50
		6er 100–180	4 Pers./WoMo 35–50
€€€€€	ab 180	wie **€€€€**	wie **€€€€**

Abkürzungen: DZ = Doppelzimmer; Ü/F = Übernachtung mit Frühstück; FeWo = Ferienwohnung; WoWa = Wohnwagen; WoMo = Wohnmobil; kplt = komplett, Pers. = Personen

ter im Winter in der Eurozone tätig sind oder dort Einkäufe tätigen und sich die Umtauschgebühren sparen möchten.

In der **Tabelle** auf der Seite zuvor sind für eine Kategorie jeweils die niedrigsten und höchsten ermittelten Preise in Euro angegeben, bei Wohnwagen und Wohnmobilen inkl. Strompreise, jeweils pro Tag. Bei den Camping-Kategorien handelt es sich um vereinheitlichte Richtwerte; für die individuelle Planung empfiehlt es sich, den kostenlosen Campingplatzkatalog der Fremdenverkehrsämter (siehe „Informationsstellen") anzufordern.

Buchung

Es ist zumindest außerhalb der Hochsaison **kein Problem,** ohne Vorabarrangement nach Kroatien zu kommen; entweder orientiert man sich an den allgegenwärtigen, oft mehrsprachigen Schilderwäldern („apartman" = Ferienwohnung, „sobe" = Zimmer), oder man wendet sich an eine der so genannten Touristenagenturen („Agencija"), die dem Suchenden eine Liste von Privatzimmern und Ferienwohnungen vorlegen – das ist etwa so kompliziert wie bei uns der Zeitungskauf am Kiosk.

076nd08 Foto: wl

Dann besichtigt man selbstständig das Objekt. Sollte das Zimmer zusagen, füllt man – wieder beim Agenten – die Unterlagen aus. Der Pass wird zur Registrierung einen Tag (bzw. bis zur Rechnungsbegleichung) hinterlegt. Somit ist gewährleistet, dass Privatzimmer auch ordnungsgemäß versteuert werden (bis zu 40 %!) und die **Kurtaxe** gezahlt wird (0,50–1,50 Euro/Tag). Der Kunde merkt von Kurtaxe und Vermittlungsprovision nichts, er zahlt einen Endbetrag.

Wer **direkt zu Vermietern** geht (manche freuen sich, können doch Steuer und Kurtaxe sowie Agenturenprovision gespart werden), darf nicht irritiert sein, wenn man gelegentlich trotz der Eigeninitiative an eine Agentur verwiesen wird: Es bestehen oft feste Verträge mit Agenturen, oder man will ehrlich Steuern zahlen.

Man kann also auf eigene Faust entweder vor Ort direkt zum Vermieter gehen oder sich an die örtliche **Touristinformation** oder eine der zahlreichen **Agenturen** wenden, von denen einige günstig gelegene jeweils beispielhaft in den Ortsbeschreibungen erwähnt werden.

Zunehmend bedeutsam werden auch **Internetkontakte,** die entweder über Agenturen (Vermittler) oder auch – allerdings noch nicht so häufig – direkt mit dem Vermieter geknüpft werden können. Dabei sind einige **Besonderheiten** zu beachten: Es gibt zwei verschiedene Agentursysteme, die einen arbeiten von D/A/CH aus, die anderen haben ihren Sitz in Kroatien. Eine Agentur in D/A/CH rechnet in Euro ab und fungiert quasi als „Reiseveranstalter" (mit Sicherungsschein usw.) – man hat also einen Ansprechpartner im Heimatland. Die Rechnung wird nicht nach Kroatien überwiesen (aus D/A/CH recht hohe Überweisungskosten in Nicht-EU-Länder), dafür sind die

Grandioses Panorama auf dem Wanderweg Panoramski Put auf der Insel Pašman

Gesamtkosten höher als bei Agenturen in Kroatien. Letztere treten auch als Vermittler auf, fordern meist eine Anzahlung von etwa 20 %, der Rest ist dann direkt an den Besitzer der Unterkunft zu zahlen (bar bei der Ankunft). Dabei hat mancher Urlauber ein „flaues Gefühl“, gibt es doch keinen Sicherungsschein, die Anzahlung ist nach Kroatien vorab zu überweisen, und man muss darauf vertrauen, dass die Unterkunft zum Zeitpunkt der Ankunft wie vereinbart auch tatsächlich frei ist. Klar ist aber auch, dass der Preis bei kroatischen Agenturen zum Teil erheblich günstiger ist als bei Agenturen „mit Sicherungsschein“. Zumindest in der Hauptsaison kann man bei zeitgerechter Vorplanung in beiden Fällen sicher sein, ein „Wunschobjekt“ anmieten zu können.

Agenturen

Hier eine kleine **Auswahl zuverlässiger Anbieter** (im Internet), wobei meist über die eingestellten Bilder, zum Teil auch über PDF-Prospekte ein recht guter Eindruck von den anzumietenden Objekten gewonnen werden kann.

- Auf der Seite **www.ferienwohnungen.net** findet man auch Privatanbieter, u.a. kann man hier „Robinsonurlaub auf den Kornaten“ (auf einer einsamen Insel) buchen.
- **www.homeholidays.com** bietet sehr schöne, private und günstige Unterkünfte; der Kontakt wird direkt zum Vermieter hergestellt.
- Die Firma **Adrialin (www.kroatien-adrialin.de)** arbeitet im Unterkunftsbereich mit TÜV-Süd und rund 7500 Privatanbietern zusammen und bietet Unterkünfte vom Gästezimmer über familienfreundliche Ferienanlagen bis zur exklusiven Ferienvilla.
- **www.croliday.com** ist die Homepage der mit zahlreichen Häusern in ganz Kroatien zusammenarbeitenden deutsch-kroatischen Unterkunftsvermittlung **Croliday-Reisen,** Uhlandstraße 21, 71638 Ludwigsburg, Tel. 07141-970202, Fax 970203, croliday@kroatien-croliday.com.
- Schon seit vielen Jahren ist die **Agentur Koima** in Zagreb (Remetinečka 77, 10000 Zagreb, Tel. 00385-01-655667, Fax 6556888, www.apartmani-hrvatska.com) im Geschäft.
- In Salzburg, F. Hanusch Platz 1, Tel. 0043-512-2110400 (aus D/CH) bzw. kostenfrei in Österreich 0800-500802, info @terra.at, www.terra-reisen.com, bietet **Terra-Reisen** als einer der größten Autoreise-Veranstalter sehr interessante Angebote im Unterkunftsbereich, aber auch Flug etc.

- Keine Informations-, sondern eine reine Unterkunftsvermittlungsseite findet man unter **www.istrien.info/.** Man kann über die im Portal integrierte Suchmaschine, aber auch persönlich bei Herrn *Zlatko Dipalo* über Mail (service @istrien.info) oder Tel. 089-97893282 (München) buchen.
- Als weitere gute Seiten seien **www.jadro.de, www.adriatica.net** und **www.idriva.de** erwähnt.

Hinweis: Leider tummeln sich inzwischen auch schwarze Schafe vor allem in der Masse der Internetanbieter. So warnen Reisende ausdrücklich (siehe www.istrien.info/forum/thema10228-15.html) z.B. vor der Firma Kroatien Direkt GmbH, die bereits mehrfach zwar kassiert, dann aber beim Erscheinen der Buchenden vor Ort gar keine Unterkunft bereitgestellt haben soll. Hier soll zudem bereits vor der Reise (eigene Anreise, nur Unterkunftsbuchung) der gesamte Preis für die Unterkunft bezahlt worden sein, was in Kroatien unüblich ist und stets stutzig machen sollte! Üblich ist bei der reinen Unterkunftsbuchung lediglich eine Anzahlung nach der Buchung (meist 100 Euro) und Begleichung des Restbetrages bei der Schlüsselübernahme.

Jugendherbergen

Jugendherbergen gibt es in Kroatien derzeit lediglich in Pula, Punat/Krk, Zadar, Dubrovnik, Veli Lošinj, Zagreb und Rijeka. Ein internationaler Jugendherbergsausweis ist erforderlich, auch empfiehlt sich wegen der großen Nachfrage eine Vorabreservierung (zu den Preisen siehe Ortsbeschreibungen).

Weitere **Auskünfte** sowie **aktuelle Preislisten** können hier angefordert werden:

- **Deutsches Jugendherbergswerk,** Bismarckstr. 8, 32657 Detmold, Tel. 05231-74010, www.jugendherberge.de.
- **Österreichischer Jugendherbergsverband,** Schottenring 28, 1010 Wien, Tel. 01-5335353, www.oejhv.or.at.
- **Schweizer Jugendherbergen,** Schaffhauserstr. 14, 8042 Zürich, Tel. 044-3601414, www.youthhostel.ch.
- **Youth Hostel Association,** Savska Cesta 5, 41000 Zagreb, Tel. 01-4829294, www.hfhs.hr.

Verkehrsmittel

Bahn

Im Vergleich zum Bus bietet die Bahn in Kroatien eigentlich nur eine Alternative für Eisenbahnfans. Die **Verbindungen,** insbesondere im Süden, sind – bedingt durch die gebirgige und teils unzugängliche Landschaft – **außerordentlich beschränkt.** Bahnlinien führen von Slowenien nach Pula (Südspitze Istriens) oder über Karlovac nach Rijeka bzw. durch das Binnenland nach Dalmatien (Zadar, Šibenik und Split). In den Ortsbeschreibungen wird auf die jeweiligen Verbindungen hingewiesen. Je nach Route zahlt man in der 2. Klasse als Richtpreis etwa 1,20 K pro Kilometer.

Bus

Busse dürften für diejenigen, die nicht mit einem eigenen Fahrzeug unterwegs sind, das **Haupttransportmittel** sein; die Verbindungen zwischen den einzelnen Ortschaften sind sehr ordentlich und zudem ausgesprochen **preiswert:** Als Faustregel gilt, dass pro Kilometer 0,80 K zu entrichten sind – auch auf internationalen Routen, wenn die Tour in Kroatien beginnt. Preisbeispiele für nationale Strecken wären etwa Zadar–Split 95 K oder Dubrovnik – Split 100 K. Für Nord-/Mitteldalmatien speziell gilt, dass Zadar und Split die großen Zentren und somit auch Ausgangs- bzw. Endpunkte der meisten Linien sind.

Fähre

Zu den vielen interessanten und sehr beliebten Inseln verkehren ganzjährig **Autofähren,** zu kleineren Insel **Passagierfähren** (teilweise Privatanbieter, zu buchen direkt am Pier). Die meisten in den Karten verzeichneten „Fährorte" sind nur eine Anlegestelle mit einer kleinen Ticketbude. Selbstfahrer stellen sich einfach hinten an und kaufen während der Wartezeit das Fährticket; von den beiden Coupons wird einer bei der Einfahrt auf die Fähre abgegeben, die Kopie gilt als Beleg. Das Fährpersonal ist auch in Stressphasen sehr hilfsbereit und nett.

Wartezeiten kommen durchaus vor, auf die Frequenzen und Verbindungen der diversen Routen wird in den Ortsbeschreibungen eingegangen.

● **Infos:** Über die aktuellen Preise und Fährverbindungen zu den Inseln informieren www.jadrolinija.hr (Tel. Split 21-338333) und www.sem.hr (Tel. 21-589433).

Taxi

Einige wenige **Großstädte** verfügen über einen regulären, relativ teuren Taxi-Service; Einzelheiten und Richtpreise finden sich in den Ortsbeschreibungen.

Trampen

Ein Wort zum Thema Autostopp: Trampen ist **nicht sonderlich beliebt** in Kroatien, eigentlich sogar eher verpönt. Das heißt allerdings nicht, dass in Notfällen oder bei miserablem Wetter nicht geholfen würde. Im Sommer jedenfalls stehen die Chancen für Tramper eher schlecht, obgleich zu dieser Zeit mehr Touristen als Einheimische auf kroatischen Straßen fahren.

Versicherungen

Die **gesetzlichen Krankenkassen** von Deutschland, Österreich und der Schweiz garantieren eine Behandlung auch im akuten Krankheitsfall in Kroatien, wenn die medizinische Versorgung nicht bis nach der Rückkehr warten kann. Als Anspruchsnachweis benötigt man dafür einen speziellen **Auslandskrankenschein** von der gesetzlichen Krankenkasse (die Europäische Krankenversicherungskarte gilt nicht in Kroatien!).

Im Krankheitsfall besteht ein Anspruch auf ambulante oder stationäre Behandlung bei jedem zugelassenen Arzt und in staatlichen Krankenhäusern. Da jedoch die Leistungen nach den gesetzlichen Vorschriften im Ausland abgerechnet werden, muss man in der Regel zunächst die **Kosten der Behandlung** selbst tragen. Obwohl bestimmte Beträge von der Krankenkasse hinterher rückerstattet werden, kann doch ein Teil der finanziellen Belastung beim Patienten bleiben, also zu Kosten in kaum vorhersagbarem Umfang führen.

Reisekrankenversicherung

Aus diesem Grund ist zusätzlich der Abschluss einer privaten Auslandskrankenversicherung dringend empfohlen. Diese sind z.B. in Deutschland ab 5–10 Euro pro Jahr auch sehr günstig. Bei Abschluss der Versicherung – die es mit bis zu einem Jahr Gültigkeit gibt – sollte auf einige Punkte geachtet werden. Zunächst sollte ein **Vollschutz ohne Summenbeschränkung** bestehen, im Falle einer schweren Krankheit oder eines Unfalls sollte auch der **Rücktransport** übernommen werden. Wichtig ist, dass im Krankheitsfall der **Versicherungsschutz über die vorher festgelegte Zeit hinaus** automatisch verlängert wird, wenn die Rückreise nicht möglich ist.

Schweizer sollten bei ihrer Krankenversicherungsgesellschaft nachfragen, ob die Auslandsdeckung auch für Kroatien inbegriffen ist. Sofern man keine Auslandsdeckung hat, kann man sich kostenlos bei Soliswiss (Gutenbergstr. 6, CH-3011 Bern, Tel. 031-3810494, info@soliswiss.ch, www.soliswiss.ch) über mögliche Krankenversicherer informieren.

Zur **Erstattung der Kosten** benötigt man grundsätzlich ausführliche Quittungen (mit Datum, Namen, Bericht über Art und Umfang der Behandlung, Kosten der Behandlung und Medikamente).

Der Abschluss einer **Jahresversicherung** ist in der Regel kostengünstiger als mehrere Einzelversicherungen. Günstiger ist auch die Versicherung als Familie statt als Einzelpersonen. Hier sollte man nur die Definition von „Familie" genau prüfen.

Andere Versicherungen

Ist man mit einem Fahrzeug unterwegs, ist der **Europaschutzbrief** eines Automobilclubs eine Überlegung wert. Wird man erst in der Notsituation Mitglied, gilt diese Mitgliedschaft auch nur für das betreffende Land, und man ist in der Regel verpflichtet, fast einen Jahresbeitrag zu zahlen, obwohl die Mitgliedschaft nur einen Monat gültig ist.

Ob es sich lohnt, weitere Versicherungen abzuschließen wie eine Reiserücktritts-, Reisegepäck-, Reisehaftpflicht- oder Reiseunfallversicherung, ist individuell abzuklären. Gerade diese Versicherungen enthalten viele **Ausschlussklauseln,** sodass sie nicht immer Sinn machen.

Die **Reiserücktrittsversicherung** für 35–80 Euro lohnt sich nur für teure Reisen und für den Fall, dass man vor der Abreise einen schweren Unfall hat, schwer erkrankt, schwanger wird, gekündigt wird oder nach Arbeitslosigkeit einen neuen Arbeitsplatz bekommt, die Wohnung abgebrannt ist u.Ä. Nicht gelten hingegen: Terroranschlag, Streik, Naturkatastrophe etc.

Die **Reisegepäckversicherung** lohnt sich seltener, da z.B. bei Flugreisen verlorenes Gepäck oft nur nach Kilopreis und auch sonst nur der Zeitwert nach Vorlage der Rechnung ersetzt wird. Wurde eine Wertsache nicht im Safe aufbewahrt, gibt es bei Diebstahl auch keinen Ersatz. Kameraausrüstung und Laptop dürfen beim Flug nicht als Gepäck aufgegeben worden sein. Gepäck im unbeaufsichtigt abgestellten Fahrzeug ist ebenfalls nicht versichert. Die Liste der Ausschlussgründe ist endlos ... Überdies deckt häufig die Hausratsversicherung schon Einbruch, Raub und Beschädigung von Eigentum auch im Ausland. Für den Fall, dass etwas passiert ist, muss der Versicherung als Schadensnachweis ein Polizeiprotokoll vorgelegt werden.

Eine **Privathaftpflichtversicherung** hat man in der Regel schon. Hat man eine **Unfallversicherung,** sollte man prüfen, ob diese im Falle plötzlicher Arbeitsunfähigkeit aufgrund eines Unfalls im Urlaub zahlt. Auch durch manche (Gold-)**Kreditkarten** oder eine **Automobilclubmitgliedschaft** ist man für bestimmte Fälle schon versichert. Die Versicherung über die Kreditkarte gilt jedoch meist nur für den Karteninhaber!

084nd08 Foto: wl

Land und Leute

Überblick

Kroatien

Auf der Karte ähnelt das Territorium Kroatiens einem Bumerang, dessen Basis nach Nordwesten und dessen Spitzen nach Südosten zeigen. Diese recht eigentümliche Form erklärt sich aus der Geschichte bzw. der Zusammensetzung des ehemaligen Vielvölkerstaates Jugoslawien und seiner unterschiedlichen ethnischen Besiedlung. Im Norden **grenzt Kroatien** an Slowenien (gemeinsame Grenzlänge: 501 km), im Osten an Ungarn (329 km), Serbien (241 km) und Bosnien-Herzegowina (932 km), im Süden an die jugoslawische Teilrepublik Montenegro (25 km). Das Staatsgebiet umfasst ungefähr 56.700 km² und beinhaltet **1185 Inseln,** die größtenteils vor der dalmatischen Küste liegen, von denen allerdings nur 67 bewohnt sind. **Hauptstadt** der Republik Kroatien ist **Zagreb,** wo rund ein Sechstel der insgesamt rund 4,5 Millionen Bewohner des Landes lebt und arbeitet. Die **Bevölkerung** besteht zu 90 % aus Kroaten, 7 % sind Serben, 3 % Italiener, Ungarn, Slowaken, Slowenen, Deutsche und Bosnier.

Geografie

Geografisch unterteilt man Kroatien in das fruchtbare **Flachlandbassin von Sava und Drava** im Nordosten, ein **bergiges Karstland** im Norden und im Zentrum sowie die touristisch bedeutsame **mediterrane Küstenregion.**

Diese Küstenregion – und somit der untere „Bügel" des Bumerangs – gliedert sich historisch bedingt in **drei Regionen:** die Halbinsel Istrien, die sich anschließende Kvarner Bucht sowie, im Süden, Dalmatien. Die gesamte Küste misst eine Länge von 1780 km.

Dalmatien

Bild auf den Seiten zuvor: Blick auf die Insel Iž

Das historische Dalmatien umfasst heute die vier Gespanschaften *(Županija)* **Zadar, Šibenik-Knin, Split-Dalmatien** und **Dubrovnik-Neretva** mit insgesamt 12.943 km² Landfläche und etwa 540.000 Einwohnern. Die in diesem Buch behandelten Gebiete umfassen die drei erstgenannten Gespanschaften (Bundesländer, Kantone) mit Ausnahme der Insel Hvar, die zwar zur Region Split-Dalmatien gehört, touristisch aber zu Süddalmatien.

Der Begriff Dalmatien geht auf den Volksstamm der **Delmaten,** eine Gruppierung der Illyrer (siehe Glossar) zurück, der diese Region im ersten Jahrhundert unserer Zeitrechnung besiedelte.

Die meisten **Städte und Gemeinden** liegen entlang der Küste sowie auf den Inseln, wohingegen das dalmatische Hinterland sehr dünn besiedelt blieb. Die **größten Städte** sind Split (190.000 Einwohner), Zadar (77.000), Šibenik (52.000), Sinj (25.000) und Solin (19.000).

Die große Bevölkerungsmehrheit besteht aus ethnischen Kroaten, bedeutendste Minderheiten sind die Serben (Raum Knin) und Italiener in und um Zadar.

Klima

Mittelmeerklima

Entlang der kroatischen Küste herrscht Mittelmeerklima mit **warmen, trockenen Sommern** und **milden Wintern,** wobei es innerhalb dieses langen Küstenabschnitts noch gewisse Unterschiede gibt (siehe Grafik). Der Grund dafür ist die jeweilige Lage zu den schützenden Bergketten des Festlands.

Als Faustregel kann festgehalten werden, dass es von **Mitte Juni bis Ende August kaum regnet** und die Tageshöchsttemperaturen mit schöner Regelmäßigkeit über die 30°C-Marke klettern, wobei die Temperaturen der dalmatinischen Gefilde meist noch um ein bis zwei Grad höher liegen als die auf der istrischen Halbinsel. Nicht zuletzt wegen des besonders milden Klimas konnte die Region Istrien eine traditionelle Vorreiterrolle im Tourismus einnehmen.

Zur Thematik vergleiche auch den Abschnitt **„Reisezeit"** im Kapitel „Reisetipps A–Z".

Flora und Fauna

Pflanzenwelt

Jedes Fleckchen fruchtbarer Erde wird zum Anbau genutzt: Wein, Paprika, Oliven, Tomaten und andere **Obst- und Gemüsesorten** zählen zu den wichtigsten landesüblichen Agrarerzeugnissen, wobei freilich die Pflaume als Basis für den allgegenwärtigen, selbst gebrannten *Šlivovica* (Pflaumenschnaps) nicht vergessen werden darf. Häufige Nutzpflanzen sind auch **Maulbeer-, Lorbeer-** und **Feigenbaum** sowie **Esskastanien** (Maroni).

Mittlere tägliche Maximum- und Minimumtemperaturen in °C

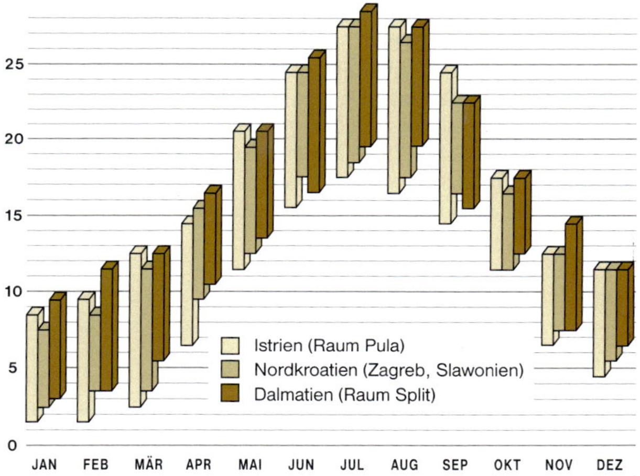

Wassertemperatur in °C

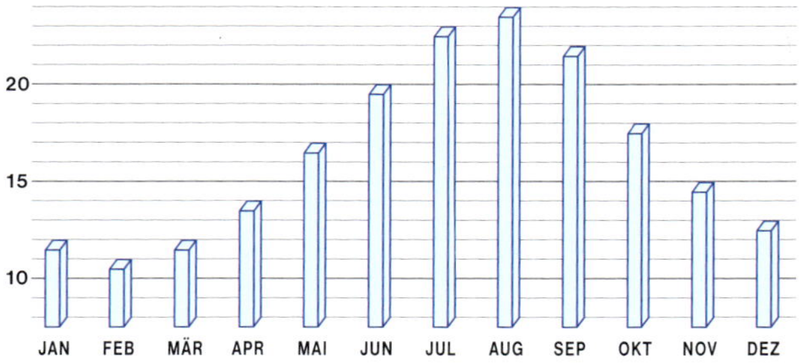

Mittlere Niederschlagsmenge pro Monat in mm

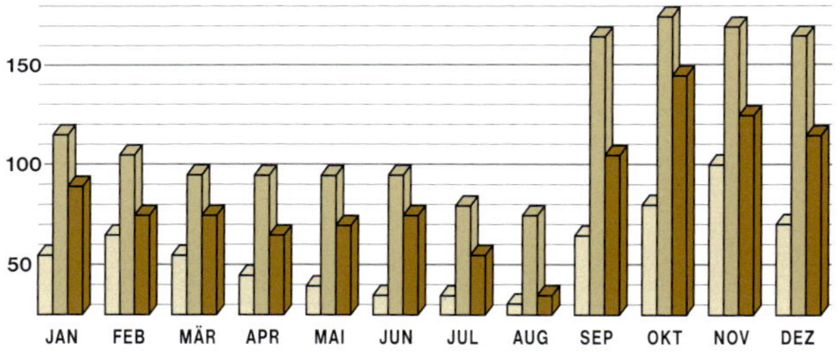

Ansonsten wächst auf dem steinigen Karstboden ein spärlicher, immergrüner **Buschwald** mit Rosmarin, Salbei und Thymian; sehr markant duftet auch das Maggikraut. An der istrischen Küste und auf den Inseln gedeiht der **Ölbaum,** sonst finden sich vorwiegend **Nadelhölzer** wie Zypressen, Kiefern und Pinien. Exotische Gewächse wie etwa Tamarisken, Akazien, Agaven und Palmen werden an einigen „Vorzeigepromenaden“ (z.B. Opatija) gepflegt.

Säugetiere

Wo eine Kultivierung der Felslandschaften nicht möglich ist, dominieren Ziege und Schaf als pflegeleichte **Nutztiere.** Esel und Mulis dienen noch heute als Transportmittel auf den unwirtlichen Bergpfaden und Hängen. **Wild lebende Säugetiere** scheinen weit seltener vorzukommen als in nördlicheren Gefilden; gelegentlich hoppelt ein Hase durchs Hinterland, auch Rot- und Schwarzwild lebt im Landesinneren. Luchse und Bären haben im Kvarner Hochland zwischen den Nationalparks Plitvice und Risnjak eine Heimat gefunden. Mit etwas Glück kann man sogar **Steinadler** beobachten, auf den Kvarner Inseln auch **Weißkopf-** oder **Gänsegeier.**

Unterwasserfauna

Unter Wasser entdeckt der Taucher Nacktschnecken, Einsiedlerkrebse, Garnelen, Seeigel, Seespinnen, Sepia, Zackenbarsche und sogar Katzenhaie. Auch an Wracks und Grotten oder Höhlen mangelt es nicht. Bedingt durch den Felsboden ist die **Sicht sehr gut,** das **Wasser** fast überall **von hervorragender Qualität.** Umweltschäden sind in der kroatischen Adria glücklicherweise nicht vorhanden.

Die kroatische Flagge

Kroatiens fünf größte ...

Kroatiens fünf höchste Berge (in m):

Dinara	1830
Kamešnica	1810
Sveti Jure	1762
Vaganski Vrh	1757
Ozeblin	1657

Kroatiens fünf längste Flüsse (in km):

Sava	562
Drava	505
Kupa	296
Donau	188
Bosut	151

Kroatiens fünf größte Inseln (in km²):

Krk	410
Cres	406
Brač	395
Hvar	300
Pag	285

Kroatiens fünf größte Städte (Einwohner):

Zagreb	710.000
Split	190.000
Rijeka	168.000
Osijek	105.000
Zadar	77.000

Kroatiens fünf größte Nationalparks (in km²):

Kornati	234
Plitwitzer Seen	195
Krka-Fälle	110
Paklenica	102
Mljet	54

Geschichte Kroatiens

Überblick Die Entwicklung der einzelnen Regionen Kroatiens nahm - bedingt durch die Lage zwischen verschiedenen Machtregionen - einen sehr unterschiedlichen Verlauf. Daher wird in den Ortsbeschreibungen der jeweiligen Stadtgeschichte stärker Rechnung getragen, an dieser Stelle sei zunächst ein kurzer Gesamtüberblick zu Kroatien gegeben.

Jungsteinzeit **Besiedlung der Adriaküste** vor 10.000 Jahren, erste Haustiere und Kulturpflanzen.

ab 1000 v. Chr. **Illyrische Stämme** siedeln sich - von Nordeuropa kommend - in Istrien (Histrer) und Dalmatien (Dalmater und Liburner) an.

ab 400 v. Chr. Einwanderung von **Kelten** und Verschmelzung zu einer illyrisch-keltischen Mischbevölkerung. **Griechische Kolonialisten** gründen Handelsniederlassungen auf Korčula, Hvar und Vis sowie dem Festland zwischen Split und Dubrovnik.

200 v.–200 n. Chr. Die **Römer** erobern zunächst den illyrischen Siedlungsraum (Kaiser *Augustus* und *Tiberius*), Zentrum der neuen Kultur wird Pula.

3.–5. Jh. Der in Dalmatien geborene Kaiser *Diokletian* macht Split zu seinem Zentrum (Diokletians-Palast). Das **Christentum** verbreitet sich, erste christliche Basiliken entstehen.

um 620 Einwanderung der **Kroaten** aus der slawischen Urheimat, die in der südwestlichen Ukraine (Pripjat-Sümpfe) angenommen wird, unter dem Druck der Völkerwanderungen.

bis 825 Der kroatische Balkan steht unter **byzantinischer und fränkischer Oberhoheit.**

925 Unabhängiges Königreich unter König *Tomislav*.

1102 *Koloman von Ungarn* wird König von Kroatien: Beginn der **ungarischen Oberhoheit** (bis 1918).

1527 *Ferdinand I.* von Habsburg (der spätere römisch-deutsche Kaiser) wird König von Ungarn-Kroatien; die **Habsburger** behalten die Krone bis 1918. Kroaten und Deutsche haben bis 1806, Kroaten und Österreicher bis 1918 ein gemeinsames Staatsoberhaupt.

1573 Bauernaufstände.

1797 *Napoleon* erobert Dalmatien.

ab 1830 Nationale Wiedergeburt, insbesondere auf sprachlichem Gebiet.

1848 Krieg und Trennung von Ungarn.

1868 Kroatisch-ungarische Gleichberechtigung.

1.12.1918 Königreich der **Serben, Kroaten und Slowenen.**

1918 Nach dem Zusammenbruch der k.u.k. Doppelmonarchie Österreich-Ungarns am Ende des Ersten Weltkriegs fällt ganz **Istrien an Italien** (bis zum Jahr 1943).

10.6.1928 Kroatenführer *Stjepan Radič* (Gründer der Bauernpartei) wird im Parlament in Belgrad ermordet.

6.1.1929 **Königreich Jugoslawien.**

6.4.1941 Einmarsch der **deutschen Truppen** in Jugoslawien und Besetzung.

10.4.1941 Kroatischer, faschistischer Ustaša-Staat unter Führer *Ante Pavelič*.

092nd08 Foto: wl

Zadar: vom Bürgerkrieg hart getroffen, inzwischen komplett restauriert

17.4.1941 Bedingungslose Kapitulation Jugoslawiens.

29.11.1945 Sozialistische Föderative Republik Jugoslawien unter **Tito.**

28.6.1948 **Bruch mit Moskau** (Beginn des jugoslawischen „Sonderweges“).

1970/71 **„Zagreber Frühling“:** national-demokratische Massenbewegung unter Führung von Intellektuellen und Studenten zusammen mit der kroatischen Parteispitze, Niederschlagung durch die jugoslawische Regierung.

4.5.1980 Tod *Titos.*

8.4.1990 *Dr. Franjo Tudjman* wird Präsident des kroatischen Republik-Präsidiums.

Mai 1990 Die „Kroatisch Demokratische Gemeinschaft“ (HDZ) gewinnt die absolute Mehrheit bei den ersten freien postkommunistischen Parlamentswahlen.

Aug. 1990 Aufruhr kroatischer Serben in Knin, Beginn des bewaffneten Konflikts.

17.3.1991 „Serbische Republik Krajina“ erklärt sich für unabhängig.

25.6.1991 **Unabhängigkeitserklärung Kroatiens.**

3.8.1991 1. Briuni-Abkommen: dreimonatiges Moratorium der Unabhängigkeitserklärung.

ab Sept. 1991 **Krieg in Kroatien.**

7.10.1991 Serbische Bombardierung von Zagreb.

19.11.1991 Fall von Vukovar.

23.12.1991	**Anerkennung** durch Deutschland und die meisten anderen EU-Staaten mit Wirkung vom 15. Januar 1992.
19.1.1992	Aufnahme dipl. Beziehungen mit Deutschland.
Jan. 1992	Vance-Friedensplan.
12.2.1992	UNO-Truppen-Stationierung (UNPROFOR).
Frühjahr 1992	Serbische Belagerung und Beschuss Dubrovniks.
2.1.1993	Kroatischer Angriff im Hinterland von Zadar (Maslenica).
28.2.1993	Washingtoner Abkommen zur Gründung der **Bosnisch-Kroatischen Föderation** in Bosnien und Herzegowina (BiH).
April 1993	Ausbruch bewaffneter Konflikte zwischen Kroaten und Muslimen in Bosnien-Herzegowina.
Sept. 1993	Kroatische „Medak-Offensive“ bei Gospič.
1.5.1995	Kroatische Rückeroberung des serbisch kontrollierten Westslawoniens („Aktion Blitz“).
2.–3.5.1999	Raketenbeschuss Zagrebs durch Serbien.
4.–7.8.1995	Kroatische Rückeroberung der serbisch kontrollierten Krajina („Aktion Sturm“).
12.11.1995	Vertrag von Erdut mit den Behörden der serbisch kontrollierten Gebiete in Ostslawonien, der Baranja und Westsyrmiens über Wiedereingliederung in Kroatien nach VN-Verwaltung (UNTAES).
14.12.1995	Kroatien unterzeichnet das Daytoner Friedensabkommen.

23.8.1996 Normalisierungsabkommen zwischen Kroatien und der **Bundesrepublik Jugoslawien.**

6.11.1996 Aufnahme Kroatiens in den **Europarat.**

15.1.1998 Ende des UNTAES-Mandats und vollständige Wiedereingliederung von Ostslawonien, Baranja und Westsyrmien in den kroatischen Staatsverband.

Nov. 99–Jan. 2000 Der schwer erkrankte Präsident *Tudjman* liegt im Sterben, seine Nachfolge ist offen, sein Tod beendet eine autokratische Ära.

Febr. 2000 **Stipe Mesić** wird am 7.2. zum neuen Präsidenten gewählt und am 18.2. offiziell in sein Amt eingeführt. Der Chef der HND verspricht eine Abkehr vom Einheitsstaat der bis dato vorherrschenden HDZ und der Tudjman-Verstrickungen.

13.7.2000 Die **Liberalisierungswelle** erreicht einen vorläufigen Höhepunkt mit der Entlassung des Tudjman-Getreuen *B. Tolič* als Chef der staatlichen Nachrichtenagentur HINA.

1.10.2000 *Mesić* kritisiert öffentlich kroatische Kriegsverbrechen der HVO (kroatische Armee) während des Balkankrieges und verspricht weiterhin gerichtliche Verfolgung, auch wenn es sich um Kroaten handele; mehrere rechtsnationalistische Generäle attackieren ihn in einem offenen Brief. *Mesić* setzt sich durch und schickt sie in den Ruhestand.

März 2001 Kroatien liefert den wegen Kriegsverbrechen angeklagten General *Norič* aus – Zehntausende protestieren in Split dagegen, ebenso viele in Pula dafür; die Regierung bleibt hart.

Ausstellungsstück im Archäologischen Museum von Zadar

25.6.2001 Zehnjähriges Unabhängigkeitsjubiläum. Präsident *Mesić* will seine Politik der inneren Liberalisierung und außenpolitischen **Westintegration** bei gleichzeitiger Aussöhnung mit den östlichen Nachbarn fortsetzen.

Juli 2002 Die Regierung *Račan* tritt zurück, 5-Parteienkoalition gescheitert. **Nationalkonservative** im Aufwind (rechtskonservative HDZ demoskopischen Umfragen zu Folge wieder stärkste Partei).

Sept. 2002 *Ivica Račan* wird von *Mesić* wieder zum Premier ernannt – er versucht nun ohne HSLS *(D. Budiša)* die **Europäisierung** (EU-Beitritt) umzusetzen und den Abbau der Arbeitslosigkeit (über 20 %!) voranzutreiben.

Jan. 2003 Der damalige EU-Erweiterungskommissar *Günther Verheugen* bezeichnet Kroatien und Bosnien-Herzegowina als aussichtsreiche Kandidaten für spätere Beitrittsrunden.

Febr. 2003 Erneut werden in der Landespresse amerikanische Pläne zur Modernisierung des traditionellen Diokletianspalastes (Split) heftig und kontrovers dis-

099nd08 Foto: fz

kutiert. Das marode Weltkulturerbe soll angeblich einem modernen Stadtzentrum weichen.

April 2003 Auf dem **Athener EU-Gipfel** (Beschluss der großen Osterweiterung für 2004) legt Kroatien sein offizielles **EU-Beitrittsgesuch** vor.

Herbst 2003 *Ivo Sanader* reformiert die bis dahin extrem rechtskonservative **HDZ** und kooperiert in offenen Fragen hinsichtlich EU und Auslieferung gesuchter Kriegsverbrecher. Die HDZ wird damit wieder „hoffähig".

Febr. 2004 Die HDZ gewinnt die **Parlamentswahlen** und bildet die neue Regierung, *Ivo Sanader* löst *Ivica Račan* als Premierminister ab.

Juni 2004 Kroatien wird **offizieller EU-Beitrittskandidat** (der Beitritt ist für das Jahr 2009 vorgesehen).

2005 *Stipe Mesić* wird in einer Stichwahl als Präsident wiedergewählt und führt Kroatien in die Verhandlungen mit der Europäischen Union.

2006 Kroatien wird offiziell von der UN-Sonderbeauftragten für die Verfolgung von Kriegsverbrechen, *Carla del Ponte,* für die gute Zusammenarbeit gelobt und in dieser Hinsicht als EU-reif beurteilt. Ähnlich zufrieden äußert sich im November 2006 der Vorsitzende der Deutsch-Kroatischen Parlamentariergruppe im Deutschen Bundestag, *Klaus-Peter Willsch:* „Der (jüngste) Bericht ist ein Beweis dafür, dass Kroatien auf einem sehr guten Weg in die EU ist. Im Vergleich zum Vorjahr sind im neuen Fortschrittsbericht nur noch wenige offene Fragen und Kritikpunkte."

2007 Von den vor dem Internationalen Gerichtshof anhängigen Klagen der Staaten Bosnien-Herzegowina und Kroatien gegen Serbien wegen Genozids während des Bürgerkrieges wird die bosnische

Klage abgewiesen; für Kroatien wird mit gleichem Ausgang gerechnet.

2008 Nach spannenden Parlamentswahlen (Nov. 2007) konnte sich die HDZ *Sanaders* trotz nennenswerter Stimmenverluste von 3% knapp vor der wiedererstarkten SDP *Zoran Milanovićs* (plus ca. 10 %) als stärkste Partei behaupten. Die Regierungsbildung zog sich aufgrund der unklaren Mehrheitsverhältnisse bis Anfang 2008 hin. Premierminister *Sanader* will bis Ende 2008 die **EU-Beitrittsverhandlungen** abschließen und anschließend durch Referendum die kroatische Bevölkerung über den Beitritt entscheiden lassen.

Geschichte Dalmatiens

Antike Im 6. und 5. vorchristlichen Jahrhundert siedelten diverse **illyrische Stämme** im heutigen dalmatischen Raum, hauptsächlich Liburner im Nordwesten und Delmaten im Südosten. **Griechische Kolonisten** gründeten außerdem Handelsniederlassungen auf Korcula, Hvar und Vis sowie auf dem Festland zwischen Split und Dubrovnik.

Im 2. Jahrhundert v. Chr. konnten die südlichen **Delmaten** die Unabhängigkeit vom illyrischen Reich erreichen und machten das heutige Tomislavlgrad zu ihrem Zentrum.

Nur wenige Jahre später (156 v. Chr.) wurden die Delmaten von den **Römern** unterworfen und tributpflichtig gemacht, um die Zeitenwende unter Kaiser *Augustus* dann als **Provinz Dalmatia** in das Römische Reich integriert. Nachdem Rom seinen Zenit bereits überschritten hatte, spielte Kaiser *Diokletian* (240–315) eine besondere Rolle, als er Split zum Zentrum seiner Macht erkor und dort den gleichnamigen Palast errichten ließ (siehe Exkurs im Kapitel zu Split).

Nach dem Ende des Weströmischen Reiches im 5. Jahrhundert fiel Dalmatien von 481 bis 535 in den Machtbereich der **Goten,** ehe der oströmische Kaiser *Justinian I.* das Gebiet an **Ostrom** (Byzanz) anschloss.

Mittelalter

Im Zuge der Völkerwanderung wurden weite Teile Südosteuropas von den **Slawen** besiedelt, wobei die Assimilation mit der Urbevölkerung weitgehend problemlos verlief. Eine Ausnahme waren die dalmatischen Stadtstaaten, allen voran Jadera (Zadar) und Ragusa (Dubrovnik), wo sich die romanischsprachige Bevölkerung „ghettoisierte" und sich auch die (heute ausgestorbene) dalmatische Sprache noch lange halten konnte. Formal hatte jedoch Byzanz (Ostrom) nach wie vor die Oberhoheit über Dalmatien inne.

In der Folgezeit entstanden zahlreiche einzelne **Fürstentümer,** wobei Nord- und Mitteldalmatien in den Bereich des Fürstentums und späteren Königreichs Kroatien fielen, in Süddalmatien dagegen die Fürstentümer Paganien (Neretva-Mündung), Travunien und Zahumlje eigenständig existierten. Eine kulturelle Unterscheidung zeigte sich auch in der frühen **Christianisierung** der Slawen in Dalmato-Kroatien, wohingegen die süddalmatischen Stämme ihren Volksreligionen wesentlich länger treu blieben. In Süddalmatien entstand sogar eine **„Piratenrepublik"** neretvanischer Piraten, denen 887 ein großer Sieg über die Seemacht Venedig gelang und die daraufhin über 100 Jahre lang Tribut von Venedig erhielen!

Politisch gewann **Venedig** mit dem Sieg über die neretvanischen Piraten 998 bei Makarska (Doge *Pietro II. Orseolo*) die nominelle Herrschaft über Dalmatien, de facto dehnte sich vom 9. bis ins 11. Jahrhundert jedoch der Einflussbereich der Kroaten aus, nachdem Fürst *Mislav* um 840 seinen Sitz nach Klis (nahe Split) verlegt hatte und immer mehr dalmatische Fürstentümer ihren Tribut an Kroatien entrichteten. Diese Entwicklung gipfelte in der **Vereinigung Dalmatiens mit Kroatien unter König Tomislav** (910–928) und der späteren ungarisch-kroatischen Doppelmonarchie (ab 1100), wobei Byzanz 1186 offiziell zugunsten Ungarn-Kroatiens auf Dalmatien verzichtete. Dabei fielen Nord- und Mitteldalmatien prinzipiell in den kroatischen, Süddalmatien eher in den serbischen Einflussbereich.

Der bosnische Ban **Stefan II. Kotromanic** eroberte nach einer Fehde um 1323 das Fürstentum Zahumlje, womit **Bosnien** mit dem heutigen Neum-Zipfel jene merkwürdige „Landunterbrechung" zwischen Mittel- und Süddalmatien schuf, die heute den Transit nach Dubrovnik über Bosnien-Herzegowina erforderlich macht. Für einige Zeit gelang es den Bosniern sogar, ihren Tributbereich auf die gesamte kroatische Adriaküste auszudehnen.

Das 14. Jahrhundert war von einer Art **„Bündnissuche"** geprägt, wobei die ländlichen Regionen eher zu Ungarn-Kroatien tendierten, die Küstenstädte dagegen zu Venedig als Seemacht. Im frühen 15. Jahrhundert waren Ungarn und Bosnien durch die vorrückenden Türken geschwächt, sodass zwischen 1420 und 1444 ganz Nord- und Mitteldalmatien unter venezianische Kontrolle geriet. Dubrovnik (Republik Ragusa, Süddalmatien) bewahrte dagegen seine Unabhängigkeit und suchte seinen Weg in einer neutralen Diplomatie auch den Türken gegenüber.

Neuzeit

Von 1453 (Konstantinopel) bis 1483 stießen die **Türken** bis in die Herzegowina vor und standen damit an den Grenzen des venezianischen Machtbereiches („Türkenkriege"). 1508 zogen sich zunächst Venedig, 1526 dann auch Ungarn aus Dalmatien zurück, sodass die Türken freie Hand hatten und bis zum Friedensvertrag von 1540 mit Ausnahme weniger bei Venedig verbleibender Küstenstädte ganz Nord- und Mitteldalmatien als türkische Provinz gewannen.

Die neutrale **Republik Ragusa (Dubrovnik)** dagegen entwickelte sich gleichzeitig zu einer der größten Seehandelsmächte des Mittelmeers (rund 300 Handelsschiffe) und erhielt sich eine unangetastete Autonomie.

Ab 1565 und der erfolglosen großen Belagerung von Malta verloren die Türken zunehmend ihre Dominanz (1571 Niederlage in der **Seeschlacht bei Lepanto** gegen eine alliierte abendländische Flotte). Es dauerte jedoch bis zum Frieden von Sremski-Karlovci (1699), ehe die Ostadria (ohne Ragusa) nominell an Venedig fiel.

Die Küstenstädte erfreuten sich zahlreicher Freiheiten, wurden jedoch von einem venezianischen Adeligen geführt; kroatischen Einflüssen wurde gegengesteuert (z.B. Eheverbot der Bürger Zadars mit Kroaten). Im Hinterland betrieben die Venezianer starken Raubbau durch **Abholzung** (Schiffs- und Stadtbau Venedig), was wesentlich zur heutigen Karstlandschaft beitrug. Dieser Kolonialismus führte zwangsläufig zu Konflikten und Aufständen, ohne dass dabei die venezianische Oberhoheit gebrochen werden konnte.

104nd08 Foto: wl

Im späten 18. Jahrhundert (napoleonische Ära) löste der Korse während seiner Feldzüge die Republiken Venedig und Ragusa auf, Dalmatien fiel kurzzeitig an **Frankreich,** nach dem Wiener Kongressfrieden (1815) schließlich komplett an **Österreich.** Bosnien verblieb beim Osmanischen Reich, sodass seine heutige Westgrenze und der „Neum-Zipfel" historisch manifestiert wurden.

Das 19. Jahrhundert war von **Zwistigkeiten** und Unzufriedenheiten der Slawen geprägt, da Dalmatien zu Österreich, Slawonien (der Norden Kroatiens) zu Ungarn geschlagen wurde. Bestrebungen Wiens, die kroatischen Landesteile gemeinsam mit Bosnien als südslawischen Reichsteil zu vereinen, wurden durch die Ermordung des Erzherzogs *Ferdinand* in Sarajevo (1914) und den Ausbruch des Ersten Weltkrieges vereitelt.

Nach dem Ersten Weltkrieg entstand 1919 das **Königreich der Serben, Kroaten und Slowenen,** welches in seinen Grenzen fast dem späteren Jugoslawien entsprach. Zadar und die Insel Lastovo blieben allerdings italienisch. Dalmatien war dabei zunächst in ein gemeinsames, ab 1920 dann in zwei Distrikte *(oblast)* mit den Provinzsitzen Split und Dubrovnik gegliedert, Zadar im Norden war italienisch und konnte keinen eigenen „oblast" bilden. Süddalmatien wurde später der Zeta-Banschaft (Zetska Banovina) unter serbischer Führung (Sitz Cetinje im heutigen Montenegro) zugeschlagen, was zu Spannungen zwischen Serben und Kroaten führte.

Im Zweiten Weltkrieg wurden weite Teile Mittel- und Süddalmatiens von Truppen der Achsenmächte besetzt, der Norden kam zum deutschen Marionettenstaat **„Unabhängiges Kroatien".** In den besetzten Landesteilen wurde eine drastische **Italianisierung** betrieben (italienische Zuwanderung, Beamtenposten für Italiener, Ortsnamensge-

Jäger in dalmatischer Tracht

Der „Kroatische Frühling“

Der kroatische PEN-Klub (Schriftstellerverband) um *Miroslaw Krleža* veröffentlichte **1967** eine Denkschrift zur kroatischen Schriftsprache, die ausgehend von Intellektuellen und Studentenvereinigungen zu einer kleinen kroatischen **Nationalbewegung** im Zeitalter der Volksaufstände in den Marionettenstaaten hinter dem „Eisernen Vorhang“ („Prager Frühling“, Ungarn) erwuchs. Während das Tito-Regime jeglichen Nationalismus als staatsgefährdend verbot, bestand diese Bewegung auf einer gewissen Eigenständigkeit innerhalb des Staates. Es ging dabei weniger um einen kroatischen Nationalismus, als vielmehr um **wirtschaftliche Gerechtigkeit** (rund 85 % der Einnahmen mussten an Belgrad abgetreten werden).

Die zunächst rein theoretische Auseinandersetzung begann **1971** zu eskalieren, als Studenten in Zagreb öffentlich demonstrierten und kroatische Sprachwissenschaftler eine rein kroatische Grammatik veröffentlichten.

Das Tito-Regime musste reagieren: Die Grammatik wurde verboten (da nicht „jugoslawisch“, „serbokroatisch“ oder „kroatoserbisch“), Studentenführer und viele Professoren von den Hochschulen ausgeschlossen, die Bewegung als „kroatischer Faschismus“ verfolgt. **Folterungen, Inhaftierungen und politische Morde** an Exilkroaten durch den jugoslawischen Geheimdienst UDBA waren die Folge. Dennoch blieb die Auseinandersetzung im Vergleich zu anderen Staaten relativ gewaltfrei. 1974 wurde dann eine neue Verfassung verabschiedet, die den Teilrepubliken umfassende Autonomien einschließlich eines (1991 dann auch reichlich genutzten) Sezessionsrechtes einräumte – ein weit vorausschauender Triumph der Initiatoren des „Kroatischen Frühlings“.

bung usw.), auf Rab und Molat Internierungslager eingerichtet. Zwangsläufig sympathisierte daher ein Großteil der kroatischen Bevölkerung mit **Titos Partisanen.** Nach Kriegsende wurde Dalmatien ohne die Bucht von Kotor (kam zu Montenegro) ein **eigenes Verwaltungsgebiet innerhalb Jugoslawiens,** bis 1954 verließen die meisten italienischstämmigen Bewohner ihre Heimat.

Der am dünnsten besiedelte Landesteil Kroatiens war und blieb auch in der Folgezeit wirtschaftlich im Landesdurchschnitt eher **unterentwickelt,** ein bescheidener Tourismus setzte in den 1960er Jahren ein. Auch Belgrad wollte eigentlich mit verbesserter Infrastruktur (Autobahn Zagreb – Split) zu einer wirtschaftlichen Gesundung beitragen, der „Kroatische Frühling" (siehe Exkurs) ließ dann jedoch alle Planungen endgültig platzen.

Nach 1991 und dem **Zerfall Jugoslawiens** und dem darauf folgenden **Bürgerkrieg** kam der Tourismus in Dalmatien gänzlich zum Erliegen (ganz anders im nördlichen Istrien), Hotels wurden Flüchtlingslager, Dalmatien zum Frontgebiet. Nach dem **Friedensvertrag von Dayton** (1995) folgte dann eine rasante touristische Aufwärtsentwicklung in Kroatien, wobei auch die nun unter Leitung Zagrebs gebaute Autobahn Zagreb – Dubrovnik – das letzte Teilstück soll 2009 fertig sein – eine Schlüsselrolle spielte.

Staat und Politik

Das neue Kroatien

Parlamentarische Demokratie

Dem Modell moderner europäischer Staaten folgend, basiert die „Republika Hrvatska" (Republik Kroatien) gemäß der **Verfassung von 1990** auf einer demokratischen und sozialen Struktur. Die kroatische parlamentarische Demokratie – zumindest nach *Tuđman* nicht nur auf dem Papier existent – zeichnet sich demgemäß durch eine **Gewaltenteilung** in Legislative (Gesetzgebung), Judikative (Gerichtsbarkeit) und Exekutive (Vollzugsorgane) mit einem starken **Präsidenten (Stipe Mesić)** an der Spitze aus.

Das **kroatische Parlament** *(Sabor)* besteht aus zwei Kammern mit einer Komitatenkammer (63 Mitglieder, Vertreter der Regionen) sowie dem eigentlichen Abgeordnetenhaus mit 152 frei gewählten Parlamentariern. Als Besonderheiten sind zu erwähnen, dass der Staatspräsident ein lebenslanges Mitgliedschaftsrecht in der Komitatenkammer genießt und alle nationale Minderheiten Anspruch auf – je nach Wahlergebnis – mindestens einen Sitz im Abgeordnetenhaus haben.

Mesić-Administration

Die Mesić-Administration genießt im Westen einiges Ansehen und ist ernsthaft bemüht, den „Filz“ der Tuđman-Ära zu beseitigen. Das gilt sowohl für Ex-Premier *Račan* als auch für den aktuellen HDZ-**Regierungschef Ivo Sanader,** der nicht nur die einstige Einheitspartei reformierte, sondern auch das brisante Thema der Kriegsverbrecherfragen energisch und im Sinne Den Haags (Internationales Strafgericht) anging.

Sanaders Ankündigung, alle Fälle illegaler Inanspruchnahme serbischen Eigentums regeln zu lassen, allen serbischen Flüchtlingen die Rückkehr zu ermöglichen und für deren zerstörtes Eigentum durch Entschädigungsleistungen durch den kroatischen Staat aufzukommen, sicherte ihm bereits 2004 die parlamentarische Mehrheit, und auch bei den **Parlamentswahlen** vom November **2007** blieb seine HDZ (61 Mandate) knapp vor der SDP *Zoran Milanovićs* (56 Sitze). *Sanader* musste allerdings eine höchst fragile Koalition mit mehreren kleinen Parteien eingehen (Parlamentsmehrheit = 76 Sitze), wobei die istrische IDS (siehe Exkurs unten) nach ihrem Austritt aus der Koalition *Sanader* und die HDZ politisch toleriert. Die Regierungsneubildung zog sich aufgrund der schwierigen Mehrheitsverhältnisse bis Anfang 2008 hin. Interessante Randnotiz: Die tatsächlich stärkste Fraktion wurden die Nichtwähler, da die Wahlbeteiligung lediglich bei 62 % lag!

Unter dem Strich bemüht sich das neue Kroatien, Anschluss an die westlichen Nachbarn zu gewinnen und kurz- bis mittelfristig einen **Platz in der Europäischen Union** zu finden (seit 2004 offizieller EU-Beitrittskandidat). Ministerpräsident *Sanader* will die Beitrittsverhandlungen noch 2008 abschließen und anschließend ein Referendum zum Beitritt abhalten.

Das alte königliche Wappen (links) auf dem Dach der Markuskirche in Zagreb

Als vor einem endgültigen EU-Beitritt noch **zu verbessernde Sachgebiete** gelten das **Justizwesen,** die **Verwaltung** und die **Bekämpfung der Korruption.** Allerdings ist durchaus eine positive Entwicklung zu beobachten, belegt Kroatien im „Bertelsmann Transformationsindex", der den Stand der Umwandlung hin zur marktwirtschaftlichen Demokratie beschreibt, doch bereits den elften Rang, und beim Management-Index, der die Gestaltungsleistung zur marktwirtschaftlichen Demokratie misst, den zwölften. Kroatien ist damit noch vor Bulgarien und Rumänien platziert (deren EU-Beitritt bereits vollzogen ist), beim Management-Index steht das EU-Mitglied Polen sogar elf Plätze hinter Kroatien! Kroatien ist seit 1992 Mitglied der UN, der OSZE und des IWF.

Verwaltung

Gespanschaft

Die Republik Kroatien ist administrativ in 20 Gespanschaften (eine Gespanschaft entspricht etwa einem Kanton bzw. Bundesland) und die Stadt Zagreb gegliedert. Der Begriff Gespanschaft stammt **aus der k.u.k. Zeit,** als südosteuropäische Territorien in **„Banate"** gegliedert waren und der Ban

kro_089 Foto: wl

(Herr) des Banates den Großgespan quasi als Gouverneur der Gespanschaft ernannte. Diese Gliederung wurde 1918 übernommen (Königreich der Serben und Kroaten), nach dem 2. Weltkrieg abgeschafft und im Jahr 1992 reaktiviert.

Staatssymbole

Flagge

Die kroatische Flagge setzt sich als Trikolore aus den waagerechten Balken **Rot-Weiß-Blau** zusammen und entstand in dieser Form 1848 im Geiste der europäischen Revolutionen. Zur Unterscheidung etwa von der niederländischen Staatsflagge wird die kroatische mittig ergänzt durch das **Staatswappen,** ein rot-weißes Schachbrett mit 25 Feldern, dessen Ursprung auf die ersten kroatischen Könige (Funde aus dem 11. Jh.) zurückgeht und als „typisch kroatisch" gilt. Oberhalb des Schachbretts befindet sich eine Krone, die sich aus den fünf ältesten kroatischen Wappen (Kroatisches Königreich, Istrien, Dalmatien, Slawonien und Republik Dubrovnik) zusammensetzt.

Nationalhymne

Der Text der kroatischen Nationalhymne **„Lijepa Naša"** (Unsere schöne Heimat), 1835 von *A. Mihanović* geschrieben, wurde 1974 offiziell genehmigt und dient seither als ein alle Kroaten einigendes Band. Die Musik dazu schrieb der Serbe *Josip Runjanin* (1821–1878), was von kroatischer Seite oft unerwähnt bleibt.

Wirtschaft

Erfolgreicher Übergang zur Marktwirtschaft

Die gesamtwirtschaftliche Lage seit der Unabhängigkeit stellt sich mit einem **Pro-Kopf-Bruttoinlandsprodukt** (BIP) von rund **8000 Euro** im 5-Jahresdurchschnitt (2002–2006) um rund 20 % besser dar als in anderen Ländern der Region (Bulgarien, Rumänien), deren EU-Beitritt bereits vollzogen wurde.

Das unter *Tito* wohlhabende Jugoslawien zeigte sich **nach zehnjähriger HDZ-Regentschaft und Balkankrieg zunächst wirtschaftlich zerrüttet.** Mit den Kriegswirren 1995 brach die EU alle Verhandlungen ab, auch Kredite des Internationalen Währungsfonds wurden eingefroren, ausländische Investoren zogen sich zurück. Hyperinflation (1500 %) und Massenarbeitslosigkeit (in einzelnen Regionen bis zu 40 %) waren die Folge, auch der Tourismus brach zusammen. Neben einer künstlichen Überbewertung des Kuna sorgte ein immenses Handelsdefizit – die Importe betrugen fast das Doppelte der Exporte – für Stabilitätsprobleme.

Die EU-nahen Folgeregierungen unter Präsident *Mesić* und den Premiers *Sanader* und *Račan* schafften unerwartet rasch eine deutliche **Trendwende:** Das Wachstum, die wichtigste Kennzahl einer Volkswirtschaft, stieg von 2002 bis 2006 im 5-Jahresdurchschnitt jährlich um knapp 4 % an. Deutliche Fortschritte wurden auch in den Bereichen Inflationsbekämpfung (durchschnittlich gut 2 %) und Eindämmung der Arbeitslosigkeit (ca. 3,5 %) erzielt. Nicht zuletzt aufgrund dieser Entwicklung erklärte Brüssel Kroatien zum offiziellen EU-Beitrittskandidaten. Schon heute wickelt Kroatien 55 % seines Außenhandels mit EU-Staaten ab, dabei etwa zu einem Viertel mit der Bundesrepublik Deutschland.

Schwerindustrie, Handel, Landwirtschaft und Fischerei sind die wichtigsten Säulen der nationalen Wirtschaft, auch der **Tourismus** (22 % BIP-Anteil) ist wichtig (siehe unten).

Wichtigste **Exportgüter** Kroatiens sind Maschinen, Kleidung, Kleingeräte und petrochemische Produkte; **importiert** werden hauptsächlich Fahrzeuge, Transportausrüstungen und Industriemaschinen. Zentren der Schwerindustrie (Schiff-, Maschinen-, Bergbau, Petrochemie) sind Rijeka, Zadar, Šibenik und Split, während Istrien und Slawonien als **Agrarhochburgen** (nur gut 15 % des kroatischen Landes sind für intensive landwirtschaftliche Nutzung geeignet) das Land mit Obst, Gemüse, Wein, Oliven und Getreide versorgen. **Fischfang,** meist nur noch im Nebenerwerb, wird auf den Inseln und in vielen Küstenorten Kroatiens betrieben.

Wirtschaftliche Eckdaten Kroatiens

	2004	**2005**	**2006**	**2007**
BIP (Wachstum)	3,9	3,8	4,0	4,0
Inflation in %	1,9	2,0	2,5	2,1
Arbeitslosigkeit in %	3,6	3,7	3,5	3,5

Tourismus

Nach Jahren der Skepsis und der irrigen Ansicht, Kroatien sei ein Teil Jugoslawiens und daher ob des Balkankrieges sowie wegen des Kosovo-Konfliktes ein unsicheres Reiseland, erfreut sich die Tourismusbranche wieder einer kontinuierlich **steigenden Tendenz.** Während das „alte" Kroatien der 1980er Jahre 60 Millionen Besucher jährlich verbuchen konnte, brach der Tourismus Anfang der 1990er Jahre (Balkankrieg) fast völlig ein und lag 1995 gerade noch bei knapp 13 Millionen Übernachtungen (fast ausschließlich in Istrien). Seither verbucht die Branche satte Zuwachsraten, die mittlerweile jährlich zwischen 5 und 10 % betragen und letztlich zu ca. 80 Millionen Übernachtungen führten. Von den heute jährlich **rund 20 Millionen Kroatien-Urlaubern** kommen die meisten Auslandsgäste aus Italien (ca. 2.500.000), Deutschland (ca. 2.200.000), Tschechien und Slowenien (je ca. 750.000). Nach der friedlichen Entwicklung in Serbien-Montenegro zeichnet sich deutlich eine Phase der weiteren Entspannung zwischen den beiden früheren Erzrivalen Serbien und Kroatien ab, sodass der „Balkan-Effekt" keine negativen Auswirkungen mehr auf den Tourismus in Kroatien hat.

Touristisches Highlight in Norddalmatien:
die Plitwitzer Seen und ihre Wasserfälle

Der natürlichen Schönheit des Landes taten alle politischen und kriegerischen Wirren sowieso keinen Abbruch, sodass heute absehbar ist, dass Kroatien schon bald wieder eines der beliebtesten europäischen Urlaubsziele sein wird.

Die **Verteilung der Besucherströme** unterliegt bislang einem markanten **Nord-Süd-Gefälle,** der kroatische Küstenstreifen zieht dabei die große Mehrheit der Urlauber an: Rund 50 % reisen nach Istrien, 25 % zur Kvarner Bucht, 20 % entfallen auf die dalmatinische Küste, Nordkroatien und das Binnenland teilen sich 5 %, Letzteres ist meist nur Transitstation.

Gesamtwirtschaftlich ist der Tourismus aus Kroatien nicht mehr wegzudenken, werden doch heute rund ein Viertel aller nationalen wirtschaftlichen Leistungen in diesem Sektor erzielt. Dies bringt natürlich eine gewisse Abhängigkeit mit sich, über die man sich in Zagreb im Klaren ist. Langfristig will man – allerdings sehr vorsichtig und allmählich – mehr das gehobenere Preis-Leistungssegment entwickeln, ohne dabei das Image des Camper- und FKK-Paradieses zu opfern.

113nd08 Foto: wl

Verkehr und Umwelt

Intakte Natur

Man weiß in Zagreb, dass nur eine heile Umwelt auf Dauer den Anspruch an stetig steigende Besucherzahlen flankieren kann. Gleichzeitig steht auch fest, dass westliche Besucher gestiegene Ansprüche an Infrastruktur, Unterkunft und allgemeine Qualität des Urlaubszieles (von der Eiscreme über den Straßenzustand bis hin zum Unterhaltungsangebot) stellen. Und erstaunlicherweise scheint die Quadratur des Kreises zu gelingen: Wegen der recht **geringen Industrie- und Fahrzeugdichte** bleibt die Umwelt nahezu intakt, was sich vor allem auf die Luft- und Wasserqualität positiv auswirkt.

Verkehr

Bei der Verkehrsinfrastuktur wirkt sich der Bau der **Autobahn nach Dubrovnik** (2007 bereits bis Höhe Makarska freigegeben) positiv aus, sind doch die einzelnen Landesteile bezüglich der Fahrtzeit deutlich zusammengerückt und werden die über die alte Landstraße verbundenen Küstenstädte spürbar entlastet; Ähnliches gilt in Istrien seit der Fertigstellung des so genannten „Istrischen Y".

Veraltete Technik

Probleme bereiten allenfalls veraltete **Chemiewerke.** Aufgrund fehlender finanzieller Möglichkeiten wurden sehr strenge gesetzliche Auflagen bei Neuinvestitionen und Neugründungen festgeschrieben, um zumindest keine neuen Sünden zu schaffen. Es bedarf dennoch westlicher Unterstützung, um eine technische „Entgiftung" der altjugoslawischen Kraftwerke und Chemieanlagen zu ermöglichen.

Tourismus ist ein wichtiger Wirtschaftsfaktor für ganz Kroatien

Wasser und Luft sind sauber

Der Tourist wird hiervon allerdings wenig bemerken, sicht- und spürbar sind saubere Luft und exzellente Wasserqualität. **Messstationen** an der gesamten kroatischen Adriaküste kontrollieren dies permanent und bezeugen lastenfreien Badespaß allerorten!

Waldbrände

Ein weiteres Problem sind gelegentliche Waldbrände, welche die ohnehin karge Vegetation im Süden des Landes teilweise erheblich beeinträchtigen. Schuld sind dabei weniger lange Trockenphasen, sondern oftmals unsachgemäßer Umgang mit Feuermitteln seitens achtloser Touristen, aber auch Einheimischer. Die großen südosteuropäischen Waldbrände **im Sommer 2007** richteten in Kroatien glücklicherweise relativ geringe Schäden an.

119is08 Foto: wl

Mentalität und Brauchtum

Freundlich und hilfsbereit

Allgemein sind die Kroaten sehr freundlich und hilfsbereit, dabei aber weit weniger aufdringlich, als man dies aus anderen Ländern der Region gewohnt ist – aber Achtung: Allein reisende Frauen werden durchaus angesprochen, allerdings stets im höflichen Rahmen. Die Kroaten geben sich im Großen und Ganzen sehr **deutschfreundlich,** zeigte sich Deutschland doch als (im Westen umstrittener!) Vorreiter bei der Anerkennung des unabhängigen Kroatien.

Sehr wichtig ist es, die **Privatsphäre** zu respektieren, bei aller Freundlichkeit bleibt man Fremden gegenüber immer etwas reserviert. Dies ändert sich schlagartig, wenn man etwa privat unterkommt und Kontakt zum Vermieter hat – sehr schnell sind freundschaftliche Bande geknüpft, wozu auch der dann reichlich fließende hausgebrannte Sliwowitz oder ein Krug Wein aus eigener Herstellung beitragen.

Sonst trifft man sich zu einem **Plausch vor der Tür,** spaziert die Promenaden entlang, beobachtet die lokale Fußballmannschaft beim Training oder spielt eine Partie **Boccia,** ein im westlichen Mittelmeerraum verbreiteter Freizeitspaß. Sonntags treffen sich die Männer nach dem Kirchgang zum Frühschoppen in einer Bar, die Frauen zum Schwatz auf den Straßen, oder es werden vor den Türen Spitzendecken und Wolljacken gehäkelt.

Das Wichtigste aber ist, dass der Besucher den **Stolz der Kroaten** auf ihre junge Republik und die wirtschaftlichen Leistungen würdigt und nicht durch abwertende Bemerkungen über Land, Leute und Eigenheiten verletzend wirkt.

Politik ist Männersache in Kroatien, **Frauen** lösen sich erst ganz allmählich aus der traditionellen Rolle als Hausfrau und Mutter. Immerhin sind per

Skulptur am Pier von Bol (Insel Brač)

Gesetz die Löhne und Gehälter zwischen den Geschlechtern angenähert worden, und eine moderne Sozialgesetzgebung ermöglicht durch Erziehungsurlaub die Berufstätigkeit auch als Mutter.

Der familiäre Zusammenhalt ist nach wie vor sehr groß und bildet die Grundlage der **sozialen Gemeinschaft,** aber auch Vetternwirtschaft und Schwarzarbeit sind - von obersten Führungsetagen bis zum kleinen Mann - weit verbreitet, teilweise aus schnöder Gewinnsucht, teils aber auch aufgrund sozialer Nöte.

Wie anderswo auch blüht in Kroatien der Irrglaube, man könne mit Lotto und Fußballtoto sein bescheidenes Einkommen aufbessern - die **Wettkioske** scheinen allgegenwärtig zu sein.

kro_082 Foto: wl

kro_016 Foto: wl

Der tägliche Existenzkampf: einsamer Verkaufsstand in Šibenik

JOYEN

Typisch südländisch und angesichts der im Sommer teils unerträglichen Hitze auch verständlich ist die **lange Mittagspause,** die meist von 12–15 Uhr dauert. Zu dieser Zeit scheinen die Dörfer und Altstadtgassen wie ausgestorben; in den Städten herrscht dagegen reger Dauerbetrieb.

Bildung und Soziales

Schulpflicht

In der Republik Kroatien besteht eine allgemeine Schulpflicht von **neun Schuljahren** ab dem fünften oder sechsten Lebensjahr. Mit Erlangen der Hochschulreife kann an den nationalen Universitäten oder im Ausland ein Studium aufgenommen werden.

Fremdsprachen

Die wichtigsten Fremdsprachen sind **Italienisch, Deutsch und Englisch,** wobei kaum regionale Unterschiede bestehen – als Tourist denkt man bald, jeder Kroate beherrsche fließend vier Sprachen. Dabei leisten gerade in Istrien die offizielle Zweisprachigkeit (Kroatisch und Italienisch) sowie

026is Foto: wl

die hohen Besucherströme aus dem deutschsprachigen Raum einigen Vorschub.

Allerdings: So positiv diese Beurteilung bei den Dienstleistungen erscheint, im Bereich der Facharbeiter äußern sich viele westliche Wirtschaftsberater äußerst skeptisch, dass das Bildungssystem in Kroatien den Anforderungen des künftigen Marktes genügen kann.

Sozialgesetze

Die Sozialgesetzgebung gilt im Vergleich zu Westeuropa noch als **entwicklungsbedürftig** (Rente unter dem Existenzminimum, unzureichender Krankenversicherungsschutz usw.) und wird stetig weiter ausgebaut und verbessert.

Einkommen

Die Einkommensverhältnisse haben sich in den Jahren nach dem Krieg **permanent verbessert,** nicht zuletzt auch durch den Tourismus. Was verdienen die Leute im Durchschnitt? Verglichen mit anderen Ländern des Balkans beachtlich viel! Statistisch verdienen Geschäftsführer nach einer Studie der bekannten Unternehmensberatung Kienbaum in Kroatien etwa 6500 Euro monatlich, Facharbeiter knapp 1000 Euro im Monat, dem Durchschnittskroaten stehen etwa 850 Euro Monatslohn (jeweils brutto) zur Verfügung. Allerdings sind mehrere Einkommensscheren zu beobachten: Zum einen sind die Durchschnittseinkommen in Gebieten, die im Tourismus verwurzelt sind, spürbar höher als andernorts, zum zweiten litt die Region Istrien am wenigsten unter dem Bürgerkrieg, was zu einem nachhaltigen Vorsprung gegenüber anderen Landesteilen führte.

Gehäkelte Spitzendeckchen sind ein beliebtes Mitbringsel – und sichern damit das Einkommen

Die bedeutendsten Mönchsorden in Europa

In der Geschichte Kroatiens spielten vielfach verschiedene Mönchsorden bei Klostergründungen und Kirchenbauten eine wichtige Rolle, einige der wichtigsten seien hier kurz vorgestellt.

- **Dominikaner** (in Frankreich Jakobiner): 1215 von *Dominikus* in Toulouse gegründeter katholischer Orden mit weißem Gewand und weißer Kapuze; erster mittelalterlicher Bettelorden, einflussreich, da 1232 mit der Leitung der Inquisition beauftragt. Inhaltlich wissenschaftlich ausgerichtet, haben bedeutende Gelehrte und Prediger hervorgebracht (u.a. *Albertus Magnus, Thomas von Aquin*).
- **Franziskaner:** Berufen sich auf Gründervater *Franz von Assisi* als katholischer Orden der Minderen Brüder, die nach der 1223 von Papst *Honorius III.* bestätigten Bettelorden-Regel des *Franz von Assisi* leben (braune Kutte mit weißem Gurtstrick, oft Sandalen). Theologisch betonen sie die Nächstenliebe als Weg zu Gott. Dispute bzgl. der Ordensregel führten zu zahlreichen Untergruppierungen und Abspaltungen, u.a. der Spiritualen (wörtliche Regelbefolgung), Konventualen (Angleichung an alte Orden) und Kapuziner, die besonders in der Zeit der Gegenreformation als wortgewaltige (Straf-)Prediger wirkten.
- **Augustiner:** Zusammenfassende Bezeichnung für zahlreiche katholische Ordensgemeinschaften, die nach der auf Schriften des heiligen *Augustinus* beruhenden Augustinus-Regel leben.
- **Jesuiten:** Katholischer Regularklerikerorden, 1534 von *Ignatius von Loyola* gegründet und 1540 durch Papst *Paul III.* bestätigt. Hauptziel des

Religion

Katholisch

Die überwiegende Mehrheit der Kroaten gehört traditionell der römisch-katholischen Kirche (über 80 %, in Istrien gut 90 %) an, daneben existieren serbisch-orthodoxe, moslemische und protestantische Minderheiten im Lande. Die Kirche spielt eine **bedeutende Rolle** im Leben der Kroaten, wenngleich nicht so dominant wie etwa in Italien (gesellschaftlich) oder Polen (politisch). Der katholische Glaube dient vor allem als einigendes Band der „Kroaten" und Abgrenzung zu den orthodoxen (Serbien-Montenegro) und moslemischen (Bosnien-Herzegowina) Nachbarn und somit auch als Legitimation der Westintegration.

Ordens ist die Ausbreitung, Festigung und Verteidigung des katholischen Glaubens durch Mission, Predigt, Seelsorge, Unterricht, wissenschaftliche Arbeit und geistliche Übungen (Exerzitien). War in der frühen Neuzeit wesentliches Element der überseeischen Missionierungen. Die Jesuiten leben in offenen Häusern und Kollegien und tragen keine Ordenskleidung.

- **Zisterzienser/Bernhardiner:** Benediktinischer Reformorden aus dem 11. Jh.; der Ordensname leitet sich von dem 1098 durch *Robert von Molesme* gegründeten Kloster Citeaux ab. Nach der päpstlichen Bestätigung der Ordensverfassung „Charta caritatis" 1119 breitete sich der neue Orden insbesondere unter *Bernhard von Clairvaux* (daher Bernhardiner) aus und gewann Einfluss in ganz Europa. Durch die praktizierte Verbindung von geistlichem Leben und praktischer Arbeit, besonders die Einrichtung von landwirtschaftlichen (Muster-)Betrieben, wurden die Zisterzienserklöster zu wesentlichen Trägern der deutschen Ostsiedlungen im 12. und 13. Jh.
- **Karmeliter:** Katholischer Orden basierend auf einer von Kreuzfahrern im 12. Jh. gegründeten Einsiedlerkolonie auf dem Karmel (Nordisrael), 1226 päpstlich bestätigt, Ausbreitung über Zypern und Sizilien nach Europa. Einige Zweige leben streng asketisch-meditativ und setzen sich primär seelsorgerisch ein.
- **Trappisten:** Aus der Reform-Zisterzienserbewegung 1664 hervorgegangener Orden insbesondere mit strenger Beachtung des absoluten Schweigegelübdes.
- **Johanniter, Templer, Deutschherren:** Militärische Rittermönchsorden, gegründet während der Kreuzzüge zum Schutz der Pilgerwege ins Heilige Land.

Daneben spielten in der kroatischen Geschichte auch diverse **Orden** eine gewisse Rolle (siehe Exkurs oben), deren bauliche Monumente von einstiger reger Missionstätigkeit zeugen.

Kunst und Kultur

Traditionelle Künste und Folklore

Häkeln und Stricken

Zu den interessanten kunsthandwerklichen Besonderheiten Kroatiens gehört das Häkeln von Zierdeckchen und das Stricken von Pullovern und Jacken, eine noch heute insbesondere von **älte-**

ren Frauen vor der Haustür oder im Hinterhof ausgeübte Volkskunst.

Tänze

Einige Bekanntheit erlangten mehr im Süden auch die mit Begeisterung gepflegten Tänze, die teilweise auf Fastnachtsbräuche und zum Teil auf eine Tradition seit den Türkenkriegen zurückgehen. Bekannteste Bräuche sind in diesem Kontext das Verbrennen einer in türkische Gewänder gehüllten Puppe zu Fasching **(Mesopust),** der **Moreška-Tanz,** ein Schwerttanz aus Süddalmatien, und die **Kumpanija,** ein musikalisch begleitetes Kampfstück. Obwohl die Türken auf kroatischem Boden kaum Relikte hinterließen, so wurden doch Speis' und Trank und auch die Volksmusik erheblich von ihnen beeinflusst, wenn auch nicht so stark wie im weit muslimischer geprägten Bosnien-Herzegowina. Die bedeutendsten **Musikinstrumente** sind Dudelsack (nur in Istrien), *Tamburica* (eine Art Balalaika), *Kavala* (Langflöte) und *Sopila,* eine in der Kvarner Bucht verbreitete Oboenart.

Volkstrachten

Volkstrachten sind **selten** geworden und werden in der modernen Gesellschaft verdrängt. Nur gelegentlich, etwa zu Feiertagen oder bei Festspielen, vornehmlich in touristischen Hochburgen, werden noch Trachten getragen, die sich an ländlicher Kleidung früherer Jahrhunderte orientieren. Es dominieren die Farben Rot, Weiß und Schwarz.

Architektur und Kunst

Griechen

Die im 5. Jh. nach Süddalmatien und auf einige Inseln vorrückende griechische Kultur hinterließ bemerkenswerte Spuren, die besonders wegen ihres Realismus bestechen. Ein bekanntes Beispiel ist das Kairos-Relief in Trogir (Dalmatien).

Römer

Mit der römischen Kolonisation folgte für den gesamten Küstenraum eine **architektonische und kulturelle Blüte** durch die Errichtung von Tempeln und Theatern, Aquädukten und Thermen sowie den Bau von Kanalisationssystemen. Damit wurde ein für die damalige Zeit modernes Stadtbild geprägt, welches sich noch heute sehr gut in Poreč oder Pula (Amphitheater) sowie in Zadar studieren lässt.

Byzanz Nach dem Untergang Westroms folgten Rückeroberungsversuche byzantinischer Kaiser von Konstantinopel aus bis nach Norditalien, wodurch die christianisierte Bevölkerung als neues Gebetshaus die **Basilika** mit Intarsien aus Perlmutt und Marmor, Mosaiken und steinernen Baldachinen am Hauptaltar erhielt. Das Prunkstück schlechthin aus dieser Zeit, die **Eufrasius-Basilika,** kann in Poreč (Istrien) bewundert werden.

Slawen Byzantinisch beeinflusst, aber in vollkommen eigenständiger, frühromanischer Bauart, errichteten die eindringenden Slawen vom 7. bis 11. Jh. vor allem zylindrisch geformte, sehr **massiv wirkende Kirchen mit Kuppeldach** in den unterschiedlichsten Größen – so etwa die kleinste Kuppelkirche der Welt in Nin oder die berühmte Donat-Kirche in Zadar (Norddalmatien).

Romanik In den bereits existierenden Städten entlang der gesamten Küste hielt die Epoche der Romanik vom 11. bis ins 13. Jh. Einzug. **Monumentale Kirchenbauten** (Bischofskirchen) entstanden in Dubrovnik, Trogir, Zadar (alle Dalmatien), in Senj sowie auf Rab und Krk. Daneben erfuhr auch der **Profanbau** einen bedeutsamen Aufschwung, grob gehauene Steinblöcke lösten Holz und Fachwerk als Baumaterialien ab. In diesen trutzigen Wohnhäusern (erhalten noch in Split, Trogir und z.T. in Poreč) waren ebenerdig Stallungen, im Obergeschoss Wohnräume untergebracht.

Gotik Während der kroatischen Gotik (13.– 15. Jh.) prallten zwei unterschiedliche Strömungen aufeinander: Durch den blühenden Seehandel waren Fürsten und Kaufleute wohlhabend geworden und versuchten, diesen Wohlstand in einer großartigen Stadtarchitektur zu zeigen und – nicht zu vergessen – vor Eindringlingen zu verteidigen. So entstanden die typischen **mittelalterlichen Stadtanlagen** mit gewundenen Gassen, herrlichen Bürgerhäusern und wehrhaften, die gesamte Stadt umgebenden Stadtmauern und Verteidigungsanlagen. Beste Beispiele hierfür finden sich in Dubrovnik und Trogir (Dalmatien), auf Rab und in Motovun (Kvarner Inseln). Die Geistlichkeit präsentierte sich in dieser Phase in Form bescheidener, so genannter **Bettelorden** (Franziskaner, Dominikaner). Sie bauten ihre Gotteshäuser ebenso schlicht wie sie lebten. Beispiele für diese einschiffigen, **schmucklosen Kirchen** sind Sv Franje in Pula und Sv Dominik in Dubrovnik.

Renaissance

Vorhandene Bauwerke wurden während der Renaissance (15./16. Jh.) **erneuert und erweitert,** das Stadtbild der führenden Handelsmetropolen wurde zum Muster für die Stadtplanung mit Loggien, Stadtplätzen, Rathäusern und Rektorenpalästen. Gute Beispiele sind etwa das Rathaus in Pula oder der Rektorenpalast in Dubrovnik (Dalmatien): Säulengang außen am Erdgeschoss, zwei- oder dreiteilige, verschnörkelte Fenster im ersten Stock und fast quadratische, kleinere Fenster im zweiten Obergeschoss. Fast alle bestehenden Kirchen wurden innen umgestaltet und verziert. Die Stadtmauern wurden wegen der vorrückenden Türken stärker befestigt. Als Paradebeispiel für den Festungsbau sei Karlovac mit seiner typischen Sternform genannt.

Prachtvolles Bürgerhaus aus dem ausgehenden 19. Jahrhundert

Barock

Den Barock des 17./18. Jh. muss man für Kroatien insofern als zweigleisig betrachten, als die Kvarner Bucht – und hier insbesondere Rijeka – zunehmend unter österreichischen Einfluss fiel (Beispiel: Veitskirche in Rijeka) und mit einigen Neuerungen aufwartete, während der Süden (Republik Ragusa, Dalmatien) im Zuge des türkischen Rückzugs und eigenen Machtverlusts eher eine Flaute erlebte. Die wichtigsten Küstenstädte verlegten sich auf das Minimum, nämlich den **Erhalt der Stadtmauern.** Lediglich in Dubrovnik wurden nach dem verheerenden Erdbeben von 1667 von vorwiegend italienischen Architekten unter Beteiligung örtlicher Baumeister barocke Neubauten geschaffen (Kathedrale).

Klassizismus

Das 19. und frühe 20. Jh. – die Phase des Klassizismus – brachte der Kvarner Bucht, vor allem Rijeka und Pula als durch Bahnlinien erschlossenen Häfen Österreichs, **neue Verwaltungsgebäude und Schauspielhäuser,** aber auch **erste Hotels.** Beispiele hierfür lassen sich gerade zwischen Rijeka

028is Foto: wl

und Pula zuhauf entdecken, etwa das Theater und das Jadrolinija-Gebäude in Rijeka oder die verspielten Villenbauten in Opatija, die teilweise in den Jugendstil fallen. Der Bahnanschluss brachte auch den dalmatinischen Städten Split und Zadar neuen Aufschwung und damit klassizistische Neubauten. Im Hinterland entstanden unzählige österreichische **Festungs-** (z.B. Varaždin, Karlovac) und **Repräsentationsbauten** (z.B. Našice), die man auf den diversen Transitrouten besuchen kann.

Gegenwart

Es ist nur natürlich, dass diese Vielfalt an kulturellen Einflüssen nicht nur ihre Spuren hinterließ, sondern auch Kunst und Kultur der Gegenwart nachhaltig beeinflusst. Im Straßenbild der Städte wird man auf viele kleine Ateliers und Kunstwerkstätten wie z.B. Filigranjuweliere, aber auch Straßenmaler und -musikanten treffen, die den klassischen Vorbildern nacheifern bzw. unter deren Einfluss hervorragende Eigenkreationen hervorbringen. Bekannte Vertreter der gegenwärtigen Kulturszene sind der faszinierende **Maler I. Antolčić** (Lošinj), der beliebte, klassizistisch geprägte **Bildhauer I. Meštrovič** (Split) und der **Regisseur P. Prpovič** mit seinem ungebrochen aktuellen Kinofilm „Tito i Ja“ (Tito und ich), der die Erinnerungen eines kleinen Jungen an die Ära *Titos,* der in Kroatien geradezu heroisch verehrt wird, filmisch aufarbeitet.

Musik

Auf nationaler Ebene

Auch in der modernen Musik sind einige kroatische Künstler zumindest auf nationaler Ebene erfolgreich. Bekannteste Rock-Punkband ist **„Hladno Pivo“** (Kaltes Bier) um den charismatischen Leadsänger *Mile* mit immerhin 60.000 verkauften Alben und ihrem bekanntesten Hit „Nije sve tako sivo“ (Es ist nicht alles grau).

Ziemlich bekannt ist **Marko Perković** (Kampfname „Thompson“). Der Neofaschist gilt aufgrund seiner Leidenschaft für das kroatische Ustaša-Regime und seiner Haltung im Bürgerkrieg – er betrachtet den bosnischen Kanton Neretva um Mostar als national-kroatisch – als höchst umstrittene Persönlichkeit im eigenen Lande. Augenfällig ist allerdings der Zulauf *Perkovićs,* der in Split vor 40.000 und in Frankfurt/M. 2007 vor 13.000 (!) Zuhörern auftrat. *Perković* ist Miteigentümer des „Narodni Radio" (etwa: Völkischer Sender) und verwendet Teile seiner Einkünfte zur Verteidigung mutmaßlicher kroatischer Kriegsverbrecher in Den Haag.

Im deutschsprachigen Raum könnte zumindest bei Insidern der Name **Sandra Nasić** vertraut klingen. Die Deutsch-Kroatin (geboren in Göttingen) war von 1994 bis 2005 Sängerin der deutschen Rock-Band **„Guano Apes",** 2001 erhielt *Nasić* die „Eins-Live-Krone" als beste Sängerin.

Besonders im Süden Kroatiens kennt man die Popsängerin **Danijela Martinović,** deren Album „I po svijetlu i po mraku" (Im Hellen wie im Dunklen) zu den meistverkauften des Landes gehört. Das umtriebige Multitalent *Martinović* spielt außerdem eine Hauptrolle in der TV-Soap „Cimer fraj" (TV Nova), brachte ein Parfüm, ein Kinderbuch und eine eigene Modekollektion heraus. Noch eine kleine pikante Note: *Martinović* war heimlich mit *M. Perković* (s.o.) verheiratet, ließ sich aber 2006 scheiden. Vor und nach (und vermutlich auch während) dieser Ehe lebte sie mit dem Sänger *P. Grašo* zusammen.

Sehr bekannt ist auch **Oliver Dragojević** (geboren 1946, Absolvent der Musikschule Split), der nicht weniger als 49 Alben herausgebracht hat und u.a. 21 Mal (!) mit dem wichtigsten, alljährlich vergebenen kroatischen Musikpreis „Porin" ausgezeichnet wurde.

130nd08 Foto: wl

Nördliches Dalmatien

Allgemeines

Region rund um Zadar

Die Region rund um Zadar kann sicherlich als das **abwechslungsreichste Gebiet Dalmatiens** bezeichnet werden: Dutzende größerer und kleinerer Inseln sind von Zadar aus erreichbar, ein interessantes Hinterland mit zwei atemberaubenden Nationalparks lockt, historisch und architektonisch faszinierende Kleinstädte ziehen den Besucher in seinen Bann - nicht zu vergessen Zadar selbst, die verwaltungstechnisch, logistisch und historisch bedeutendste Stadt des nördlichen Dalmatien.

Reiseroute durch Nordkroatien

Slunj

Malerisches Städtchen

Wer eine kleine malerische Stadt als Raststation **auf dem Weg von Karlovac zu den Plitwitzer Seen** bevorzugt, sollte in Slunj (2000 Einwohner) halten. Direkt hinter der Brücke führt rechts ein Asphaltweg zu einem See hinunter. Am kleinen Mühlbach bietet das urige **Odmorište Petro** (ehemalige Mühle, sehr angenehm und preiswert) tgl. von 10–23 Uhr sehr günstige Fischgerichte aus eigener Zucht. Ein Stück außerhalb wird man linker Hand eine Ruine entdecken - eine **Frankopanenburg** von 1328, später Vorposten der „Militärgrenze" gegen die Türken.

Infos, Sonstiges

- **Infobüro,** Zagrebačka 12, Tel. 047-777630, info@tz-slunj.hr.
- An der Hauptstraße von Slunj gibt es einen **Minimarkt,** eine **Bank** und eine **Tankstelle.**

Weiter über Rakovica gelangt man zu einem der Höhepunkte der Reise, den Plitwitzer Seen.

Bild auf den Seiten zuvor: Blick über Zadar aufs Meer

Der Winnetou-Fall von Plitwitz

Plitwitzer Seen

16 Seen

Auf der Anreiseroute von Karlovac nach Dalmatien lohnt sich ein weiterer Zwischenstopp. Wer erinnert sich nicht an die **malerischen Wasserfälle,** von denen der Apachen-Häuptling *Winnetou* seinem weißen Blutsbruder *Old Shatterhand* zuwinkt, um hernach gemeuchelt in die Fluten zu stürzen und die entsetzten Zuschauer an den heimischen Bildschirmen in einem Tal der Tränen zurückzulassen? Noch immer ziehen die überwältigenden Kaskaden der Plitwitzer Seen – **Drehort zahlreicher Karl-May-Filme** – ohne große Werbung jährlich Hunderttausende begeisterter Besucher an.

133nd08 Foto: wl

Wasserspiele faszinieren die Menschen seit jeher und erst recht, wenn sich 16 größere und kleinere Seen ganz natürlich, mal als kleine Kaskade, mal als hoher Wasserfall, auf einer Gesamtlänge von 7,2 km inmitten von sattem Grün ineinander ergießen und dabei insgesamt 156 Höhenmeter hinabfallen. Die kristallklaren Seen nehmen eine

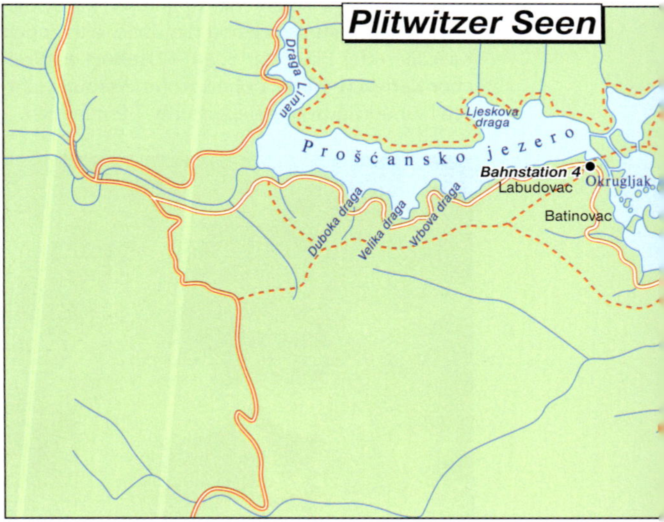

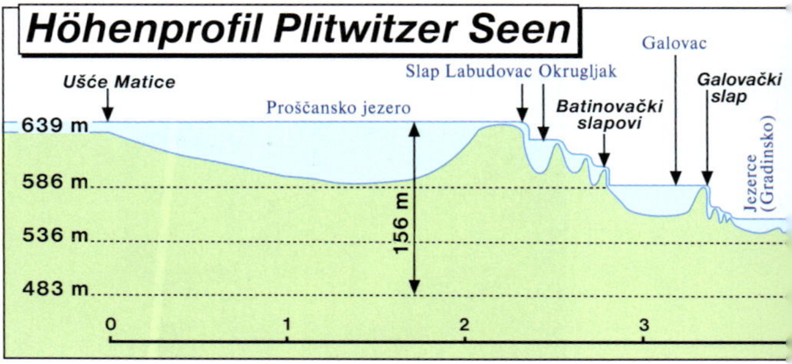

Gesamtfläche von 2,2 km² ein, die Fläche des Nationalparks beträgt insgesamt 295 km² und erstreckt sich um den Gebirgszug Mala Kapela.

National-park Schon 1928 wurde Plitvice per Gesetz zum Nationalpark ernannt, 1949 international anerkannt und 1979 schließlich zum **UNESCO-Weltnaturerbe**

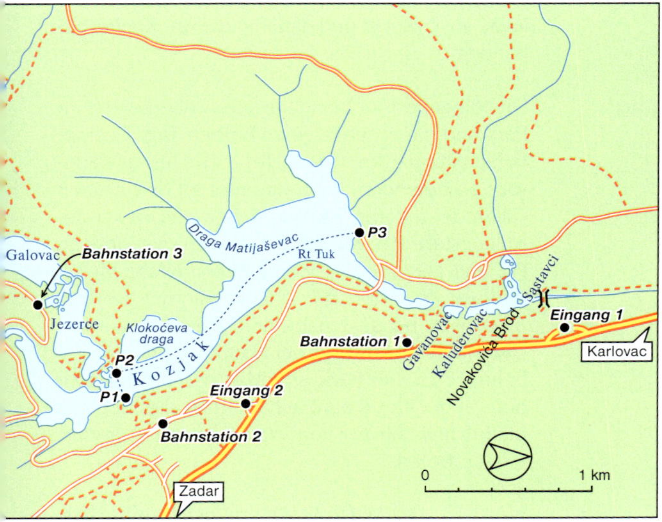

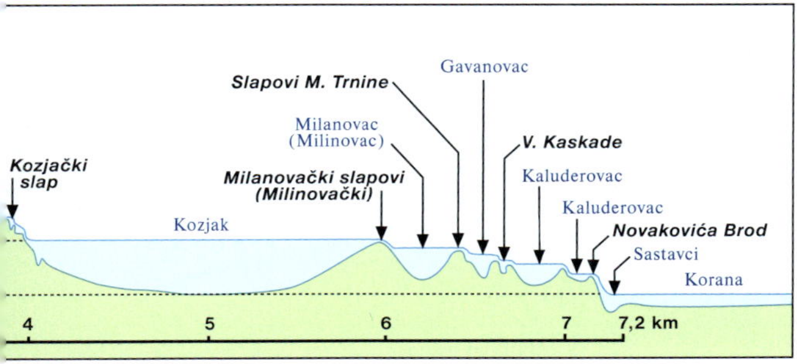

erkoren. Nicht zuletzt deshalb konnten im Bosnien-Krieg glücklicherweise größere Schäden im Park vermieden werden, obwohl er im damals heftig umkämpften Bihač-Gebiet liegt. Dieses wurde 1991 von Serbien besetzt und 1995 durch Kroatien zurückerobert; erst 1996 erhielt das in Europa einmalige Naturdenkmal seinen würdigen Frieden zurück. Das Seengebiet gehört administrativ zur **Region Kvarner Bucht,** wird aber sehr gerne von Reisenden im Rahmen eines Abstechers von Karlovac aus besucht und daher in diesem Kapitel behandelt.

Tour

Die folgende Tour beinhaltet alles Sehenswerte im Park und dauert etwa einen **halben Tag:** Es empfiehlt sich, die Runde am Tor 1 (Richtung Karlovac) zu beginnen, dann hinunter zu den großen Fällen der unteren Seen zu gehen und weiter zur Anlegestelle P 3. Mit dem Boot setzt man über zu P 2 und geht an den oberen Seen entlang bis Labudovac. Von dort (ST 4) fährt man mit der Touristenbahn bis ST 1 nahe dem Parkplatz zurück. Der Hotelbereich liegt bei Haupttor 2 (Touristenbahn ST 2). Der Park ist vorbildhaft sauber, also bitte unbedingt darauf achten, dass dies auch so bleibt! Jegliche Art von Wassersport ist strengstens verboten.

- Der Park ist **tgl. von 8–20 Uhr geöffnet, Eintritt: 110 K,** Kinder (7–18 Jahre) 55 K, Kleinkinder frei. Alle Fahrten (Boote, Touristenbahn) sind im Preis enthalten; kostenlose Parkplätze liegen an den Haupteingängen 1 und 2. Die Tickets sollte man aufbewahren, da routinemäßige Kontrollen vorkommen.

Infos

- Infos zum Park unter **Nacionalni Park Plitvička Jezera,** 53231 Plitvička Jezera, Tel. 053-751015, Fax 751013, np-plitvice@np-plitvice.htnet.hr.

Kristallklar ergießt sich das Wasser von See zu See

139nd08 Foto: wl

Unterkunft, Camping

- Wer als Zwischenstation in Plitvice übernachten möchte, findet das €€€**AC Korana** (Tel. 053-751888, Fax 751882), einen sehr angenehmen Campingplatz ca. 8 km vor Plitvice Richtung Karlovac im Dorf Grabovac.
- Dort liegt auch das preiswerte €-€**Hotel Grabovac** (Tel. 053-751999, Fax 751892, www.np-plitvice.com) mit DZ zwischen 25 und 34 Euro.
- Im Bereich von Eingang 2 des Parks wurden drei Hotels etabliert, die nicht unbedingt einen Schönheitspreis gewinnen würden, für eine Zwischenübernachtung aber in Ordnung sind. Am günstigsten ist das **Hotel Bellevue** (Tel. 053-751700, Fax 751165, www.np-plitvice.com) – mit DZ zu 72 Euro greift man aber schon um einiges tiefer in die Tasche!
- **Privatunterkünfte** sind mittlerweile in fast allen Ortschaften zwischen Slunj und Jezerce (nördlich und südlich des Parks) recht preiswert zu bekommen, insbesondere rund um Grabovac.

Inlandsroute nach Dalmatien

Plitvice – Gračac

Wer nicht die Autobahn benutzen möchte, kann auch alternativ auf der Landstraße weiterfahren: Von den Plitwitzer Seen bis nach Gračac erstreckt sich eine **unwirtliche, felsige, steppenähnliche Höhenlandschaft,** in der man sehr deutlich die Folgen der bis 1995 andauernden kriegerischen Auseinandersetzungen sehen kann. Bosnien, Zentrum des damaligen Bürgerkriegs, liegt nur wenige Kilometer entfernt, und abseits der Hauptstraße warten noch Unmengen von (scharfen!) **Minen** auf ihre Entdeckung; zahllose Häuser bieten noch immer einen traurigen Anblick sinnloser Zerstörung.

Korenica – Karlobag

In Korenica geht es rechts ab durch das sehr stark zerstörte Städtchen **Gospič** und seine landwirtschaftlich intensiv genutzte Hochebene zum Höhenhotel und küstennahen **Pass Baške Oštarije.** Hinter dem kleinen Tunnel öffnet sich der Blick sensationell-malerisch bis zum Meer und den vorgelagerten Inseln. Über Serpentinen geht es hinunter nach **Karlobag an der Küstenstraße** mit hübschen Ruinen einer alten Frankopanen-Wehrburg. Im dem Ort, dem die Insel Pag unmittelbar vorgelagert ist, lockt ein kleiner Strand zum Bad in den Fluten; Minimarkt, Obstmarkt und die Bistros Adriatic und Konoba Katarina an der Hauptstraße sorgen für das leibliche Wohl.

Korenica – Gračac

Von Korenica geht es in südlicher Richtung zügig weiter durch einsame Landschaften nach Gračac, einem im Krieg ebenfalls arg in Mitleidenschaft gezogenen Städtchen, in dem die EU ein Förderprogramm für die Bürgerkriegsflüchtlinge unterhält. Rund um Gračac liegt die ausgesprochen fruchtbare und streckenweise malerische **Hochebene Ličko Polje.**

Gračac – Zadar

Eine Abzweigung führt auf einer sehr gut ausgebauten Nebenstrecke nach **Gospič** (die unterwegs abzweigende, malerische Nebenroute von Sv Rok zur Küste ist derzeit nicht befahrbar, aber sehr empfehlenswert – ggf. ausprobieren!). Von Gračac hinunter zur Küstenstadt Zadar ändert sich das Landschaftsbild: Die fruchtbare Ebene weicht einer kargen, nur von einigen Ziegen bevölkerten Felslandschaft. Der E 59 von Gračac in südlicher Richtung folgend, findet der Reisende den Weg nach Zentral- und Süddalmatien.

Nationalpark Paklenica

Velebit-Berge

Seien wir ehrlich: So schön und reizvoll die unterschiedlichen Regionen und Orte eines Küstenlandes auch sein mögen, nach einer Weile gelüstet es den Reisenden danach, das Hinterland zu erkunden oder die **atemberaubende Berglandschaft** aus der Nähe zu sehen. Es gibt nur wenige Möglichkeiten, die Velebit-Berge so intensiv kennen zu lernen wie im küstennahen Nationalpark Paklenica. Ohne zu große Erwartungen wecken zu wollen – ein Tag in Paklenica wird zu einem bleibenden Erlebnis!

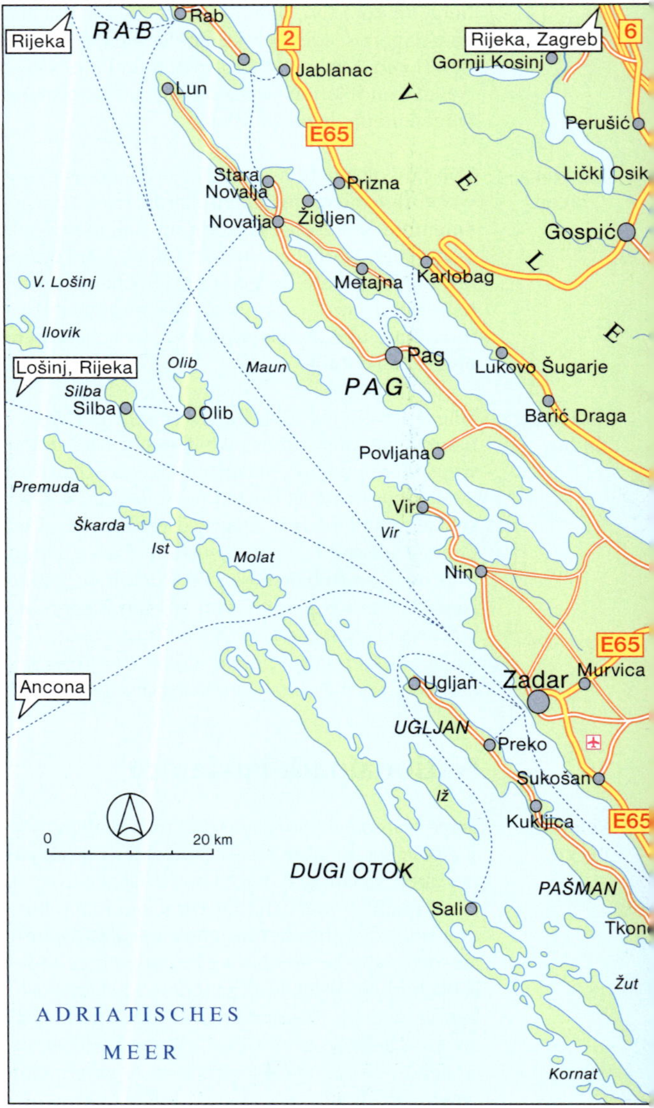
Rijeka
RAB
Rab
2
6
Rijeka, Zagreb
Gornji Kosinj
Jablanac
Lun
V
E65
Perušić
Stara Novalja
Prizna
Lički Osik
Žigljen
E
Novalja
Gospić
Metajna
Karlobag
L
V. Lošinj
Ilovik
E
Lošinj, Rijeka
Olib
Maun
Pag
Lukovo Šugarje
Silba
PAG
Silba
Olib
Barić Draga
Povljana
Premuda
Vir
Škarda
Vir
Ist
Molat
Nin
E65
Murvica
Ugljan
Zadar
Ancona
UGLJAN
Preko
Sukošan
Iž
0
20 km
Kukljica
E65
DUGI OTOK
PAŠMAN
Sali
Tkon
Žut
ADRIATISCHES
MEER
Kornat

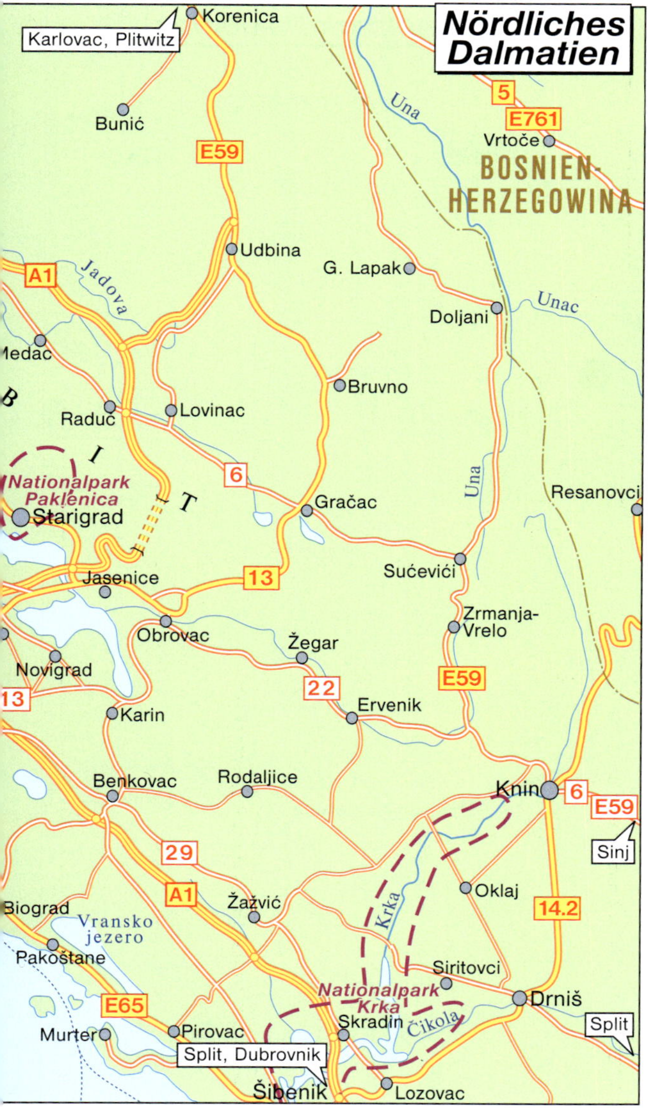
Nördliches Dalmatien
Karlovac, Plitwitz
Korenica
Bunić
E59
5
E761
Una
Vrtoče
BOSNIEN-HERZEGOWINA
Udbina
G. Lapak
A1
Jadova
Doljani
Unac
Medac
Bruvno
Raduč
Lovinac
6
Nationalpark Paklenica
Starigrad
Gračac
Una
Resanovci
Jasenice
13
Sućevići
Obrovac
Zrmanja-Vrelo
Žegar
Novigrad
22
E59
13
Karin
Ervenik
Benkovac
Rodaljice
Knin
6
E59
Sinj
29
A1
Žažvić
Oklaj
Krka
14.2
Biograd
Vransko jezero
Pakoštane
Siritovci
Nationalpark Krka
Drniš
E65
Skradin
Čikola
Split
Murter
Pirovac
Split, Dubrovnik
Šibenik
Lozovac

Nationalpark Paklenica
Planinarski Dom
(Berghütte)
Veliko Rujno
Forsthaus
Lugamica
Anica Luka
Marasoviči
Njivarska
Strana
Jurline
Mala Paklenica
Vidakov Kuk
Höhle
Manita Pećina
Anica
Kuk
Freeclimber-
Areal
Parkplatz
Karlobag
Parktor &
Information
Seline
Starigrad-Paklenica
Zadar
Rt Stara Kula
Rt Pisak
0
2 km
Velebitski kanal

Faszinierend sind das phänomenale Bergpanorama und die **reiche Pflanzen- und Tierwelt:** Über 200 Vogelarten kreisen an den Hängen; Marder, Wiesel, Wolf und Wildschwein kann man mit Glück, Schlangen, Feuersalamander und andere Reptilien durchaus häufig beobachten. Der Nationalpark Paklenica steht in einem interessanten Kontrast zur sonst dominierenden Meereswelt in Dalmatien.

Während der großen **Waldbrände** in Südeuropa im Sommer 2007 wurde auch Paklenica in Mitleidenschaft gezogen; Feuerwehren der Region waren im Dauereinsatz, etliche Hektar Waldbestand wurden vernichtet. Dennoch kam Kroatien insgesamt, verglichen etwa mit Griechenland oder Italien, relativ glimpflich davon, insbesondere kamen keine Menschen ums Leben, die Region Starigrad musste auch nicht evakuiert werden.

Vorschriften

Campen, das **Sammeln von Pflanzen** oder gar **Jagen** sind im Park selbstverständlich tabu, Zuwiderhandlungen werden ebenso wie Umweltverschmutzung streng geahndet. Bergkletterer dürfen nur an ausgewiesenen Stellen klettern (Anmeldung am Parkeingang erforderlich). Das Areal ist nicht kinderwagen- oder rollstuhlgeeignet.

Starigrad

Ausgangspunkt für einen Parkbesuch ist der Ort Starigrad an der Küste, der aufgrund seines guten touristischen Angebotes vor allem bei Kletterern und Freeclimbern ein sehr beliebter Standort ist. Baden ist hier in bescheidenem Umfang möglich. An der kleinen Marina liegen der Markt sowie – für größere Expeditionen wichtig – die **Hauptverwaltung des Nationalparks.**

Zufahrt

Die Zufahrt zum Park liegt 200 m südlich des Hotels Alan an der Hauptstraße (braunes Schild) und führt vorbei am malerischen **Gehöft Škinjići** zum Parkeingang (Eintritt 30 K, Kinder 20 K, Faltblatt, Infos und Wanderkarten erhältlich). Von hier fährt

002da Foto: wl

man noch 2 km weiter die Schlucht hinauf zum Parkplatz, wo der Fußweg beginnt. Zahllose **hervorragend ausgeschilderte Wanderwege** durchkreuzen das Gebiet; wer Gipfel in Angriff nehmen oder Mehrtagestouren unternehmen möchte, wende sich an die Parkverwaltung. Auch die Besichtigung der **Höhle Manita Pećina** ist nur in Begleitung möglich.

Wandern

Zu empfehlen ist auf jeden Fall der **Hauptpfad durch die Freeclimber-Schlucht,** über den man die Serpentinen hinauf zum **Höhenweg Anica Luka** gelangt. Das Geröllfeld rechter Hand (Schild „Anica Kuk") gibt den Blick auf einen Brutfelsen seltener **Greifvögel** frei (u.a. Weißkopfgeier), ist aber recht schwierig zu begehen. Ein Stückchen weiter auf dem Hauptweg sprudelt eine **Quelle** – das frische Gebirgswasser kann ab hier an mehreren Stellen des Weges genossen werden (Feldflasche mitnehmen!). Die Abzweigung „Jurline/Mala Paklenica" führt zum unberührtesten und damit wohl auch malerischsten Teil des Parks (vor der Wanderung nach der aktuellen Wegequalität fragen!); Gleiches gilt für die Abzweigung nach links zur Höhle Manita Pećina.

Der Hauptweg ist weiter beschildert mit **„Šumarska Kuta Lugarnica"** (Forsthaus) und **„Planinarski Dom"** (Berghaus). In beiden ist tgl. von 10–17 Uhr Einkehr möglich, diese empfiehlt sich aber erst oben in der Berghütte, wo Snacks und warme Getränke angeboten werden (ca. 2 Stunden Gehzeit ab Parkplatz). Tipp: Badesachen mitbringen, ein Naturpool lädt zur Erfrischung ein!

Von hier aus gibt es etliche interessante Möglichkeiten des Weiterwanderns, eine Detailkarte hängt oben am Berg-Blockhaus. Um einen kleinen **Rundweg** zurück zum Parkeingang zu gehen, halte man sich unmittelbar vor der Hütte stehend

Freeclimber im Nationalpark Paklenica

links (Veliko Rujno) und dann weiterhin stets links („Marasoviči", „Njivarska Strana", 5 Stunden Gesamtgehzeit).

Wählt man einen weiteren **Umweg über die Höhle** („Marasoviči/Manita Pećina", 6 Stunden Gesamtgehzeit), gelangt man zurück zum Hauptpfad.

Unterkunft, Camping

- Im Ortsteil Seline von Starigrad (Richtung Zadar) gibt es Einkaufs- und etliche Campingmöglichkeiten, darunter €€**AC Pisak** und €**AC Vrsa,** ebenso in Starigrad selbst (€**AC Peko,** €**AC Atlan,** €**AC Plantaža** und €**AC Paklenica**) – alle sind gut beschildert. Derzeit ist nur beim größten Camp AC Paklenica eine vorherige Reservierung per Mail unter www.zaton.hr bzw. Tel. 023-369236, Fax 369203 möglich.
- Das €€€**Hotel Alan,** Dr. Tuđmana 14, Tel. 023-209050, Fax 369202, alan@zadar.net, bietet DZ zu 90 Euro und 4er-Apartments zu 115 Euro.
- Etwas günstiger kommt man im €€**Hotel Vicko,** J. Dokoze 20, Tel./Fax 023-369304, hotel-vicko@zd.htnet.hr, mit rund 65 Euro/DZ unter.

Insel Pag

Allgemeines

Kvarner Bucht

Die 63 km lange und nur 1½ bis 11 km breite Insel Pag zählt zwar administrativ zum **Verwaltungsgebiet Rab** und somit streng genommen zu den Inseln der Kvarner Bucht, doch nicht nur die logistische Anbindung durch die Brücke bei Zadar, sondern vor allem die karge Landschaft machen Pag in vielerlei Hinsicht zum „nördlichsten Teil Dalmatiens". Von der bizarr-faszinierenden Landschaft abgesehen, lohnt sich der Besuch der Insel besonders wegen der interessanten Städte Novalja und Pag. Die knapp 8000 Einwohner leben traditionell vom **Wein- und Olivenanbau** sowie von der **Schafzucht,** vor allem die jüngere Generation konzentriert sich aber vorwiegend auf den aufblühenden Tourismus. Zwei besondere Spezialitäten von Pag sind hervorzuheben: zum einen der

003da Foto: wl

landesweit berühmte **Pager Schafskäse** *(paški sir)*, zum anderen die **Pager Spitzenstickereien.** Die Stickkunst führte 1906 sogar zur Gründung einer eigenen „Spitzenstick-Schule" im Hauptort.

Geschichte

Streit um die Oberhoheit

Wie andere kroatische Adriainseln kannte auch Pag jungsteinzeitliche Besiedlung. Historische Erwähnung aber fand die Insel erstmals während der **römischen Kolonisation** im 1. Jahrhundert,

Getrocknete Fledermaushäute in Žigljen

als die Römer hier illyrisch-liburnische Grabstätten und Siedler vorfanden und beschrieben. So nimmt man an, dass der Name Pag vom lateinischen *pagus* (Dorf) stammt. Nach dem Untergang Westroms im Jahr 476 fiel Pag nominell an **Ostrom** (Byzanz, siehe Glossar), wurde aber von **kroatischen Königen** verwaltet. Damit begann auch jenes permanente Wechselspiel in der Oberhoheit über Pag, welches noch heute die Frage aufwirft, ob die Insel eher zu Dalmatien oder zu Nordkroatien (Kvarner) zu zählen ist: König *Krešimir IV.* nämlich schenkte 1078 den Nordteil von Pag an die Stadt Rab, wohingegen der Südteil an Zadar fiel. Und damit war Pag zum **Spielball der unterschiedlichen Interessen** geworden: Ungarn/Kroatien kämpfte gegen Venedig um Rab, und Rab wiederum kämpfte gegen Zadar um Pag. Der Grund war das Salz der **Salinen** von Pag, ein bis in die Neuzeit höchst wertvolles Handelsgut. Venedig errang schließlich 1376 den politischen Sieg (Abtretung der Oberhoheit durch Kroatenkönig *Ludovig Veliki*). Erst unter den Habsburgern (ab 1797) und mit dem damit verbundenen Wirtschaftsaufschwung konnte ein neues Nationalbewusstsein entwickelt werden. 1918 war Pag zunächst Bestandteil des jugoslawischen Königreiches, 1941 folgte die italienische Besatzung, während der bei Slano nahe Pag-Stadt ein Konzentrationslager ähnlich dem auf Rab errichtet wurde. Im April 1945 ging die Insel in Kroatisch-Jugoslawien und somit in Kroatien auf.

Transport und Verkehr

Bus

Von den beiden Hauptorten Pag und Novalja besteht eine **Busverbindung mit Rijeka und Zadar** (2–3x tgl.). **Inselbusse** verbinden alle wichtigen Orte miteinander (z.B. Pag – Novalja 7x tgl.).

Fähre

Die Fährgesellschaft Jadrolinija betreibt die Überfahrt zum Norden der Insel, **von Gradina-Prizna** auf dem Festland **nach Žigljen** (von 8–20 Uhr halbstündlich, von 20–8 Uhr 10 Nachtfähren; 90 K/Pkw, 14 K/Person). Achtung: Die Fähre legt bei schlechtem Wetter auf Pag nicht in Žigljen, sondern in Stara Novalja an/ab! Das Büro von Jadrolinija liegt neben dem Hotel Loža in Novalja.

Auto

Einfach haben es Reisende von Süden her, da eine **Brücke bei Ražanac** nördlich von Zadar („Paški Most") schneller und auch kostenlos vom Festland nach Pag hinüberführt.

Novalja

Zweitgrößter Ort

Von der **Anlegestelle Žigljen** kommend (tolles Panorama Richtung Festland), trifft der Reisende mit Novalja (1950 Einwohner) auf den zweitgrößten Ort der Insel Pag. Eine weitläufige Uferpromenade und ein **gutes Freizeitangebot** von Kiesstränden bis zu Diskotheken machen den einstigen Fischerort zum **beliebtesten Ferienziel auf der Insel.**

Sehenswertes

Vom kleinen, verwinkelten Ortskern abgesehen wirkt Novalja heute eher modern und großzügig. Sehenswert sind das **Heimatmuseum** mit stadtgeschichtlichen Exponaten sowie die Kirche **Sv Majka Božija** aus dem 17. Jahrhundert, die auf den Resten einer frühchristlichen Basilika aus dem 4. Jahrhundert steht; die moderne Pfarrkirche **Sv Katarina** dahinter wurde erst 1906 erbaut. Sehr seltsam mutet derzeit das **„Römische Museum"** an (Schild mit Aquädukt beachten; „Rimskij", 8–13 und 18–20 Uhr), wo in einem Neubaukeller ein antikes römisches Wasserleitungssystem gefunden wurde.

Transport & Verkehr

Inselbusse und Festlandsverbindung s.o.; sehr wichtig sind die **Strand-Shuttle-Busse** um 9, 12, 14 und 18 Uhr vom Kai zu den Stränden Zrče und Straško; alle Busse halten auch am AC Straško.

Infos, Agenturen

- Die kleine Filiale der offiziellen **Touristeninformation** liegt an der Promenade, Tel. 053-661404, www.novalja.hr.

Eine Hand voll zuverlässiger Agenturen bietet wie üblich **Geldwechsel, Unterkunft, Ausflugsorganisation,** u.a.:

- **Sv Marija,** an der Bushaltestelle, Tel. 053-661655, Fax 662150, sv.marija@gs.htnet.hr.
- **Sunturist,** Kranjčevićeva, Tel. 053-663257, Fax 661611, sunturist@gs.htnet.hr, beide liegen am Ortseingang.

Bei den Agenturen sind Ausflüge zu den umliegenden Inseln (Kornaten, Fylet, Gite usw.) sowie das berühmte Pager „Disco-Picknick" an einem einsamen Strand sehr gefragt.

Unterkunft

- €€€**Gajac-Hostin,** Tel. 053-684367, Fax 684368, www.hostin.hr. Sehr beliebte Anlage, die allerdings 5 km außerhalb Richtung Pag-Stadt liegt (Asphaltweg rechts). Mit hübschen Ferienwohnungen und Minimarkt, Post, Bank, Restaurants usw.
- €**Restaurant-Pension Sirena,** Tel. 053-661954, am Ortsausgang Richtung Lun. Einfache, günstige Zimmer.
- €€€**Hotel Loža,** Tel./Fax 053-663381, Fax 663430, turno@turno.hr. Liegt unmittelbar im Altstadtzentrum am alten Kai und bietet abends Tanzmusik auf der hoteleigenen Terrasse. DZ 110–150 Euro.

Camping

- €€**AC Straško,** Tel. 053-661226, Fax 661225. 2 km südlich von Novalja an der Südseite der Insel, geöffnet Mai bis September. Sehr schönes Camp mit Kiesstrand, Restaurant, Minimarkt und Wassersport-Aktivitäten.
- Zwischen Novalja und Lun liegt direkt an der Hauptstraße die von Einheimischen gelobte **Konoba Vitalo.** Kurz dahinter zweigt ein Asphaltweg zu dem kleinen, malerischen und sehr ruhigen **Camp Dražica** (nur für Zelte) ab.

Essen & Trinken

- Einige nette Cafés und Snackbars säumen den hübschen Marktplatz im Zentrum, besonders hervorzuheben ist die **Konoba Ankora** (Tel. 053-661363, vom Marktplatz aus in die kleine Seitengasse hinein) mit der bislang besten Küche von Novalja mit hervorragenden Fleisch- und Fischgerichten.
- In der unteren Preisklasse bieten mehrere Pizzerien ihre Gerichte an. Erwähnung verdienen **Stara Novalja** (auch etliche Nudelgerichte) sowie die **Pizzeria Maestral** (Ortsausgang Richtung Lun) mit sehr großen und preiswerten Portionen.
- Für Fischgerichte sei **Starac i more** („Der alte Mann und das Meer") empfohlen – auch wegen des originellen Fischerbootes im Hofgarten; Tel. 662423.

Aktivitäten

- **Baden:** Zu den diversen **Stränden** der unmittelbaren Umgebung gehen Wege oder Pisten von der Hauptstraße Richtung Kolan ab – auf die Beschilderung „plaža" achten! Weitere empfehlenswerte Strände erreicht man Richtung Žigljen an der kleinen Nebenstraße Caska – Metajna, wobei besonders die **herrlichen Buchten um Caska** Beachtung verdienen. Im Ort badet man am besten beim Hotel Liburnja.
- **Tauchen:** In Stara Novalja (nahe der alten Anlegestelle) bieten die beiden **Basen Nautilus,** Tel. 053-651258, und **Lagona Divers,** mit Tauchpension Mama, Tel. 053-651328, info@Lagona-Travel.de, Land- und Bootstauchgänge an.

Sonstiges

Im Ortskern zwischen Marktplatz, Busbahnhof (am Kai) und Hauptstraße findet der Reisende alle notwendigen Einrichtungen:

- Die örtliche **Ambulanz** ist unter Tel. 053-661367 zu erreichen.
- **Apotheke:** an der Hauptstraße, Tel. 053-661370.
- Die **Post** öffnet werktags 7–21 Uhr, Sa nur 9–12 Uhr.
- **Banken:** Privredna, Mo bis Sa 7.30–13 Uhr; Riječka, Mo bis Fr 7.30–20 Uhr.
- **Tanz** wird im Hotel Loža geboten.
- **Sport- und Leihmöglichkeiten** (Surfbretter, Räder, Boote usw.) bestehen im AC Straško sowie in einigen der Badebuchten rund um Novalja.
- Ein **Supermarkt** mit ordentlicher Auswahl liegt an der Uferpromenade neben dem Fischrestaurant Stari Mrlin, frisches Obst gibt es auf dem **Markt** hinter der Post. **Souvenirs** (Brillen, T-Shirts etc.) verkaufen die Stände entlang der Promenade.

Landzunge Lun

Lun-Tovarnele

Über die 20 km lange und nur einen knappen Kilometer breite Landzunge Lun führt ein sehr einsamer **Höhenweg** zur Siedlung Lun-Tovarnele. Die Fahrt empfiehlt sich besonders dann, wenn man auf Pag länger wohnt und Zeit mitbringt – hier oben scheint sie nämlich stillzustehen. Lediglich Feigenbäume und Ziegen bevölkern die **karge Landschaft.** Eine „Einbahnstraßen-Schlinge" durchzieht den kleinen Ort mit Kai, zwei Zimmeranbietern, der Konoba Bonaca und dem Fischlokal Jadran, einem Minimarkt und einer kleinen Kiesbadebucht.

Rund um den Sv Vid

Bergregion

Zwischen Novalja und Pag erhebt sich die malerische Bergregion des Sv Vid (Hl. Veit), **mit 349 m die höchste Erhebung der Insel.** Bedeutendste Siedlung des Landesinneren ist **Kolan,** bekannt für Wein- und Käseprodukte (kleine Käserei) sowie Spitzendecken, die an den Straßen feilgeboten werden. Sehr zu empfehlen sind das Grill-Restaurant Kolan im Ort sowie das kleine **Völkerkundliche Museum** an der Hauptstraße (nur Mi, Sa, So von 18–21 Uhr). Auch der Gipfel des Sv Vid kann von Kolan aus erwandert werden (knapp 2 Stunden ab Ortsmitte, roter Kreis als Markierung); atemberaubende Blicke auf das Umland und die beiden vorgelagerten **Inselchen Škrda und Maun** lohnen die Mühen. Lediglich Maun (ca. 10 km^2) ist von einigen Schafhirten bewohnt; die Inseln sind nur mit Fischerboot ab Mandre oder Šimuni an der Südseite von Pag zu erreichen.

Küstenroute

Die Küstenroute **zwischen Šimuni und Pag-Stadt** ist landschaftlich besonders sehenswert. **Mandre** ist (noch) ein ruhiger, kleiner Fischerort ohne Hektik und Trubel, zahlreiche neu erbaute Ferienwohnungen lassen jedoch einen baldigen Aufschwung erwarten.

Camping

- €€**AC Šimuni,** in Šimuni, Tel./Fax 023-698208, www.kamp-simuni.hr. Busanbindung Pag/Novalja, gut 10 Minuten per Fahrzeug ab Pag-Stadt.

Sonstiges

- Šimuni hat eine sehr gute **Marina mit Restaurant,** Tel. 053-698020, Fax 698025.
- **Tauchbasis Šimuni** im gleichnamigen Ort.
- Zum Essen empfiehlt sich das **Grill-Restaurant Smirka** in Šimuni.
- In allen genannten Orten offerieren zahlreiche Privatvermieter **Zimmer,** ebenso die örtlichen Touristikagenturen an den Hauptstraßen.

Badefreuden im Südosten der Insel (Vlašići)

Pag-Stadt

Größter Ort

Der mit knapp 2400 Einwohnern größte Ort der Insel bildet das wirtschaftliche und administrative Herz von Pag. Kleinstädtisches Flair, eine kleine Altstadt, emsiges Markttreiben und sogar Strandleben ergeben eine angenehme Mischung aus **Betriebsamkeit und Gelassenheit.** Besonders auffällig wird der krasse Gegensatz zur ansonsten stillen und fast öden Insel, wenn man aus Richtung Zadar kommt und den Südteil von Pag erkundet hat; natürlich tragen auch die kargen, weitläufigen **Salinenfelder** und die Salzfabrik am südlichen Ortsende zu diesem Bild bei.

Sehenswertes

Interessant ist in der Stadt vor allem der historische **Altstadtkern** rund um den Trg Kralja Krešimira. Hier liegt die dreischiffige **Basilika Kolegiata,** errichtet von dem bekannten kroatischen Bau-

004da Foto: wl

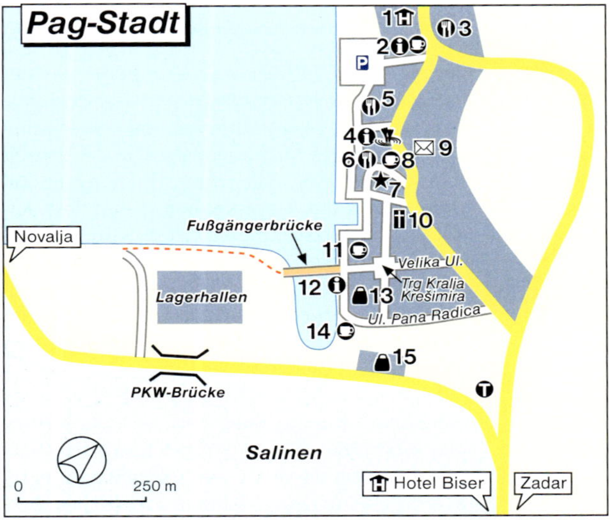

1	Hotel Pagus	7	Stadtmauer & Burgreste
2	Turist Biro, Café/Bar Koralj	8	Konoba Bodulo
3	Taverna Grill	9	Post
4	Sun-, Antunja- u. Mediteran-Tours; Rupedi Divers	10	Kapelle
5	Restaurant Rendez-Vous & Tauchbasis RR Sub	11	Cafés & Bistro Diogen
6	Restaurant Smokva	12	TI Pag
		13	Souvenirstände
		14	Konoba 2 Ferana
		15	Supermarkt

meister *Juraj Dalmatinac* um 1466 in stilistischer Mischform: Über dem gotischen Portal erhebt sich beispielsweise eine Rosette mit zwei Erzengeln im Renaissancestil; man beachte auch die interessante Semiplastik im Altarbereich. Auch der benachbarte **Rektorenpalast** stammt von *Dalmatinac*. In den Altstadtgassen rund um den Trg Krešimira, insbesondere in der Velika Ulica, wird allerlei lokale **Kleinkunst und Handwerkliches** feilgeboten – Bilder, Spitze, Taschen, Bekleidung und auch Käse; Wechselstuben und Banken sind hier reihenweise zu finden.

An der alten **Stadtmauer,** einem restaurierten Teilstück aus dem 15. Jahrhundert, liegt die kleinere Benediktinerkirche **Sv Margarita** aus dem Jahre 1526. Zum Flanieren lädt die **Uferpromenade** ein, hier hat man die größte Auswahl an Restaurants und Cafés, auch werden Souvenirs und Andenken angeboten. Über die Fußgängerbrücke an der Touristeninfo gelangt man zu dem nur wenige Gehminuten entfernten **Kiesstrand;** Bademöglichkeiten in begrenztem Umfang finden sich auch vor dem Hotel Pagus. Einige Tauchschulen bieten im Ort ihre Dienste an.

Transport & Verkehr

Die Bushaltestelle liegt neben dem Pkw-Parkplatz (kleiner Ticketschalter); hier fahren **Lokal- sowie Langstreckenbusse** ab (z.B. von/nach Zagreb 7x tgl., Ljubljana 10.30 Uhr).

Der zentrale **Uferparkplatz** bildet einen sehr guten Ausgangspunkt für einen Rundgang; wer mit dem Fahrzeug nahe an den Strand möchte, parkt am besten bei den Lagerhallen auf der anderen Seite der Salinen.

Infos, Agenturen

- **Offizielle Touristeninformation,** Obala Tita 1 (an der Brücke), Tel. 053-611286, www.pag-tourism.hr; tgl. 8–21 Uhr.
- Privatunterkünfte, Ausflüge, Leihfahrzeuge usw. vermitteln die **Agenturen,** z.B. **Mediteran,** Tel. 023-600042, Fax 611238, mediteran@zd.htnet.hr.

Unterkunft

- €€**Hotel Biser,** Matoša 8, Tel. 053-611333, Fax 611444, hotel-biser1@zd.t-com.hr. Hotel etwas außerhalb mit eigenem Strand, DZ ab 600 K.
- €€**Hotel Pagus,** Starčevića 1, Tel. 053-611210, Fax 611101, hotelpagus@coning.hr. Neben dem Pkw-Parkplatz, schlicht und okay, aber mit Preisen ab 700 K etwas teuer.

Essen & Trinken

- Das **Bistro Diogen** nahe der Brücke bietet sich für herzhafte Kleinigkeiten an.
- Preiswerte lokale Gerichte werden im **Taverna Grill** gegenüber vom Hotel Pagus serviert sowie im **Restaurant Smokva.**
- Gehobenere Küche offerieren das **Rendez-Vous** (französisch), die urige **Konoba Bodulo** bei der Stadtmauer (8–15 und 18–24 Uhr, nicht zu teuer) sowie das **Dva Ferana** mit seinem sehr hübschen Innenhof.

Sonstiges

- Die bekanntesten **Tauchschulen** sind **RR Sub** am Restaurant Rendez-Vous, Tel. 053-912048599, und **Rupedi Divers,** Nazora Ul.
- Ein großer **Supermarkt** an der Ausfallstraße Richtung Novalja bietet Selbstverpflegern alles, was das Herz begehrt.
- Frisches Obst und Gemüse wird auf dem **Markt** bei der Margarita-Kirche verkauft.
- **Postfilialen** liegen nahe der Stadtmauer sowie an der Promenade; hier sowie in den **Banken und Wechselstuben** der Velika Ulica ist Geldwechsel meist durchgehend von 8–20 Uhr möglich.

Halbinsel Povljana

Abgeschiedenheit

Zwischen der Stadt Pag und der Brücke zum Festland erstreckt sich **eines der kargsten Gebiete Kroatiens,** die Povljana-Halbinsel. Trotz des Mangels an Bewuchs hat auch diese Gegend ihren Reiz, vor allem für diejenigen, die Abgeschiedenheit und Einöde nicht als Nachteil eines Reiseziels empfinden.

Vorbei am Salzwerk von Pag und an den Salinen erreicht man die winzige, im Schilf liegende Salzarbeitersiedlung **Gorica,** wo eine Abzweigung zur 650-Seelen-Gemeinde **Povljana** führt, die (noch) als Geheimtipp erwähnenswert ist. Süßwasserquellen auf den Anhöhen rund um das Dorf verwandeln die umliegenden Parzellen beinahe in eine Oase für Obst- und Gemüseanbau. Das kleine Zentrum liegt rund um die Pfarrkirche, allerdings darf nicht mehr als ein paar Obst- und Gemüsestände und ein Minimarkt erwartet werden.

Dem Sträßchen hinter der Kirche nach rechts folgend, findet der Sonnenanbeter mit der **Plaža Dubrovnik** den schönsten Strand der Insel (Sand!) mit der Kapelle Sv Nikola und ein paar kleinen Schenken. Gut isst man auch im Grill Mornar am Ortseingang. Westlich des Ortes gibt es größere **Heilschlamm-Vorkommen,** die gegen Rheuma eingesetzt werden. Achtung: In allen erhältlichen Karten ist eine Straße zwischen Povljana und Smokvica verzeichnet – es gibt aber keine!

Die kleine **Touristeninformation,** Ul. St. Radića 20, Tel. 053-692003, Mo bis Sa 8–12 und 18–21 Uhr, an der Hauptstraße organisiert auch Unterkunft.

Die **Verbindungsstraße Povljana – Velo Blato** („Großer Sumpf") wird jedem Durchreisenden als „Mondlandschaft" in Erinnerung bleiben; lediglich kleine Mauern im typisch mediterranen Stil grenzen die weitläufigen, öden Parzellen ab, und man fragt sich unwillkürlich: Warum eigentlich? – Es wächst doch ohnehin nichts! Der große Sumpf passt im Sommer in dieses Szenario; in der Regenzeit, in der sich die Oberfläche des Sees vervielfacht, bildet er ein unverzichtbares Biotop für Wildgänse, Fasane und andere Vögel.

Ein Abstecher führt nach **Vlašići,** einer 200 Einwohner zählenden Gemeinde am Ende der Nebenstraße. Hinter der Kirche führt eine S-Kurve den Hügel hinauf zu Ferienwohnungen, der Konoba Spider und zu einem Asphaltweg, über den man einen sehr hübschen Badestrand erreicht. Das Zentrum liegt unmittelbar an der Kirche mit Minimarkt und der Agentur Turist-Biro (Tel. 053-692139, nur vormittags offen).

Noch vor Vlašići zweigt eine schmale Nebenstraße nach **Smokvica** ab, einem kleinen landwirtschaftlichen Weiler auf 70 Höhenmetern. Hier kann man hausgemachte Produkte einkaufen, vor allem aber zu unberührten Badebuchten auf schmalen Pfaden hinunterwandern.

Wieder zurück an der Hauptstraße am Velo Blato, erreicht man über das Dörfchen **Dinjiska** (mit kleinem Strand) die 340 m lange **Brücke Paški Most** zum Festland Richtung Nin und Zadar.

Nin

Altes Salzstädtchen

Knapp 20 km nordwestlich von Zadar, auf dem Weg zur Insel Vir, stößt der Reisende auf das alte Salzstädtchen Nin (ca. 1700 Einwohner), bekannt für seine **gesunde,** überdurchschnittlich salzhaltige **Luft** sowie **Heilschlamm,** der zur Rheumatherapie eingesetzt wird. Der Ort bietet sich als idealer Standort an, wenn man Norddalmatien erkunden möchte, ohne in der Großstadt Zadar zu wohnen. Idyllische Abgeschiedenheit, **gute Bademöglichkeiten** sowie einige interessante Sehenswürdigkeiten ergeben einen sehr positiven Gesamteindruck.

Geschichte

Liburner

Nin war bereits vor den Römern bewohnt und zählte zu den Hauptsiedlungsgebieten der Liburner (siehe Glossar); die zahllosen liburnischen **Gräber** machen Nin zu einem der wichtigsten Ausgrabungsorte Kroatiens. Relikte einer größeren Tempelanlage und Augustusstatuen (im Archäologischen Museum von Zadar zu sehen) legen Zeugnis von der nachfolgenden **römischen Besiedlung** ab. Im Hochmittelalter erkannte die Stadt den ungarisch-kroatischen Doppelmonarchen an, fiel dann aber 1328 an **Venedig** (vgl. die Stadtgeschichte von Zadar). Im Spätmittelalter wurde Nin mehrfach bei kriegerischen Auseinandersetzungen mit den vorrückenden **Türken** zerstört, weshalb die Bewohner um 1400 einen Graben um die Stadtmauern herum zum Meer zogen – hierdurch wurde Nin eine Insel. 1797 ging der Ort in **Österreichisch-Dalmatien** auf.

Der mittelalterliche Bischof Gregor von Nin wird als eine Art erster kroatischer Freiheitskämpfer verehrt

007da Foto: wl

Sehenswertes

Sv Nikolaj

Noch vor Nin liegt – von Zadar kommend linker Hand – ein seltsamer Turm auf einem Hügel; hierbei handelt es sich um die **Kapelle** Sv Nikolaj aus dem 11. Jahrhundert, **errichtet auf einem prähistorischen Hünengrab.** Der turmähnliche obere Teil wurde als Beobachtungsposten während der Türkenkriege aufgestockt.

Sv Anselmo

Betritt man Nin durch das Stadttor hinter der Fußgängerbrücke, liegt halbrechts der Hauptweg, halblinks das Parallelsträßchen dazu. Folgt man dem Hauptweg, trifft man neben der Reiseagentur auf die Pfarrkirche Sv Anselmo (9. Jahrhundert), deren besondere Attraktion die angeschlossene **Schatzkammer** sein dürfte: Neben zahlreichen holzgeschnitzten sakralen Kunstschätzen sind lokale Feinschmiedearbeiten in gotischem und romanischem Stil zu bewundern. Ebenso sind Reliquien des *Hl. Anselm* zu sehen: ein Schulterblatt und eine Hand. Das Kirchengebäude selbst und dessen Innenmalereien wurden im 18. Jahrhundert vollständig renoviert.

- **Öffnungszeiten:** tgl. 9.30–12 und 17.30–21 Uhr.
- **Eintritt:** 10 K, Kinder 5 K.

006da Foto: wl

Archäologisches Museum

Weiter die Straße entlang, vorbei an Restaurants und Ständen mit Likören der Region, erreicht man das Archäologische Museum **(Arheološki Muzej)** mit Exponaten zu den Ausgrabungen der liburnisch-römischen Epoche sowie zur Lokalgeschichte mit einer Kopie des berühmten Višeslav-Taufbeckens (9. Jahrhundert), das aus der Zeit stammt, als Missionare die südslawischen Kroaten zum Christentum bekehrten. Links am Museum vorbei liegt am Ende des Weges ein **römisches Ausgrabungsfeld** von bemerkenswerten Ausmaßen.

- **Öffnungszeiten:** tgl. 9–12 und 18–21 Uhr.
- **Eintritt:** 10 K.

Sv Križ

Etwa 250 m weiter rechts steht man unvermittelt vor der **kleinsten Kathedrale der Welt,** Sv Križ (Heilig-Kreuz)! Der eher unscheinbare vorromanische Bau aus dem 9. Jahrhundert diente dem jeweiligen Bischof von Nin als bischöfliche Kirche und stand daher mit jeder anderen Kathedrale der Welt auf einer Stufe.

Wenige Meter weiter steht das **Denkmal des Nationalhelden Grgur Ninski** (Bischof *Gregor von Nin,* siehe Glossar), jenes norddalmatischen Freiheitskämpfers, der für den Erhalt der slawischen Sprache und ein starkes Kroatentum eintrat.

Transport und Verkehr

Bus

Haltestelle der **Linie Vir – Zadar** an der Post, Verbindung nach Vir etwa alle 2 Stunden, nach Zadar alle 90 Minuten.

Auto

Nin liegt an der Route Zadar – Insel Vir; an der Ortseinfahrt teilt sich für den Selbstfahrer der Ort: Man kann entweder am Kreisverkehr vor der Fußgängerbrücke **parken** (Schild „Centar“, hier klei-

Bucht von Nin und Altstadtkern

ner Markt; in dieser Gegend liegen auch die meisten Privatzimmer) oder zunächst Richtung Vrsi (beschildert) durch das Salinenfeld bis zur kleinen Autobrücke linker Hand und dort **in die Stadt hineinfahren** (keine großen Parkplätze). Von der Fußgängerbrücke kommend, betritt man das alte Tor in der Stadtmauer und steht unmittelbar im alten Zentrum der künstlichen Insel.

Touristische Infrastruktur

Infos

- **Infobüro** vor der Fußgängerbrücke bei der Post, Mo bis Sa 8–21 Uhr, Tel. 023-64280, Fax 265247, www.nin.hr; tgl. 8–15 Uhr, im Sommer bis 21 Uhr.

Unterkunft, Camping

- Eine **Privatunterkunft** – auch unter der Hand – ist in Nin leicht zu bekommen, sehr viele Privatvermieter hängen ihre Schilder nahe der Fußgängerbrücke aus (Festlandseite, nicht in der Altstadt). Die Agentur am Stadttor vermittelt ebenfalls Unterkünfte.
- Viele Reisende bevorzugen die €€€-€€€€**Feriensiedlung Zaton** 2 km vor Nin, Tel. 023-280211, Fax 264225, apartments@zaton.hr, 4er-Apartment 90–130 Euro.
- Hier befindet sich auch der **Campingplatz** €€**AC Zaton,** Tel. 023-280280, Fax 280310, apartments@zaton.hr, für 4500 Gäste. Das Freizeitangebot reicht von Tennis über Surfen bis zu Reitsport. Berühmtheit erlangte vor allem die **Disco Saturnus** – (noch) die größte Disco Dalmatiens.

  Weitergehende Informationen zum Bezirk Zaton findet man unter **www.zaton.hr.**
- An der Straße Richtung Vrsi liegen weitere, kleinere Campingplätze: €€**AC Ninska Laguna,** Tel. 023-264265, €**AC Dispet,** Tel. 023-264246, **AC Nik,** Tel. 023-264048, und **AC Nin,** Tel. 023-264031.
- Ebenfalls im Bezirk Zaton liegt in der Dražnikova 17 das beliebte **Aparthotel Onk'l Ivan,** Tel. 023-265900, Fax 265901, onkl.ivan@zd.htnet.hr, mit sehr schönen Zimmern (50–65 Euro) und Apartments (rund 90 Euro).

Essen & Trinken

Einige hübsche und preiswerte Lokale locken die Kundschaft in Nin. Viele liegen in der Hauptstraße nahe der Kirche; jeder Besucher wird bald seinen Favoriten gefunden haben. Dass Nin ein **kulinarisches El Dorado** ist, hat sich weit herumgesprochen, ab 19 Uhr wird es überall schwierig, einen Platz zu bekommen, was aber nicht zu einer Schnellservier-Mentalität geführt hat! Je nach Geschmack und Reisekasse sind besonders zu empfehlen:

- In der **Pizzeria** außen vor dem Stadttor (Fußgängerbrücke) ist die Auswahl klein, aber die Gerichte sind preiswert und gut.
- In der preislich unteren, geschmacklich aber mindestens mittleren Kategorie sei **Tomislavs Bufet** (links um die Ecke vom Archäologischen Museum) wärmstens empfohlen. Die gebratenen Sardellen stehen übrigens nicht auf der Karte.
- Dalmatische Spezialitäten bietet das **Sokol,** Tel. 023-264412, mit hübschem Innenhof hinter dem Stadttor.
- Exquisite Fischgerichte und nationale Delikatessen serviert die **Konoba Aenona,** Tel. 023-264052, beim Grgur-Denkmal (mittlere bis gehobene Preisklasse).

Aktivitäten

- **Sportmöglichkeiten, Verleihstellen** und **Disco Saturnus** in der Feriensiedlung Zaton (s.o., Tel. 280315).
- **Baden** ist an etlichen **Stränden** rund um Nin möglich; auch im Hochsommer sehr ruhig ist es 1½ km außerhalb Richtung Vrsi, hinter der Salzfabrik und den Lagunen links (wo ein einsamer Schlot sichtbar wird).
- **In Vrsi,** nur wenige Kilometer von Nin entfernt, gibt es ebenfalls mehrere **gute Strandabschnitte,** außerdem die **Diskothek Atlantik** sowie die bei Nachtschwärmern sehr beliebte **Pizzeria Bonaca.**

Sonstiges

- **Post:** am Kreisverkehr beim Markt vor der Fußgängerbrücke, Mo bis Sa 7–9.30, 10–17 und 17.30–21 Uhr (auch Geldwechsel).
- Selbstversorger finden eine **Bäckerei** sowie mehrere **Minimärkte** in der Altstadt-Hauptstraße; Obst und Gemüse bietet der **Markt** landseitig vor der Fußgängerbrücke.
- Eine kleine **Apotheke** befindet sich bei der Post.
- **Erste-Hilfe-Station:** im Camp Zaton (s.o.), Tel. 023-64444.

Insel Vir

Ferienhochburg der Norddalmatier

Mit nur **22 km² Fläche** und **600 Bewohnern** erweist sich die Insel Vir – Ferienhochburg der Norddalmatier – nicht gerade als riesig. Auch was die ausländischen Besucherzahlen anbelangt, dürfte Vir eher eines der Schlusslichter unter den Inseln sein – aber vielleicht ist gerade das für manchen der besondere Reiz.

Das urkundlich schon in der Regentschaft von König *Krešimir* (11. Jahrhundert) erwähnte Vir besticht weniger durch historische Bauten, als vielmehr durch seine schlichte Rolle als Erholungsinsel. Das Eiland wurde per **Brücke** an das Festland angebunden, ein Abstecher bietet sich insbesondere vom nahe gelegenen Nin an.

Die Zufahrtsstraße ab der Brücke mit eher hässlichen Neubauten und Industrieparzellen bis zum Ortseingang des Hauptortes Vir wirkt zunächst ernüchternd, wovon man sich aber nicht abschrecken lassen sollte. In **Vir-Stadt** (Einbahn-Rundstraße, dem Schild „Zadar" folgen) locken Straßenbäckereien mit sehr gutem Burek, auch ein guter Supermarkt liegt an der Hauptstraße.

Infos

- An der Marina findet man das örtliche **Turist Biro,** Tel./Fax 023-362196, www.otok-vir.info, das Privatzimmer vermittelt, Bustickets verkauft usw.

Unterkunft

- Campingmöglichkeiten bieten das €€**AC Kotarina** (Tel. 023-362196, Fax 362018) hinter der Marina, das €**AC Matea** (Tel. 023-362474, Fax 362102) sowie kurz davor das nette €**AC Ann** direkt am Strand.
- Sehr nett sind auch die örtlichen **Pensionen** €**Bašić,** Tel. 023-362224, und €**Ivo,** Tel. 023-362240, DZ sind für 380–400 K zu haben.

Sonstiges

- Die **Dorfpost** am Ortsausgang Richtung Torovi (Mo bis Sa 8–20 Uhr) bietet auch **Geldwechsel.**
- Ein großer **Supermarkt** liegt am Ortsausgang an der Gabelung Torovi – Lozice.

Lozice und Torovi

Badebuchten

Die Strecke nach **Lozice** ist wenig bebaut und ruhig, in der Ansiedlung gibt es einen Minimarkt („Biss") und eine Schenke. Der Weg endet in einer meist einsamen Badebucht – wenn man Wochenenden und Feiertage meidet.

Richtung **Torovi** passiert man den Inselfriedhof und hat an einer weiteren Gabelung die Möglichkeit, den 112 m hohen **Sv Jurai** rechts oder links bis Torovi zu umrunden – in beiden Fällen enden die Wege inmitten weit verstreuter Neubauten und üppiger Felder. Nur zu Fuß oder per Allradfahrzeug lassen sich die Wege zu den einzelnen Buchten weiter erkunden (lohnenswert!).

165nd08 Foto: wl

Zadar

Allgemeines

Handels- und Tourismuszentrum

Kaum ein Reisender wird die Handels- und Fremdenverkehrsmetropole Zadar (ca. **77.000 Einwohner**) links liegen lassen. Neben dem Tourismus bilden Nahrungs- und Genussmittelproduktion, Schiffbau und Textilfertigung die wichtigsten Säulen des regionalen Wirtschaftslebens. Besondere Bekanntheit erlangte die Spirituosen-Industrie mit dem berühmten **Maraschino-Likör,** gewonnen aus den Kirschen des sehr fruchtbaren Umlands von Zadar.

Wer auf dem **Seeweg** zu anderen dalmatischen Städten oder auf eine der vorgelagerten Inseln des Zadar-Archipels fahren möchte, reist ebenso über Zadar wie diejenigen, die von hier aus Ziele in Italien per Autofähre (Ancona, Triest) oder Schnellboot (Venedig) besuchen wollen.

Zadar: Blick über den Hafen und die Stadt

166nd08 Foto: wl

Für die „Inselfahrer" ein wichtiger Hinweis: Auf dem Weg zum Fährhafen passiert man große Supermärkte (Getro, Mercator, Kaufland – alle gut ausgeschildert). **Selbstversorger** mit Ferienwohnung sollten hier noch einmal groß einkaufen, da in den Insel-Minimärkten viele Dinge doch teurer sind als in Zadar. Von den meisten Inseln kann man aber auch während des Aufenthaltes einen Tagesausflug nach Zadar (ohne Fahrzeug, einfach nur per Fähre direkt zur Altstadt) für eine Besichtigungs- und Einkaufstour einplanen.

Das **Stadtbild** ist **zweigeteilt:** Die „altjugoslawischen" **Außenbezirke** wirken auf den ersten Blick eher abstoßend und ähneln denen in anderen Großstädten wie Rijeka oder Split. Dafür darf die auf einer Landzunge gelegene **Altstadt** in ihrer architektonischen Gesamterscheinung ganz sicher als eine der Perlen der kroatischen Kultur und Geschichte bezeichnet werden.

Donat-Kirche (links) und Campanile der Kathedrale am Forum

Geschichte

Von den Römern bis zum Bürgerkrieg

Im 2. Jahrhundert v. Chr. übernahmen die **Römer** die vom illyrischen Stamm der Liburner angelegte Hafenstadt und bauten sie unter dem Namen **Jadera** weitläufig aus: Es entstanden ein Kapitol, eine Kanalisation, Thermen mit Wasserversorgung vom 20 km südlich gelegenen Vransko Jezero, Befestigungsmauern sowie ein Amphitheater. Im Frühmittelalter nominell byzantinisch, geriet Zadar vom 11. Jahrhundert an unter den starken Einfluss der **kroatisch-ungarischen Monarchie,** womit eine kulturelle und ökonomische Blütezeit ihren Anfang nahm.

Die Stadt widersetzte sich lange Jahre erfolgreich den Übernahmeversuchen Venedigs, wurde im 13. Jahrhundert jedoch überrannt und mit Ausnahme einiger Sakralbauten vollkommen zerstört. Der ungarisch-kroatische König *Ladislav* sah sich schließlich gezwungen, ganz Dalmatien 1409 an **Venedig** zu verkaufen. Positiv wirkte sich vom 15. bis 17. Jahrhundert die Gefahr durch die **Türken** aus, als die norddalmatische Metropole als Bollwerk gegen die Türken stark befestigt wurde. Ruhe kehrte ab 1571 ein, als eine vereinigte Flotte aus venezianisch-dalmatischen Kriegsgaleeren und solchen des maltesischen Johanniterordens die Türken in der Seeschlacht von Lepanto entscheidend besiegte. Während der anschließenden **österreichischen Phase** (1797–1918), unterbrochen nur von den Feldzügen *Napoleons,* wurde Zadar die Hauptstadt Dalmatiens und Hort des intellektuellen Widerstandes gegen jegliche Fremdbestimmung – Ziel der Südslawen war eine Vereinigung Dalmatiens mit Kroatien.

Nach dem Ende des Ersten Weltkriegs fiel Zadar (ital: Zara) an **Italien** und wurde eine italienische Enklave im ersten jugoslawischen Königreich. Im Zweiten Weltkrieg war Zadar eine der am härtesten von Gefechten betroffenen Städte Jugoslawiens und wurde im Oktober 1944 von *Tito* erobert.

Mit Ausbruch des **Bürgerkriegs 1991** nach dem Fall der sozialistischen Republik Jugoslawien, der damit einhergehenden serbischen Besetzung der Krajna um Knin und der anschließenden mehrjährigen Einkesselung Zadars folgte eine erneute Zeit des Leidens und der Zerstörung. Fast pausenlos beschoss **serbische Artillerie** die Stadt – die meisten Bewohner harrten während der dreijährigen Belagerung in Kellern aus oder flohen, etliche Bauten wurden beschädigt oder zerstört. Die vollständig restaurierte Altstadt erweckt heute den Eindruck, als sei nie etwas passiert, und man schüttelt daher oft genug verwundert den Kopf darüber, dass dieser Wahnsinn vor unserer Haustür gerade mal ein Jahrzehnt zurückliegt!

Sehenswertes

Stadttore

Von der Obala Branimira aus betritt man die Altstadt über die Fußgängerbrücke und das **Neue Landtor (Nova Vrata)** zwischen dem kleinen Yachthafen und den weitläufigen Fähranlegestellen. Das **Alte Seetor (Morska Vrata)** gegenüber den Fährpiers birgt den venezianischen Löwen sowie eine Erinnerungstafel an die berühmte Seeschlacht von Lepanto.

Das Neue Landtor ist nicht zu verwechseln mit dem **Stara Vrata (Altes Tor)** direkt am Fischmarkt an den Stadtmauern, welches kaum auffällt und nicht viel mehr als ein Durchgang durch die Mauer ist. In den Morgenstunden vertreiben hier die zahllosen **Fischer** aus dem Umland ihre Ware – frischer geht es kaum, auch wenn der Duft nicht unbedingt dem eines Blumengartens entspricht ...

Durch das Alte Tor kommt man zum eigentlichen **Markt,** wo von Schafskäse über Dalmatinerschinken bis zu Obst und Gemüse alles erhältlich ist, was die Natur des Landes hergibt. Wer es lieber modern mag: Direkt an den Markt schließt sich die **Meggi Boutique** an, eine Kombination aus Supermarkt und kleineren Boutiquen.

Marinemuseum

Nach diesen ersten exquisiten, wenngleich auch überwiegend kulinarischen Eindrücken der Altstadt dürfte das Marinemuseum zwischen Seetor und Sv Kreševan für Segler und Nautiker mit seinen Exponaten zur städtischen und dalmatischen Seefahrtsgeschichte von einigem Interesse sein.

● **Narodni Morski Muzej,** tgl. 9–12 und 18–21 Uhr, So nur 9–13 Uhr.

Sv Kreševan

Die nur wenige Meter entfernte dreischiffige **romanische Kirche** Sv Kreševan aus dem 12. Jahrhundert wird das Auge des architektonisch Interessierten erfreuen: Die mit üppigen, verspielten Galerien, Bögen und angedeuteten Säulen reich verzierte Kirche war 1403 Stätte der Krönung *Ladislavs* zum kroatisch-ungarischen König, jenes *Ladislavs* also, der sechs Jahre später Dalmatien an Venedig verkaufen sollte. Auch wenn die spätmittelalterlichen Fresken im Inneren nur mehr zu erahnen sind, ist Sv Kreševan dennoch ein gut erhaltenes Beispiel der Sakralarchitektur des Hoch- und Spätmittelalters. Der im 16. Jahrhundert begonnene Campanile blieb unvollendet, die Kirche selbst wurde im 18. Jahrhundert im barocken Stil restauriert. Die **Statue des Petr Oranic** (1508–1543) zeigt den Lokalpatrioten der Unabhängigkeitsbestrebungen Dalmatiens von Venedig.

Forum und Sv Donat

Das alte, 3,6 km^2 große **römische Forum,** damals wie heute **zentraler Platz der Stadt,** weist zwar keine römischen Bauten mehr auf, die alten Säulen und die Weitläufigkeit des Platzes vermitteln jedoch einen guten Eindruck dieses erhabenen, antiken Ortes.

Heute dominiert der markante, 27 m hohe **Rundbau Sv Donat** das Forum; die Rotunde zählt zu den exorbitanten Sakralbauten Dalmatiens und wurde im 9. Jahrhundert zunächst als repräsentative Hauskapelle des Episkopats von Zadar unter Bischof *Donatus* (8./9. Jahrhundert) errichtet. Die

Zadar
PKW - Fährpier
Ancona-Pier
Istarska obala
Brčica
Jeliča
Danila
B. Petranonica
Br. Bilsić
Trg tri bunara
Bedemi zadarskih pobuna
Liburnska obala
Karamana
Divnica
Bianchinija
Knezova Subica Bobirskin
Trg Sv Krševana
Trg Sv Stošije
Trg Sv Frane
Simuna Kozicica
Široka ulica
Zelini Trg (Forum)
Madijevaca
Vran-janin
Varoška
Zadaeskog mira 1358
Obala Kralja P. Kresimira IV
Mihovila
Kanal von Zadar
0
200 m
6
7
8
9
10
11
12
13
14
15
16
17

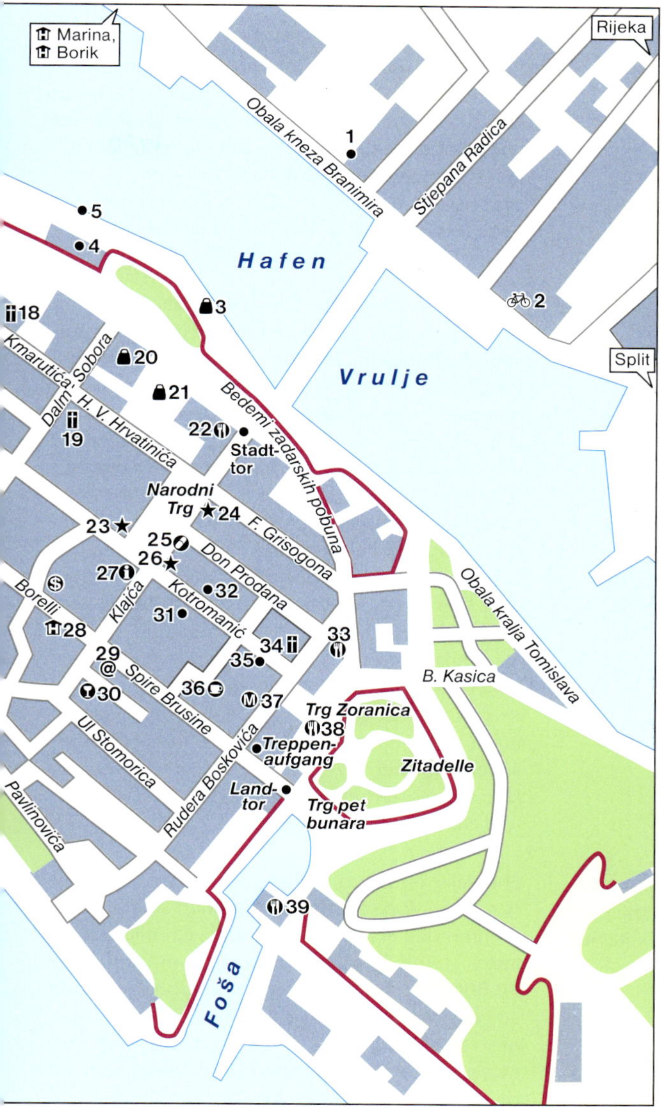
Marina,
Borik
Rijeka
Split
Obala kneza Branimira
Stjepana Radica
Hafen
Vrulje
1
2
3
4
5
18
19
20
21
22
Stadt-
tor
Kmarutića
Dalm. Sobora
H. V. Hrvatinića
Bedemi zadarskih pobuna
Narodni
Trg
23
24
25
26
27
28
29
30
31
32
33
34
35
36
37
38
39
F. Grisogona
Don Prodana
Kotromanić
Borelli
Klajća
Spire Brusine
Ul Stomorica
Rudera Boskovića
Pavlinovića
Obala kralja Tomislava
B. Kasica
Trg Zoranica
Treppen-
aufgang
Zitadelle
Land-
tor
Trg pet
bunara
Foša

mittlere der drei Seitenkapellen im Erdgeschoss beherbergte einst den Hauptaltar, eine Treppe führt an der Innenseite der Kapellmauer hinauf zur beeindruckenden Galerie. Sv Donat dient heute keinen liturgischen Zwecken mehr, wegen der hervorragenden Akustik werden hier gelegentlich **klassische Konzerte** abgehalten.

• Der **Eintritt** beträgt 8 K/Person, auf den benachbarten Campanile (56 m) mit tollem Blick über Zadar 5 K.

Sv Stošija

Unmittelbar neben Sv Donat steht die zwischen dem 12. und 14. Jahrhundert errichtete **romanische Kathedrale** Sv Stošija (Anastasia). Die drei Portale des semizyklischen Vorbaus führen in das Innere der dreischiffigen Basilika, deren Seitenschiffe zahlreiche wertvolle Reliquien bergen, u.a. die der *Hl. Anastasia,* die hier auf Anweisung des Bischofs *Donatus* von Zadar ihre letzte Ruhestätte fand. Das Hauptschiff führt zum erhöhten Altarbereich mit Baldachin von 1332 sowie dem original venezianischen Chorgestühl aus dem 15. Jahrhundert. Der abgesetzte, 56 m hohe **Campanile** wurde im 15. Jahrhundert begonnen und erst im 19. Jahrhundert nach dem Vorbild der Kathedrale von Rab fertig gestellt. Im rechten Seitenschiff existiert ein Zugang zum Innenhof des Gesamtareals mit den Grundmauern eines frühmittelalterlichen Baptisteriums aus dem 6. Jahrhundert; von hier gibt es Verbindungsgänge zur Donat-Kirche und zur Kathedralsakristei.

Archäologisches Museum

Ebenfalls am Forum, gegenüber Sv Donat, öffnet das Archäologische Museum, erbaut auf den Fragmenten des ursprünglichen erzbischöflichen Palastes, seine Pforten. Die Sammlung von **über 80.000 Exponaten lokaler und regionaler Funde** aus der Jungsteinzeit bis ins Mittelalter untermalt die historischen Eindrücke zu Zadar. Das liegt zum einen an der aufgelockerten Darbietung, zum anderen an den konkreten Inhalten zur liburnischen

1	Agentur Atlas	23	Stadtwache
2	Eurobike	24	Patrizier-Palast
3	Fischmarkt	25	Apotheke
4	Jadrolinija	26	Stadtloggia
5	Ugljan-Pier	27	Ti
6	Schnell- und Personenfähren	28	Apartman Borelli
7	Busbahnhof	29	Internet-Café & Landkarten
8	Jadrolinija-Hauptstelle	30	Studentenkneipen
9	Agentur Rimanic	31	Arsenal
10	Franziskanerkirche	32	Agentur Croatia Express
11	Sv Stošija	33	Pet Bumara Rest.
12	Sv Donat	34	Sv Simun
13	Post	35	Agentur Turisthotel
14	Sv Marija	36	Café Plaza
15	Archäologisches Museum	37	Nautisches Museum
16	Agentur Kompass	38	Konoba Skoblar
	Konsum Supermarkt	39	Foša
17	Seefahrts-Museum		
18	Sv Krševan		Banken
20	Meggi-Supermarkt		
21	Markt		
22	Atrij		

Nördliches Dalmatien

(1. Jahrtausend v. Chr.), römischen (2. Jahrhundert v. Chr. bis 5. Jahrhundert n. Chr.) und insbesondere altkroatischen (8. bis 11. Jahrhundert) Kultur der Region Dalmatien, die in keinem anderen Museum des Landes so konzentriert zu finden sind.

- **Öffnungszeiten:** Mo bis Fr 9–13 und 17.30–21, Sa 9–13 Uhr, So geschlossen, die benachbarte Schatzkammer (Sakralna Umjetnost) hat tgl. 10–13 und 18–20 Uhr (So nur vormittags) geöffnet.
- **Eintritt:** 12 K.

Sv Marija

Unmittelbar neben dem Museum steht das **Benediktinerinnenkloster** Sv Marija mit der gleichnamigen dreischiffigen Klosterkirche aus dem spä-

174nd08 Foto: wl

ten 11. Jahrhundert. Das im Zweiten Weltkrieg stark in Mitleidenschaft gezogene Bauwerk wurde jüngst umfassend restauriert, insbesondere die aufwendigen spätbarocken Stuckornamente im Inneren. Durch das polierte weiße Gestein wirkt die Kirche außergewöhnlich lichtdurchflutet. Das Kloster beherbergt eine **kunsthandwerkliche Feinschmiede-Ausstellung** zum Thema „Gold und Silber von Zadar" mit zahllosen wertvollen Sakralgegenständen und Kirchengemälden venezianischer Meister. Legenden zufolge wurden die Kunstschätze in den 1940er Jahren unter dem Klosterfundament vergraben und überstanden so den Krieg unversehrt.

Gospa od Zdravlja

Am Ende der Ulica Bianchinija (Trg Tri Bunara) steht die kleine **Kapelle** Gospa od Zdravlja mit einem wertvollen Sakralkunstwerk dalmatischer Skulpturkünstler, einem von Marmorengeln flankierten **Marienbildnis** aus dem späten 16. Jahr-

Die weitläufige Uferpromenade von Zadar

hundert im vergitterten Altarbereich. Die Kapelle wurde 1990 zerstört, mittlerweile aber wieder vollständig restauriert.

Sv Frane

Geht man vor der Kapelle Gospa od Zdravlja die kleine Gasse Ul. Tri Bunara entlang, erreicht man das **Franziskanerkonvent** Sv Frane, im 13. Jahrhundert im gotischen Stil errichtet. Die Kirche, ohne Seitenschiffe gebaut, wirkt weiträumig und schlicht. Auf der rechten Seite ist eine Statue des Ordensheiligen *Franziskus* zu sehen, im Hauptaltarbereich ein Franziskusgemälde aus dem 18. Jahrhundert von *G. Pitteri.* Die nur auf Anfrage zu besichtigende Ordensschatzkammer birgt Kruzifixe und Sakralmalereien, die im Laufe der Jahrhunderte zusammengetragen wurden. Rechts der Kirche liegt der Klosterbereich mit einem atriumähnlichen Innenhof und Grabplatten ehemaliger Ordensbrüder an den Säulengängen.

Altstadtgassen und Sv Mihail

Vom Franziskanerkloster sind es nur wenige Schritte zur parkähnlichen **Uferpromenade Obala Kralja Krešimira IV** mit Blick auf die vorgelagerten Inseln des Zadar-Archipels. Der Promenade folgt man südwärts bis zur **Ul. Stomorica** und wendet sich Richtung Altstadtmitte. Durch nette Gassen mit zahllosen kleinen Straßenkneipen und Cafés erreicht man die **Ul. Brušine** mit der kleinen Kirche Sv Mihail, deren stille Schmucklosigkeit und kühler Marmor in angenehmem Kontrast zu den lebhaften Innenstadtgassen stehen.

Landtor und Bastion

Die Ul. Brušine weiter in südlicher Richtung entlanggehend, achte man linker Hand auf einen Treppendurchgang, der zur alten Bastion oberhalb des **Landtores** führt. Letzteres wurde 1553 vom Venezianer *Sanmicheli* erbaut und gilt als wichtigstes Renaissancedenkmal Zadars. Unverkennbar sind die beiderseits des Portals angebrachten venezianischen Löwen sowie der *Hl. Chrysogon,* der städtische Schutzheilige. Auf der **alten Bastion** sind die fünf Brunnen zu sehen, welche dem offenen Platz den Namen Trg Pet Bunara verleihen. Die Bastionsmauern selbst, Mitte des 16. Jahrhunderts erbaut, dienen heute als **kleiner Park** mit Aussicht über den inneren Yachthafen Foša.

Sv Šimun

Von der Bastion aus überquert man den Trg Zoranica und steht unvermittelt vor der rötlich-ockerfarbenen Kirche Sv Šimun aus dem 14. Jahrhundert. Zentrales Kunstwerk im Inneren ist der **Sarkophag des Hl. Simeon,** gefertigt 1377 auf Anordnung der Gattin des ungarisch-kroatischen Königs *Ludwig I.* Den Sarkophag zieren – neben der liegenden Simeon-Figur auf dem Deckel – hauptsächlich Darstellungen monarchischer Ereignisse wie der Einzug *Ludwigs* in Zadar oder das Wappen des Hauses *Anjou,* dem *Ludwig* entstammt.

Narodni Trg

Neben dem Forum stellt der inmitten der Altstadt gelegene Narodni Trg **(Volksplatz)** den Mittelpunkt Zadars dar. Hier wurden die bedeutendsten weltlichen Bauwerke der venezianischen Epoche, etwa die **Stadtloggia** (1565 von *Sanmichele* erbaut) mit ihren für die Renaissance so markanten pseudorömischen Doppelsäulen oder die **Stadtwache** mit dem typischen Uhrturm aus dem Jahre 1562, erbaut. Im Inneren der Stadtwache ist heute die ethnografische Sammlung Zadars untergebracht. Das relativ moderne **Rathaus** entstammt der italienischen Besatzungszeit. Auf dem Platz verkaufen lokale Künstler Aquarelle und Radierungen – es lohnt sich zu handeln!

Uferpromenade

Unbedingt empfehlenswert ist ein Spaziergang entlang der Uferpromenade **Obala Kralja** mit schönem Blick auf die vorgelagerte Inselwelt (Ugljan, Pašman) und mit einigen interessanten Hinweistafeln, etwa zu dem berühmten Filmregisseur *Alfred Hitchcock* und dessen Aufenthalt in Zadar. Das hier ausgestellte und sehr bekannte Hitchcock-Porträt stammt von *Ante Brkan.*

Transport und Verkehr

Bahnhöfe

Von der Fußgängerbrücke (Altstadtseite) der Uferstraße Obala Tomislava rund 1,5 km folgen bis zur Zagrebačka, dann rechts bis zur Kreuzung mit der Ante Starčevića; hier liegen **Bahnhof und Hauptbusbahnhof** nebeneinander; **Stadtbusse** (Linien 2 und 4, ca. alle 10–15 Min., 5.40–23 Uhr) verbindet den Busbahnhof mit der Bushaltestelle Liburnska Obala (Jadrolinija-Büro) auf der Altstadt-Halbinsel.

Bus

Alle anderen Routen – Langstrecke wie auch in andere Stadtteile (insbesondere zu den Campingplätzen) – werden nur vom genannten Hauptbusbahnhof aus befahren. **Tgl. angefahren werden** von 5–22 Uhr: Mostar 10x, Biograd 16x, Nin 20x, Petrčane 12x, Sukošan 17x, Vrsi 10x, Dubrovnik/Makarska/Ploče 10x, Trogir und Split fast durchgehend alle 30 Min., Zagreb/Nordkroatien 30x (Zagreb 105 K), Korčula 1x (22.30 Uhr).

Innenstadt- und Regionalbusse sind weiß, die Innenstadtbusse halten außen vor dem Busbahnhof.

Bahn

Die Bahnverbindungen sind sehr bescheiden. Im Bahnhof (Tel. 023-333444) gibt es ein Infobüro, eine Wechselstube sowie ein Ausflugsbüro, Fahrkarten bekommt man an dem gelben Schalter in der Ecke. Bei den Zügen handelt es sich in aller Regel nur um **Zubringerzüge bis Knin,** wo dann umgestiegen werden muss.

Fähre

Das **Hauptbüro** der Fährgesellschaft **Jadrolinija** liegt zwischen den Ancona- und Inselfähren bei Pier (Vez) 2 und ist Mo bis Fr 7–21 und 23.30–1 Uhr, Sa 7–2 Uhr und So 7–12 und 14–1 Uhr geöffnet. Eine kleine Verkaufsstelle gibt es zudem bei Pier 7 (z.B. für Ugljan).

Das **Ticketbüro** für die Inseln (Tel. 023-254800, www.jadrolinija.hr) liegt genau gegenüber der Zufahrt der Ugljan/Dugi-Otok-Anlegestelle. An den

Sommerwochenenden wird diese Zufahrt ziemlich chaotisch; am besten man parkt in der (richtigen!) Warteschlange und besorgt dann während der Wartezeit das Ticket; tgl. geöffnet von 7 Uhr bis ca. Mitternacht.

Die üblichen **Autofähren** („Trajekt") zu den vorgelagerten Inseln sind (zumindest in der Hauptsaison) sehr zahlreich: Ugljan/Pašman und Dugi Otok, aber auch kleinere Inseln wie Molat oder Šilba, werden ebenso wie Städte in Istrien/Kvarner Bucht angefahren (siehe Tabelle).

Ferner gibt es reine (Schnell-)**Personenfähren** zu den Häfen Ilovik, Olib, Silba, Rivanj, Rava, Žverinac, Molat, (Brgulje, Zapuntel), Ist, Premuda, Sestrunj, Božava, Iž, Lošinj und Pula – allerdings nicht unbedingt täglich, sodass sich eine vorherige Anfrage zu den Verbindungen schon vor der Anfahrt nach Zadar lohnt, entweder bei Jadrolinija Zadar (Tel. 023-212003, Fax 385-23-311151), in der Zentrale in Rijeka (Fax 385-51-211485) oder unter www.jadrolinija.hr bzw. www.miatours.hr für einige Katamaran-Linien. Hier erfährt man alle aktuellen Fährverbindungen und -preise.

Flugzeug

Eiligen Reisenden bietet der 13 km östlich des Zentrums gelegene **Flugplatz Zemunik** (www.zadar-airport.hr) Anbindung an das Luftnetz mit rund zehn nationalen Flügen täglich; das Büro von **Croatia Airlines** liegt in der Poljana Nodila 7 (Tel. 023-314272, Fax 314835). Jeweils abgestimmt auf Ankunft/Abflug pendelt ein städtischer Linienbus zwischen Altstadthaltestelle, Busbahnhof und Flugplatz.

Auto

Durch das Schild „Trajekt" (Fähre) wird man automatisch ins Zentrum geleitet; es empfiehlt sich aber, sofern man nicht zu einer Fähre möchte, in der Obala Branimira gegenüber der Altstadthalbinsel zu **parken** (kostenlos). In der Stadt selbst kosten Parkplätze per Parkscheinautomat 3 K pro Stunde.

Fährverbindungen ab Zadar zur Hauptsaison

Hafen	Insel	Fährart	Abfahrt/ Frequenz	Preis p.P.	PKW[3]
Brbinj	Dugi Otok	Trajekt	09:00, 12:30, 16:30, 20:00	2,75	17,75
Zaglav	Dugi Otok	KAT	05:30, 10:00, 15:30, 20:00	2,50	
Sali	Dugi Otok	KAT	05:30, 10:00 15:30, 20:00	2,50	
Božava	Dugi Otok	KAT	i.d.R. 1 mal tgl.nachmittags	2,35	
Preko	Ugljan	Trajekt	05:00 - 24:00, 18 mal	2,20	11,00
V. & M. Iž	Iž	KB	14:00, 16:30	2,80	19,00
Bršanj	Iž	Trajekt	15:15	2,35	17,00
Rava	Rava	KB	14:00, 16:30	2,80	19,00
Mala Rava	Rava	Trajekt	Di, Do, Sa 15:15	2,80	19,00
Ošljak	Ošljak	Trajekt[1]	11:30, 14:45	2,30	
	Ist - Olib - Šilba - Premuda - M. Lošinj	Trajekt	09:00	2,75 (Ist) - 5,65 (Lošinj)	17,50 - 26,50
	Olib - Šilba - Premuda	KAT	Tgl. nachm., So 2 mal	Je 2,30	
Zapuntel	Molat	KAT	11:00, 16:30	02,30	
Brgulje	Molat	Trajekt	14:05	2,60	17,00
	Rivanj - Šestrunj - Zverinac - Molat	Trajekt[2]	i.d.R. täglich 10:00	1,90 (R, S) 2,30 (Z, B)	17,00
Pula	via Šilba, Ilovik, Lošinj, Unije	KAT	16:00	5,60 - 16,00	

Trajekt = KFZ-Fähre, KB = Klasični Brod (bis 7,5 t),
KAT = Katamaran (Personenbeförderung)
[1]Ošljak: autofreie Insel, wird mit der Ugljan-PKW-Fähre angefahren
[2]keine Fahrzeugentladung in Rivanj und Zapuntel
[3]PKW-Preis beinhaltet den Fahrer,
alle Preise in Euro (Hauptsaison, sonst -25%)

Touristische Infrastruktur

Infos

- **Touristeninformation Zadar,** Narodni Trg, Tel. 023-316166, nur von Mai bis Oktober tgl. Mo bis Fr 8–24 Uhr, Sa/So 9–13 Uhr geöffnet.
- Die offizielle Website ist **www.grad-zadar.hr,** sie ist aber leider nur in kroatischer Sprache abgefasst. Die Seite **www.zadar.hr** ist auf Englisch und beinhaltet auch Teile des Umlandes.

Agenturen

Tickets (Flug/Bahn/Bus), **Unterkunft, Leihfahrzeug, Ausflüge** aller Art (z.B. Kornaten, Plitvice, Kajak) usw. bieten u.a. folgende Agenturen (allgemeine Infos auch unter www.fortuna-zadar.com):

- **Atlas,** Obala Branimira 12, Tel. 023-235850, Fax 235772, atlas@zadar.net.
- **Croatia Express,** Široka Ul., Tel. 023-250502, Fax 250499, www.croatiaexpress.com, schräg gegenüber vom Donat, hier auch Wechselstube usw.
- **Kompass,** Široka Ul., Tel./Fax 023-251892, kompas-zadar @zd.htnet.hr.
- **Rimanis,** A. Paravije 11, Tel. 023-332500, Fax 332500.
- **Croatia Airlines,** Poljana N. Nodila 7, Tel. 023-250094.
- **Miatours,** Tel. 023-251222, Liburnska Obala 3, neben dem Jadrolinija-Büro, vermietet auch Fahrzeuge.

Unterkunft

Es bieten sich nur zwei Varianten an: entweder die Unterkunft in einem der recht günstigen Privatzimmer über eine der Touristenagenturen oder eines der Hotels im Stadtteil Borik (Stadtbus Nr. 5 ab dem Busbahnhof), die unter **www.hoteliborik.hr** reserviert werden können.

- €**Jugendherberge Centr Omladinski,** Obala K. Trpimira 76, Tel. 023-331145, Fax 331190, zadar@hfhs.hr, an der Marina von Borik-Puntamika (Stadtbus/Fährpiers in der Altstadt: „gelbe" Linie Richtung Puntamika oder „hellrote" Linie Richtung Friedhof = Gradsko groblje). Anmeldung 3 Wochen vorher erforderlich; 120 K/Person, 2-, 4- und 6-Bettzimmer.
- Zentral in der Altstadt liegt das €€**Apartman Borelli,** Borelli 6, Tel. 098-9387731. Renoviert und modernisiert, allerdings kein Seeblick.
- €€€**Aparthotel Donat,** M. Radovana 7, Tel. 023-206500, Fax 332065, prodaja@hoteliborik.hr. Zimmer und kleine Apartments.
- Am oberen Ende der Preisskala rangieren die **Hotels** €€€€**Novi Park,** Tel. 023-206636, Fax 332065, prodaja@hoteliborik.hr, in Seenähe am Campingplatz, und €€€€**Barbara,** gleiche Tel./Fax/Mail, mit eigenem Casino.

- Zwischenübernachtungen wie auch längere Aufenthalte können schon in Deutschland organisiert werden, z.B. in der €€€**Pension Stanić,** kleiner Familienbetrieb, 250 m vom Ufer in Zadar entfernt, www.pension-stanic.de, Tel. in Deutschland 07251-56862. Leser bestätigen einen vorzüglichen Abholservice vom Busbahnhof/Hafen.
- Ähnliches bietet die €€€€**Villa Ivana** (Tel. 023-335871, www.villa-ivana.com) im Distrikt Puntamika (s.o., Jugendherberge). Direkt am Meer, herrlicher Blick über die Inselwelt und sehr zu empfehlen, wenn man eine Stadtrandlage in Zadar sucht. Nicht ganz billig, und auch nicht für Familien/Gruppen (2er- bis 3er-Apartments).

Camping

Das €€**AC Borik,** Tel. 023-332074, Fax 332065, ist der beliebtere Platz von Zadar, da sich das Freizeitangebot im €€**AC Punta Bajlo,** Tel. 023-22336, Fax 436728, auf Tennis beschränkt (Busanbindungen siehe Jugendherberge).

Essen & Trinken

- Am Marktplatz bietet das kleine **Bufet Pod Redemom** Erfrischungen.
- Am Trg Zoranica (bei den fünf Brunnen) liegen gleich mehrere nette, kleine Cafés/Pizzerien – besonders empfehlenswert ist hier die **Café-Bar Kolona,** zu erkennen an der markanten (pseudo-)römischen Säule. Sehr gut speist man hier auch im **Pet Bunara** (Tel. 023-224010), je nach Saison sind neben leckeren Pizzen auch gegrillter Thunfisch oder Tintenfische erhältlich.
- Zünftig kroatisch speist man in der **Konoba Marival** am Narodni Trg.
- Die **Konoba Martinac** (mittlere bis gehobene Kategorie) am Trg Tri Bunara (Papavije 7, Tel. 023-211645) mit schöner Innenhofterrasse tischt tgl. von 11–23 Uhr ausgezeichnete Rissotto- (40 K), Fisch- (45–50 K) und Muschelgerichte auf.
- Das **Café Plaza** in der Režnica zieht eher jugendliches Publikum an.
- An der Promenade bietet die **Pizzeria Zadar** (sehr schöner Blick auf die Inselwelt) Suppen für 15 K, Bier für 12 K, Pizza für 30–35 K, Schinken oder Käse für 40 K und ein vorzügliches Pfeffersteak für 80 K.
- Eine ganze Reihe kleiner und uriger **„Studentenkneipen“,** die meist aus nicht mehr als einem Brett an der Hauswand bestehen, häufen sich in der Varoška Ul./Ul. Stomorica.
- In der gehobeneren Preisklasse darf besonders das **Restaurant Atrij** am großen Stadttor hervorgehoben werden, welches neben hervorragenden dalmatischen auch internationale Gerichte kreiert.
- Für sehr gute kroatische Fischspezialitäten sei das **Foša** außerhalb der Zitadellmauern am Yachthafen empfohlen.

Aktivitäten

- Auf den **Campingplätzen** im Ortsteil Borik bzw. am dortigen Strand werden **Tretboote, Surfbretter** usw. verliehen.
- **Ausritte** arrangiert das **Horse Riding Center Zaton** (www.horse-center-libertas.hr); auch Kutschfahrten und Reitschule sind im Angebot.
- **Kino Pobjeda** (Altstadt, schräg gegenüber vom Narodni Trg), 2x wöchentlich fremdsprachige Filme im Original.
- Zwischen Trg Tri Bunara und Kapetanija findet man im **Arsenal** eine Mischung aus **Kunstgalerie, Café und Verkaufsstelle** für lokale dalmatische Produkte aller Art.
- Segler finden **zwei Marinas:** Ul. I. Mestrovića/Obala Branimira, Tel. 023-430430, Fax 312500 (mehr für heimische Mitglieder), sowie die neuere Marina Borik, Kneza Domagoja 1, Tel. 023-333036, Fax 331018, www.tankerkomerc.hr, 500 Liegeplätze, Charter, Reparaturen, Snackrestaurant.
- **Tauchen: Zadar Sub,** Dubrovacka 20, Tel. 023-214848, oder **Diveclub Zlatna Luka** in Bibinje, Tel. 023-261413, info@diving-zlatnaluka.net.
- **Leihräder** (interessant für die Mitnahme auf Inseln für Nicht-Motorisierte) und Ersatzteile bietet günstig gelegen die **Fa. Eurobike** in der Kneza Branimira 6c (gegenüber der Altstadt), Tel. 023-241243.

Sonstiges

- **Post:** Ul. Šimuna Kožičića, Mo bis Sa 7–21 Uhr. Hier gibt es auch schöne uund preiswerte Ansichtskarten.
- **Bank/EC-Automaten:** u.a. Dalmatinska Banka, Trg Sv Stošija; Hypo-Adria Banka, Ul. M. Klaića; Torgovačka Banka, Ul. M. Boreli, Zagrebačka Banka (hinter dem Seetor) und Splitska Banka, Ul. P. Borc V.
- Entlang der Ausfallstraßen (Richtung Nin und Split) findet man zahlreiche riesige **Supermärkte,** u.a. Kaufland (beschildert; mit EC-Automat und Wechselstube). Ein kleinerer Konsum-Supermarkt (Mo bis Sa 7–21, So bis 20 Uhr) befindet sich zentral in der Široka Ulica.
- Einfache Snacks und zahllose regionale Spezialitäten (Ziegen-/Schafskäse, Schnäpse) findet man auf dem **Markt** (Bäckereistände, halbe Hähnchen, Burek- und Käsestände, vormittags frischer Fisch usw.).
- **Izbor Internet-Café** am Trg Tri Bunara.
- **Erste Hilfe:** Medizinisches Zentrum Zadar, Tel. 023-315677, Stadtbusse 2 und 4.
- **DM-Drogerie** im Innenhof neben dem Konsum-Minimarkt (Široka Ul.); nebenan **Buchhandlung Knjige.**

Südlich von Zadar

Ab Zadar in südlicher Richtung beginnt das eigentliche dalmatische Festland. Hinter den hässlichen Petro-Werken unmittelbar an der Küstenstraße (hier auch sehr großer Supermarkt) folgt nach den **Vororten Sukošan** (Abzweigung zum Flughafen) und **Turanj** (kleiner Strand, Campingplatz €€AC Jadran, Tel. 023-388644) der ruhige **Badeort Sveti Filip i Jakov,** beschildert als „Apartmansko Naselje" (Apartment-Siedlung).

Die weitere **Strecke bis Šibenik** wird im übernächsten Kapitel „Zwischen Zadar und Šibenik" behandelt.

Zu der Zadar vorgelagerten **Inselwelt** siehe im nächsten Kapitel „Die norddalmatische Inselwelt".

Infos, Agenturen

- Auskünfte und Organisationshilfen zu dem recht jungen Touristenort Filip i Jakov gibt die **Touristeninformation Filip i Jakov,** Tel./Fax 023-389071.
- **Agentur Sirena,** Obala Tomislava 2, Tel./Fax 023-389147, www.sirena-tours.hr.
- **Agentur Koima,** über Zagreb: Remetinečka 77, Tel. 01-6556667, Fax 6556888, apartmani@apartmani-hrvatska.com.

Unterkunft, Camping

Im Dorf um die Pfarrkirche „Philip und Jakob" aus dem 16. Jahrhundert mit seinen angenehmen Kiefernwäldern hat der Unterkunftssuchende die Wahl:

- €€**Hotel Mayica,** Tel. 023-388471, Fax 388470, ilirija@zd.t-com.hr.
- €€**Croatia,** Tel. 023-290100, Fax 388667, atn-croatia@zd.hi-net.hr.
- €€**AC Dardin,** Tel. 023-388960, Fax 388607, sowie drei weitere kleine Camps.

183nd08 Foto: wl

Nördliches Dalmatien

184nd08 Foto: wl

Die norddalmatische Inselwelt

Allgemeines

Legende

„Und als der Herr die Gestaltung der Erde beendet hatte, bemerkte er, dass von den Naturschönheiten, die er der Erde zugedacht hatte, noch eine ganze Reihe übrig geblieben waren. Der Herr blickte auf sein Werk und war erstaunt über das tiefblaue Meer, welches er kurz zuvor unter dem Saum Südeuropas versteckt hatte. Also nahm er die restliche Naturpracht und ließ sie in der Adria fallen" – so entstand einer Legende nach die Landschaft des norddalmatischen Inselarchipels.

Tipp: Es empfiehlt sich, **vor einem Wochentrip auf die Inseln noch einmal günstig einzukaufen,** da die Preise auf den Inseln doch etwas höher liegen als in den Supermärkten des Festlandes. Für die Anreise per Fähre siehe die Tabelle bei Zadar.

Insel Olib

Autofreie Insel

Das **25 km²** große Olib liegt etwa mittig zwischen der Insel Lošinj und Zadar, wird aber nur von Letzterem aus per Fähre angefahren und führt daher ein eher stiefmütterliches Dasein im norddalmatischen Fremdenverkehr. Die Inselform ähnelt der ihrer bekannteren Schwester Silba, nämlich der einer Eieruhr mit dem Hauptort im Mittelpunkt. Olib wurde im 15. Jahrhundert als **Fluchtinsel vor den Türken** von Kroaten besiedelt und begann unter dem Lokaladel zu prosperieren (Oliven, Wein, Schafzucht). Mit den Wirren des Ersten Weltkriegs setzte eine umfangreiche Auswanderungswelle, vorwiegend nach Nordamerika, ein – heute leben nur rund 180 Menschen auf Olib. Den Reiz der Zurückgezogenheit auf der autofreien Insel kennen bislang vorwiegend kroatische Besucher vom Festland.

Bild auf den Seiten zuvor: Inseln zwischen Dugi Otok und Ugljan

Sehenswert ist im Ort Olib die **Pfarrkirche Sv Marija,** die um 1785 an eine noch heute sichtbare Kapelle angebaut wurde. Das Innere birgt ein schlichtes Holzkreuz, welches von Pater *Cetinjanin,* dem Anführer der Flüchtlinge des 15. Jahrhunderts, nach Olib gebracht worden war. Auf der Südwestseite stehen die Reste des alten Klosters Sv Ante Opata, das 1948 aufgegeben wurde.

Transport & Verkehr

Personenfähre Zadar – Olib 1–2x tgl., ca. 5 Uhr ab Olib, 14 Uhr ab Zadar; Olib – Silba und Premuda 1–2x tgl. außer So (meist 4.30 und 17 Uhr); Olib – Molat nur Mi 4.20 Uhr; Olib – Mali Lošinj nur Mi und Sa. Genaue Informationen über die oft wechselnden Zeiten erhält man im Touristenbüro am Hafen.

Infos

- **Touristenbüro am Hafen,** Tel. 023-370162, Mo bis Sa 16.30–20.30 Uhr, vermittelt auch Privatzimmer.

Sonstiges

- Die (noch) einzige offizielle **Pension Amfora** (Tel. 023-376010) liegt am Hafen, ebenso wie **Post, Laden** und **Marktstände.**
- Kühle Getränke bietet die **Konoba Plavnik** am Hafen, gute Lokalküche gibt es in der **Gostionica Olib.** Gehobenere Küche wird im Seglertreff **Gostionica Amfora** geboten, ebenfalls am Hafen.
- Bargeld vorher tauschen – bislang war in der Dorfpost **kein Geldwechsel** möglich!
- Gute **Bademöglichkeiten** bestehen unmittelbar in der **Bucht von Olib-Stadt** (befestigt) sowie in der zu Fuß in gut 15 Minuten erreichbaren **Bucht Slatinica** auf der Ostseite (Sand).

Insel Silba

Beliebte Insel

Das **15 km²** große Silba unterscheidet sich – von der Form einer Eieruhr mit Hauptort im Mittelpunkt abgesehen – sehr stark von der Nachbarinsel Olib. Während Olib hinsichtlich Vegetation und Kultur die Nähe zum kargen Pag widerspiegelt, zeigt Silba deutliche Ähnlichkeiten zu Lošinj: eine einst reiche **Seefahrer- und Kapitänsinsel** mit milderem Klima und gepflegtem Bewuchs, nur in geringem Umfang landwirtschaftlich genutzt.

Mit dem Untergang der Segelschifffahrt – Anfang des 20. Jahrhunderts lagen im Hafen noch 200 inseleigene Segler vor Anker – folgte eine Umstellung auf den „Durchreisetourismus“ zu See von Mali Lošinj nach Zadar. Heute gilt Silba als beliebteste nordwestliche Insel des Archipels von Zadar. Die bekannteste Sehenswürdigkeit ist der **„Liebesturm“**, ein schlanker, hexagonaler Aussichtsturm, den ein ortsansässiger Kapitän im 18. Jahrhundert seiner Liebsten errichtete, damit sie sein Schiff überall auf dem Meer erspähen könne!

Transport & Verkehr

Die Schiffsverbindungen sind recht komplex, auch die Abfahrtszeiten variieren je nach Jahreszeit. **Personenfähre** 1x tgl. von/nach Zadar, dasselbe Boot fährt 2x wöchentlich von/nach Mali Lošinj. 3–5x wöchentlich (im Sommer Mo bis Fr) **Pkw-Fähre** von/nach Zadar (2x wöchentlich von/nach Mali Lošinj).

- **Auskunft und Buchung** im Jadrolinija-Büro am Fährhafen (Tel. 023-370010, tgl. 6–12 Uhr sowie vor den Abfahrtszeiten) oder bei der Mik-Agentur im Ort.

Agentur

- **Zimmer und Ferienwohnungen** vermittelt die **Agentur Mik,** Tel./Fax 023-370030, tgl. 8.30–20.30 Uhr.

Sonstiges

- Gastronomisch haben etliche **Cafés und Restaurants** kulinarische Leckerbissen im Angebot, besonders empfehlenswert sind das **Nautic** für Fischgerichte und die **Pizzeria Jadran** nebenan.
- Im Ort sind alle touristisch wichtigen Einrichtungen vorhanden (alle in der Nähe des Liebesturms): **Post, Erste-Hilfe-Station, Läden** usw.
- Die **Disco Bar Skipper** lädt ein zu Tanz und Musik, zudem gibt es Spieltische und ein angenehmes Freigelände, 22–3 Uhr.

An der malerischen Küste von Molat

Insel Molat

Viele kleine Buchten

Unterholz und Baumschulen wie auch die zerklüftete Küste prägen das Landschaftsbild der **23 km²** großen Insel Molat, deren rund 230 Bewohner sich auf die Orte Molat, Bruglje und Zapuntel verteilen. Sie leben ausschließlich von **Schafzucht, Ackerbau, Fischfang und Tourismus.** Seit 1409 venezianisch, wurde Molat an die Adelsfamilien von Zadar als Lehen vergeben, was das faschistische Italien 1941–1943 „aus historischen Besitzgründen" zum Anlass nahm, hier ein Konzentrationslager zu errichten. Heute ziehen die vielen kleinen Buchten **Angler, Segler und Badefreunde** an. Autoverkehr ist auf Molat rar, alle Ziele werden ausschließlich zu Fuß erschlossen.

Knapp drei Viertel der Inselbewohner leben im **Hauptort Molat,** wo man Post, Bäckerei, Minimarkt, Apotheke mit Erste-Hilfe-Station sowie Ferienwohnungen (€-€€, am Hafen) findet. Mehrere kleine Kies- und Sandbuchten an der Nordseite sind in wenigen Gehminuten erreichbar – auf dem

013da Foto: wl

Weg passiert man das ehemalige italienische Konzentrationslager.

Das „landwirtschaftliche Zentrum" **Brgulje** bietet zwei Kneipen, einen Minimarkt sowie eine Hand voll Privatzimmer (€). Zehn Gehminuten unterhalb des Dorfes liegen die kleine Marina sowie mehrere Kies- und Sandbuchten. Am Pier legt die Fähre Zadar – Polat an, aber nicht immer!

Der drittgrößte Weiler auf Molat besteht aus **Zapuntel** und dem etwas unterhalb gelegenen Hauptfährpier **Polat.** Beide Teilorte haben je eine Dorfschenke zu bieten.

Transport & Verkehr

Tgl. außer samstags **Pkw-Fähre** von/nach Zadar, zusätzlich 1x tgl. **Personenfähre.**

Insel Ist

Autofreie Insel

Vom 174 m hohen **Straža** blickt eine kleine Kapelle seit Urzeiten über das **10 km^2** große autofreie Ist. Während man auf anderen Inseln vorwiegend Ackerbau und Viehzucht betreibt, leben die 280 verbliebenen Seelen auf Ist seit Jahrhunderten vom **Fischfang.**

Transport & Verkehr

Regelmäßige **Personenfähre** von/nach Zadar (1–2x tgl.) via Molat und Zapuntel, 3–4x wöchentlich **Pkw-Fähre** von/nach Zadar.

Sonstiges

- **Tauchschule Ist-Diving,** Tel. 023-372444, www.ist-diving.com, ist auch bei der Buchung von €-€€Privatunterkunft behilflich.
- Wichtigste Anlaufstelle im 140-Seelen-Dorf ist neben der Tauchbasis das **Restaurant Maestro,** dessen Besitzer große Pläne für den in den Anfängen begriffenen Tourismus hat: Neben dem Lokal und dem **Turist Biro** (Tel. 023-372419, Fax 372464) betreibt er auch den Tennisplatz und vermittelt €€Ferienwohnungen/Zimmer.
- Der kleine Ort verfügt über **Post, Erste-Hilfe-Station,** ein paar **Läden,** mehrere **Restaurants** und schließlich eine **Marina** für die vielen Segelsportfreunde (Meldung im Turist Biro).

191nd08 Foto: wl

- **Bademöglichkeiten** gibt es in den kleinen Nachbarbuchten (Kies/Fels) des einzigen Dorfes der Insel, Wassersportmöglichkeiten bietet die Tauchschule (s.o.).

Inseln Ugljan und Pašman

Allgemeines

Durch eine Brücke verbunden

Die beiden lang gestreckten, Zadar und Biograd vorgelagerten **Inseln Ugljan (50,2 km², 7650 Einwohner)** und **Pašman (57 km², 3500 Einwohner)** sind durch eine Brücke miteinander verbunden und werden von vielen Touristen gleichsam „in einem Aufwasch" besucht. Pauschal gesprochen kann man sagen, dass Urlauber bevorzugt auf Ugljan wohnen, ohne dass die Insel dabei überlaufen oder sehr touristisch wirkt, wohingegen Pašman einen eher einsamen Eindruck macht.

Franziskanerkloster in Ugljan-Stadt

Da zahllose Bewohner in den genannten Festlandsstädten Arbeit fanden, wurde eine **sehr gute Fähranbindung** geschaffen, die es auch dem Reisenden ermöglicht, gegebenenfalls spontan und ohne große Vorplanung Ugljan-Pašman zu besuchen. Die übrigen Inselbewohner leben von der **Landwirtschaft** (Wein, Feigen, Oliven, Früchte), wobei die Fruchtbarkeit von Nord nach Süd abnimmt, was auch die deutlich dünnere Besiedlung auf Pašman erklärt.

Das **Landschaftsbild** ist von hügeligen Waldbereichen (Nadel- und Laubgehölz) auf Ugljan und Nord-Pašman geprägt, die Südhälfte Pašmans weist vorwiegend kräuterbewachsene Karstlandschaften auf. Höchste Erhebungen sind der **Škah (286 m)** auf Ugljan sowie der **Bakoli (274 m)** auf Pašman, wobei auf beiden Inseln jeweils die Fest-

192nd08 Foto: wl

landseite mit den Siedlungen flach, die Südwestküste steil abfällt.

Viele Kroaten aus Zadar und Biograd haben ein Landhäuschen auf den Inseln errichtet und verbringen ihren Urlaub oder die Wochenenden dort, vermieten aber auch an Touristen. Es steht daher eine **Vielzahl an Unterkünften,** allerdings nur wenige Hotels zur Verfügung; Touristen nehmen oft auch mit den zahlreichen Campingmöglichkeiten im Nordosten vorlieb.

Auf Pašman geht es deutlich ruhiger zu als auf Ugljan; eine (gut markierte) Jeeppiste führt südlich der Hauptstraße auf dem Höhenzug die gesamte Insel entlang von Tkon bis Ždrelac – ideal für Wanderer, Mountainbiker und Liebhaber einsamer Buchten. Besonders für Wanderer und Biker auf der Suche nach den weniger befahrenen Nebenwegen empfiehlt sich die ausgezeichnete **Karte** „Island Ugljan/Pašman Trekking & Mountain Biking" (1:20.000), die von der regionalen Tourismusbehörde (www.zadar.hr) herausgegeben wird und bei den örtlichen Touristeninformationen (manchmal gegen eine kleine Gebühr von 1–2 Euro) erhältlich ist. Nicht ganz so gut, aber durchaus brauchbar ist die ebenfalls dort erhältliche kostenlose Karte „Ugljan Trekking and Biking", die nur die Insel Ugljan abdeckt (Ausdruck unter http://tz.preko.hr/en/slike/bstazeV.jpg).

Geschichte

Seit der Antike besiedelt

Beide Inseln waren schon in der Antike besiedelt, sowohl illyrische als auch römische Ruinen zeugen davon. Die heutigen Siedlungen entstanden im Mittelalter als **Fluchtorte während der Türkenkriege.** Da das Festland weiträumig in türkischer Hand war, dienten die Inseln gleichzeitig auch als „ausgelagertes Ackerland" der Bewohner von Bio-

Wegweiser auf dem Wanderweg Panoramski Put auf Pašman

grad und Zadar. Vornehmlich Ugljan war mit Pinienwäldern, Feigenbäumen, Weinbergen und Olivenhainen bedeckt und verdankt seinen Namen dem seit Jahrtausenden aus den einstmals über 100.000 **Olivenbäumen** gewonnenen aromatischen Öl.

Die Geschichte der Doppelinsel weist übrigens interessante Parallelen zu Cres-Lošinj in der Kvarner Bucht auf, da dort wie auch hier die **Inseln ursprünglich miteinander verbunden** waren. Der heutige Kanal an der flachsten Landstelle entstand erst im späten 19. Jahrhundert, um den Schiffsverkehr zwischen den Inseln zu ermöglichen. In den 1970er Jahren schließlich verband man Ugljan und Pašman wieder mittels einer (kostenlos befahrbaren) Brücke.

Von Pašman stammt übrigens der auf Gesuch des UN-Kriegsverbrechertribunals in Den Haag im Dezember 2005 auf Teneriffa verhaftete General *Ante Gotovina*.

Ein allgemeiner **Hinweis für Badefreunde:** Viele Ortschaften verfügen über Badeplattformen und liegen an der Nordostseite der beiden Inseln (Richtung Zadar), während südwestseitig Steilküsten mit teilweise schwer zugänglichen, meist unerschlossenen kleinen Felsbuchten locken.

Noch eine kleine Merkwürdigkeit zu Ugljan: Auf der Insel nimmt man es nicht immer so genau mit der **Kfz-Zulassung,** auffallend viele Autobesitzer haben ein „Faible“ für nordamerikanische Fantasiekennzeichen entwickelt.

Transport und Verkehr

Fähre

Zwei Fähren bieten von Juni bis September eine **gute Verbindung zu den Inseln:** Zadar – Preko (Pkw mit 2 Personen; 12–18x tgl., ca. 13 Euro) und Biograd – Tkon (Pkw mit 2 Personen; 8–13x tgl., ca. 9 Euro); Fahrzeit jeweils eine knappe halbe Stunde (siehe auch die Übersichtstabelle auf der nächsten Seite).

Inseln Ugljan - Pašman
Zadar
Ugljan
Preko
Kali
Kukljica
UGLJAN
PAŠMAN
IŽ
Sali
DUGI OTOK
Naturpark Telašćica
Nationalpark Kornaten
KORNAT
Žut
Sukošan
Biograd na Moru
Sveti Filip i Jakov
Turanj
Pašman
Tkon
Bibinje
Sv. Jerolim
Sv. Mihovil
Sv. Donat
Hafen
Sv. Petar
Sv. Kasijan
Sv. Ante
Sv. Kuzma i Damjan
Franjevački samostan
Panoramski Put
PKW Dugi Otok
PKW-Fähre
4 km

Bus

Öffentliche Busse verbinden, auf die jeweiligen Fährzeiten abgestimmt, **alle Inselorte beider Inseln und beide Fährpiers.** Die Übersicht gibt die Abfahrtszeiten in den Hauptorten wieder; Preisbeispiele: Preko – Ugljan und Preko – Kukljica je 9 K, Preko – Tkon 19 K. Für einen Tagesausflug nach Zadar sollte man mit dem Bus zur Fähre fahren; Info-Tel. 023-211555.

Ugljan

Recht gute Infrastruktur

Der Fischerort Ugljan ist keinesfalls der Hauptort der Insel, bietet allerdings eine recht breit gefächerte touristische Infrastruktur. Er erlangte durch zwei Anlagen einige Bekanntheit: einmal durch das **Franziskanerkloster Sv Franje** von 1430 auf der Nordseite am Ufer (für die Öffentlichkeit zu besichtigen nur von 16–17 Uhr), dann durch die **Landzunge Muline mit römischen Ruinen,** von denen etliche noch unter Wasser liegen und zum beliebten Ziel für Taucher wurden.

Fährverbindungen von/nach Ugljan/ Pašman

Preko - Ugljan	*Ugljan - Preko*	*Preko - Kukljica*
6:00[1], 6:50, 8:00, 10:00, 12:00, 14:00, 15:15[1], 16:00, 17:10[1], 18:30, 19:50, 21:10	5:15[1], 6:20, 7:20, 9:20, 11:30, 12:45, 13:55[1], 14.50[2], 16.40[1], 18:00, 19:20, 20:40	6:00[1], 6:25[1], 7:15[1], 8:00, 10:00, 12:00, 14:00, 15:15, 16:00, 17:10, 18:30, 19:50, 21:10
Kukljica - Preko	***Preko - Tkon***	***Tkon - Preko***
5:15[1], 6:15, 7:30[1], 7:45[2], 9:45, 11:45, 13:20, 15:15, 16.50, 18:05, 19:30, 20:45	6:25[1], 8:00, 10:00, 12:00, 14:00, 15.15, 17:10, 18:30, 19:50, 21:10	4:45[1], 5:50, 7:15, 9:15, 11:15, 12:50, 14:45, 17:30, 18:55, 20:15

[1]nur werktags

[2]nur am Wochenende und an Feiertagen

Richtung Muline am T-Ende rechts fahrend, kommt man gleich links zu einem (beschilderten) Feldweg, der zum ummauerten „Schlösschen" oder **„Dvorac Califfi"** genannten einstigen Landsitz der Adelsfamilie *Beršić* führt (heute im Privatbesitz des ehemaligen Basketballstars *Krešimir Ćosić*). Ein Stückchen weiter (nächster Weg rechts) lohnt ein kurzer Abstecher zur **Allerheiligenkapelle,** die einsam mitten auf der Landzunge steht.

Infos, Agentur

- Die **Touristeninformation,** Tel. 023-288011, www.ugljan.hr, Mo bis Sa 8–21 Uhr, So 8–12 und 18–21 Uhr, mit Zimmervermittlung und sehr guten Karten zu Ugljan liegt am kleinen Platz im Zentrum neben der Agentur Galius.
- Die **Agentur Galius,** Tel. 057-288011, vermietet Boote (Ugljan bietet einige Bootsliegeplätze), vermittelt Unterkünfte und bietet Tagesausflüge zu den Kornaten an.

Unterkunft, Camping

Zu Ugljan zählen heute auch die Vororte Uvala Činta/Čeprljanta (südlich) sowie Batalaža und Sušica (nördlich) mit zahlreichen Unterkünften und auch Campingplätzen.

- Das einfache €**Hotel Ugljan** direkt an der Promenade im Zentrum, Tel. 023-288024, Fax 288004, hotel-ugljan@zd.t-com.hr, bietet preiswerte Zimmer ab 35 Euro und verleiht auch Fahrräder. Das Hotel bietet außerdem einige Ganztagesausflüge auf dem Festland (Plitwitzer Seen, Kornaten, Bergpark Paklenica und Krka-Fälle) an.
- Wenige Meter weiter Richtung Kloster wohnt man sehr schön am Ufer in der €€**Villa Oleandar** (Tel./Fax 023-288025, zug@zug.hr), die zu einer kleinen kroatischen Hotelkette gehört.
- Im Bereich Uvala Činta/Čeprljanta findet man hauptsächlich private Apartmentvermieter, etwa €€**Dajana Šarin** (Tel. 023-288014, dajana.sarin@ugljan.hr) mit Ferienwohnungen für 2–5 Personen oder €**Denis Karlović** (Tel. 023-288354, deniza.herenda1@zd.t-com.hr), bei dem bis zu 8 Personen die Ferien verbringen können.
- Sehr empfehlenswert nördlich des Zentrums ist die €€**Restaurant-Pension Stari Dvor** (Tel. 023-288688, www.staridvor.hr) im Bezirk Batalaža. Sehr schön und ufernah kommt man hier auch bei **Draga Židov** unter (Handy 091-2527057, www.apartmani-ena.com).
- Der noch weiter nördlich gelegene Abschnitt Sušica wird hauptsächlich von Campern des €**AC Porat** (Tel. 023-288318, www.megaone.com/campporat) und des €**AC Mekelenić** (Tel. 023-288105, marinko.mekelenic@zd.t-com.hr) frequentiert. In toller Lage direkt am Meer findet man hier auch €€Ferienwohnungen für 2–4 Personen bei

Nenad Funčić (Tel./Fax 023-288646, nenad-petar.funcic @zd.t-com.hr).

● Abgesehen von den großen offiziellen Autocampingplätzen bieten einige „Minicamps" ohne Komfort etliche Stellplätze rund um Ugljan: **Marijo** (Tel. 023-288172), **Batalaža** (Tel. 023-288153), **Pavlešina** (Tel. 023-288102) und **Stipanić** (Tel. 023-288035).

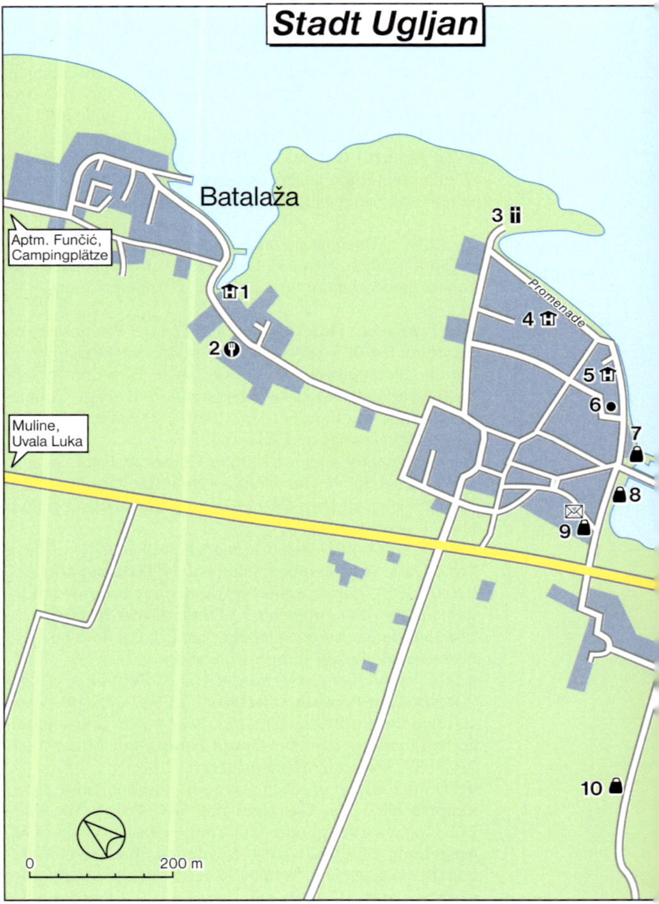

Essen & Trinken

- Als die Nummer Eins vor Ort im Zentrum von Ugljan behauptet sich derzeit das **Apollo** (Tel. 023-288394) mit schöner Terrasse direkt am Ufer.
- Gute und günstige Gerichte serviert die kleine **Pizzeria Jazina** an der Ortszufahrt bei der Post.
- Kleine Erfrischungen bietet die **Café-Bar Azur** (Tel. 023-288253) neben dem Minimarkt am kleinen Marktplatz.

- Auf der anderen Seite der Dammbrücke liegt die sehr schöne **Cocktailbar Ritam** mit Spielmöglichkeiten (Billard, Tischfußball) – gemütlich, kleine Snacks, Blick auf Zadar und das Kloster.

Aktivitäten

- **Tauchbasis Ugljan,** Tel. 023-288022, diving.center.ugljan@zd.t-com.hr.
- **Fahrradverleih** im Hotel Ugljan und bei der Tauchschule, außerdem findet man in Muline (Plaža Luka) einen Moped-, Rad- und Bootsverleih (Handy 098-1842793).
- **Angelausflüge/Sportfischen** bietet **MB Pišmolj** (Tel./Fax 023-288105) im AC Mekelenić an.
- **Baden:** Die besten **Strände** liegen beim Kloster (Sand), beim verfallenen Hotel Zadranka (befestigt) sowie bei den zahlreichen kleinen Campingplätzen in Ortsrandlage. Im Ort selbst kann man auch an der befestigten **Promenade** einen Sprung ins kühle Nass wagen.

Sonstiges

- An der Ortszufahrt liegen **Post** (mit Wechselstube, Mo bis Sa 8–12 und 17.30–21 Uhr), **Sonic-Minimarkt** (tgl. 6–22, So 6–13 Uhr) und die **Metzgerei Rehrana** (tgl. 7–12 und 18–20 Uhr), vor der Fußgängerbrücke findet täglich vormittags ein kleiner **Frischwarenmarkt** (auch Zeitungskioske) statt.
- Ein größerer **Getränke- und Minimarkt** (beschildert „Diskont Bure Commerce") liegt landseititg der Inselhauptstraße zwischen Čeprljanta und Ugljan.
- **Kreiskrankenhaus Čeprljanta,** gegenüber der Ortszufahrt (beschildert), Tel. 023-286179.
- **Geldautomat** neben der Touristeninformation.
- **Kartentelefon** vor der Post.
- **Internet-Café Cyber caffe,** Tel. 023-288253.

Lukoran – Sutomišćica

Buchten nördlich von Preko

Die beiden Buchten nördlich von Preko werden bislang **kaum von Reisenden frequentiert** und bieten auch keine großen Besonderheiten. Eine neue Verbindungsstraße schließt Lukoran an Sutomišćica an, so dass mittelfristig auch hier eine gewisse touristische Infrastruktur entstehen wird. Bislang gibt es in Lukoran nur **bescheidene Bademöglichkeiten** (befestigte Plattform), deutlich empfehlenswerter ist das größere Nachbardorf Sutomišćica.

Sonstiges

- Sehr beliebt ist in Sutomišćica das **Restaurant Lantana** in einem restaurierten Landsitz aus dem 17. Jahrhundert (Tel. 023-268264). Abendliche klassische Klaviermusik, Gemüse aus eigenem Anbau sowie heimische und internationale Spezialitäten versprechen einen gediegenen und entspannten Abend.
- **Campingmöglichkeit** besteht im €**Camp Novi** in Lukoran (Tel. 023-284090, am Ufer rechts beschildert).

Poljana

Tourismus am Anfang

Der **kleine Fischerort** Poljana liegt **unmittelbar vor Preko** und bemüht sich derzeit, ein wenig von dem touristischen Segen dort abzukriegen. Eine neue Badeplattform, Kinderspielplatz, das Bistro Garofulin (Tel. 023-268328, mit Pizza-Lieferservice), die Spaghetteria Moka (Tel. 023-282404), ein Minimarkt und eine Dorfpost (hier Telefonzelle) bilden das kleine Infrastrukturgerippe, das nach dem Ausbau der Uferstraße nach Sutomišćica deutlich erweitert werden soll.

Preko

Ugljans Hauptort

Angesichts des gegenüberliegenden Zadar (kroat. *preko* = gegenüber) nimmt sich Ugljans Hauptort Preko (rund 1700 Einwohner) bescheiden aus, er bietet aber eine ganze Reihe touristischer Annehmlichkeiten (einzige Tankstelle der Doppelinsel!). Sehenswert sind die **romanische Johanneskirche** aus dem frühen 13. Jahrhundert sowie die vergleichsweise lebhafte **Uferpromenade.**

Transport & Verkehr

Autofähren verbinden Preko mit Zadar von 5.30–24 Uhr etwa 18x tgl. (Pkw mit Fahrer ca. 11 Euro, 2,20 Euro/Person). Der Fährpier liegt etwa 1 km südöstlich und ist mittels einer Uferpromenade an das Zentrum angebunden (Pkw müssen weit außen herumfahren).

Abgestimmt auf die Fähren bestehen drei **Buslinien** von/nach Ugljan, Kukljica und Tkon (siehe Übersicht oben).

Infos, Agentur

- Die **Touristeninformation** (Auskünfte zu Fähren, Bussen und Unterkunft) liegt rückwärtig auf Höhe der Badeinsel Galovac zentral an der Promenade; Tel. 023-286108.
- Neben Jadrolinija (am Pier, ca. 15 Gehminuten vom Zentrum) bietet die **Agentur Rušev** (Tel. 023-286085) im Zentrum Auskünfte, Ausflüge und Unterkunftsvermittlung.

Unterkunft

- Für den Fall einer Zwischenübernachtung bietet sich das angenehme €€**Hotel Preko** an, Tel. 023-286041, Fax 286040, hotelpreko@coning.hr. DZ zwischen 25 und 70 Euro (je nach Saison); hier auch Radverleih.
- **Vinko-Apartments,** Tel. 023-286080, web@promjena.com. 2 Personen 25 Euro, 3–4 Personen 30 Euro/Tag.
- Etwas erhöht und mit tollen Blicken bis Zadar wohnt man auch in den **Apartments Štulec,** Tel. 023-286073, apartmani_stulec@net.hr.

Essen & Trinken

- Für Erfrischungen und einen Espresso bietet sich die **Café-Bar Luna** an der Uferpromenade an.
- Die **Café-Bar Kobra** (direkt auf das Inselchen blickend) mit Cocktails und Poolbillard zieht mehr die Jugend an.
- An der Promenade Richtung Fähre findet man die **Konoba Petrina** (Tel. 023-286860) mit dalmatischen Spezialitäten wie Muschel- und Krebsplatten, aber auch Nudelgerichten, Pizzen und Salaten.
- Das **Restaurant Jardin** (Tel. 023-286358) bei der Post bietet internationale Küche in der gehobenen Preisklasse.

Aktivitäten

- **Badefreunde** lockt die angenehme und nett angelegte **Uferanlage Plaža Jaz** (Duschen, Liegeflächen, Spielplatz, Beachvolleyball), die 2006 die „Blaue Flagge" für außerordentlich gute Strandanlagen erhielt.
- Ansonsten kann man zur kleinen, unmittelbar vorgelagerten **Badeinsel Galovac** mit ihrem alten Franziskanerkloster schwimmen (es sind keine 100 m) oder eine **Wanderung zur Bergfeste Sv Mihovil** (gut 1½ Stunden) unternehmen.

Sonstiges

- Für Selbstversorger bieten sich ein **Sonic-Supermarkt, zwei Metzgereien** (tgl. 6.30–12 und 18–20 Uhr), eine **Bäckerei** sowie ein **Obst- und Gemüsemarkt** direkt im Zentrum an. An der Anlegestelle (knapp 2 km außerhalb) findet man **Minimarkt, Bank mit Bankomat, Tankstelle,** Grillhähnchen (44 K) und Frischfischverkauf.
- **Radverleih** direkt neben der Touristeninformation sowie beim Hotel Preko.
- **Bank** (Nova Banka) und **Post** liegen im Zentrum an der Promenade.
- **Kinderhüpfburgen** an der rechten Landzunge bei der Post.
- **Internet-Café Mediastar** (Tel. 023-286649) im Zentrum an der Promenade, tgl. 16–22 Uhr; auch Spielhalle.

203nd08 Foto: wl

Festung Sv Mihovil und Bucht Uvala Svitla

Sv Mihovil

Höchste Erhebung auf Ugljan ist an der Südwestseite der Insel der **286 m hohe Berg Škah,** in dessen Nähe die Reste der alten venezianischen Festung Sv Mihovil (Hl. Michael) auf 260 Höhenmetern stehen. Über die Festung ist relativ wenig bekannt, im 11. oder 12. Jahrhundert sollen Benediktinermönche eine Abtei des *Hl. Michael* gegründet haben, die im 13. Jahrhundert von den Venezianern übernommen und zur Festung ausgebaut worden sein soll. Später wurde sie verlassen und zerfiel teilweise, heute nutzen Mobilfunkgesellschaften und das Militär die Anlage als „Schüsselhalter". Von den Mauern bietet sich dem Besucher ein **herrlicher Blick** sowohl nach Zadar (beste Sicht nachmittags) als auch bis hinüber nach Dugi Otok (vormittags).

Großartige Aussicht von Sv Mihovil bis Zadar

- **Sv Mihovil,** Eintritt frei, unbedingt empfehlenswert. Die Anfahrt ist sehr gut beschildert, das Teersträßchen bis zum Parkplatz oben kann gut befahren werden, alternativ bieten sich auch Wanderungen ab Preko an; Einzelheiten findet man unter www.preko.hr und auf den oben genannten Detailkarten.

Uvala Svitla

Auf halbem Weg hinauf zur Festung weisen Schilder auf eine **Badebucht** („Plaža") (Wanderwege 3 und 4) hin. Man kann diesen Pisten (mit Pkw nur vorsichtig) bis zu einer kleinen Parkfläche folgen und dort dem Pfad hinunter zur Uvala Svitla, einer bei Einheimischen beliebten Badebucht mit Bootsanlegestelle (sehr ruhig, keine Bewirtschaftung).

Kali

Zwei Fischerhäfen

Die **größte und vermutlich älteste Gemeinde Ugljans** erstreckt sich beidseitig der Inselhauptstraße, wobei der alte, die Hänge hinunter gebaute Ortskern nordostseitig liegt, ein kleines Industriegebiet dagegen südwestseitig. Kali hat zwar noch keinen größeren touristischen Aufschwung erlebt, spielt aber dennoch eine herausragende Rolle auf Ugljan. Der traditionelle Fischerort verfügt nämlich gleich über zwei Fischereihäfen, einen älteren im Altort sowie einen neueren auf der Südwestseite der Insel. Eine **Muschelzucht** sowie eine Fischfabrik siedelten sich an und bieten wichtige Arbeitsplätze für die Inselbevölkerung.

Der von engen Einbahngässchen geprägte Ort hat keine Attraktionen an sich zu bieten, für den Reisenden kommt ein Besuch des traditionellen **Fischerfestes** am zweiten Augustwochenende in Betracht (Banderolen beachten).

Sonstiges

!

- Die **Touristeninformation** für Auskünfte und Unterkunftsvermittlung findet man an der Durchfahrtsstraße nahe Zebrastreifen (Tel. 023-282406; nebenan EC-Automat), ein **Sonic-Minimarkt** liegt ebenfalls an der Durchfahrtsstraße (etwa Ortsmitte).
- Im Zentrum des Altortes verteilen sich ein **Minimarkt,** die **Café-Bar Riva,** die **Café-Bar Bubalo** an der Kirche Sv. Lovre sowie ein paar **Obst- und Zeitungsstände.**

- Die beste (bescheidene) **Bademöglichkeit** ist in der kleinen **Bucht Kali-Lamjana** gegeben, wo auch die örtliche Fischfabrik/Muschelzucht am Ende der Bucht steht.

Kukljica

Gute Infrastruktur

Das alte Bootsbau- und Fischerdorf Kukljica bietet heute eine gut ausgebaute touristische Infrastruktur mit zahlreichen preiswerten Apartments/Zimmern, einem netten Marktplatz sowie reihenweise guten und preiswerten Restaurants entlang des Hafenbeckens. Die meisten Touristen steigen im Ferienkomplex Zelena Punta ab (mit eigenem Strand, Bootsliegeplätzen und Tenniscourts).

Wandern 1

Küstenpfad Kukljica – Kali: Als kleine Wanderung mit Bademöglichkeit bietet es sich an, von der **Gnjojišća-Bucht** (die Seite mit dem kleinen Sprungturm, dort links) im Bezirk Zavrh immer am Ufer entlang bis zur **Kapelle Sv. Jerolim** (bis dahin recht guter Fußweg) zu gehen. Unmittelbar hinter der Kapelle liegt die nette **Kostanj-Sandbucht** (Bademöglichkeit), dahinter – die Treppenstufen landeinwärts hinauf – kann man dem Pfad bis Kali an der Küste entlang folgen (insgesamt 5,5 km, ca. 1½ Std.).

Wandern 2

Kukljica – Sabuša – Kapelle Gospa Snježna: Hinter dem Marktplatz folgt man der Beschilderung „Plaža Velika Sabuša" durch die schrebergartenähnliche Wohnsiedlung von Kukljica etwa 10 Minuten bis zum Zebrastreifen an der Inselhauptstraße. Auf der anderen Straßenseite geradeaus am Friedhof vorbei erreicht man nach weiteren 10 Minuten die **Sabuša-Bucht,** wo man sich links am Ufer entlang hält. Am Ende der Bucht wird der Fußweg zu einem dünnen Wald-Uferpfad, der sich immer wieder dicht am Ufer entlang (manchmal schwer zu sehen!) bis zur **Villa Kunčabok** erstreckt. Vor dieser am Meer gelegenen Villa muss man (noch vor den Mauern!) 30 m „querfeldein" landeinwärts bis zum breiten Zufahrtsweg vor dem Anwesen gehen. Diesem folgt man bis zu einem T-Ende und wendet sich nach links bis zur Hauptstraße, der man wieder links etwa 10 Minuten aufwärts folgt. In einer lang gezogenen Kurve zweigt dann auf der Anhöhe ein Feldweg nach rechts ab, dem man etwa 15 Minuten hinunter bis zur Kapelle Gospa Snježna am **Ždrelac-Kanal** folgt (da dieser Abschnitt an einem Schrottplatz vorbeiführt, plant die Gemeinde einen alternativen Fußweg, der 200 m vorher von der Hauptstraße rechts abführen soll; dieser ist zwar schon auf den offiziellen Karten eingezeichnet, bislang aber nicht in natura vorhanden!).

Von der Kapelle führt der Weg immer am Ufer entlang in ca. 30 Minuten zurück nach Kukljica. Die gesamte Wanderung dauert ca. 90 Minuten (reine Gehzeit).

Infos

- Auskünfte über Privatunterkünfte (ab 150 K/DZ) erteilt das **Turist Biro,** Tel./Fax 023-373276, www.kukljica.hr, am Hafen Richtung Zelena Punta (links), tgl. 8–21 Uhr.

Unterkunft

- **Touristenkomplex €€Zelena Punta,** Tel. 023-373337, Fax 373545, www.zelenapunta.com, preiswert: 350–450 K pro Bungalow. Mehrere Restaurants, Tauchschule, Ausflugsangebote (Fischpicknick, Kornaten usw.), Spielplatz, Badeplattformen usw., am Ende des Ortes schön im Wäldchen gelegen.

206nd08 Foto: wl

- Die €€**Pansion Anđelka,** Tel. 023-373411, am Marktplatz (beschildert), bietet 8 DZ (Ü/F 44 Euro) sowie ein Studioapartment für 48 Euro.
- Fast eine Institution ist in Kukljica die sehr beliebte Apartmentvermieterin €€**Marija Ugarković,** Tel. 023-373346, dunja.frkovic@ri.t-com.hr. Im Juli/August kostet der Tag 375 K/4er-Apartment, 260 K/2er, sonst 25 % Rabatt.
- Unmittelbar am Ufer wohnt man sehr schön bei €€**Rino Vojvodić,** 2–5 Personen, Tel. 023-373373, rino.vojvodic@zd.t-com.hr.
- An der Promenade Richtung Zelena Punta bietet Bruder €€**Mladen Vojvodić** unterschiedliche Ferienwohnungen für 2–6 Personen an (Tel. 023-373636, auffälliges Haus mit 8 Balkonbögen).
- Den Clan vervollständigt €€**Marijana Vojvodić** mit Studios/Apartments für 2–4 Personen, Tel. 023-373301, marko.vojvodic@zd.t-com.hr, alle mit ähnlichen Preisen.
- Sehr schöne €€€**Ferienwohnungen** für 2–6 Personen bietet auch die **Familie Mavra,** alle Einheiten mit Klima, Telefon und Sat-TV sowie einem kleinen Kinderspielplatz; Tel. 023-373603, venko.mavra@zd.t-com.hr.

Essen & Trinken

- Sehr empfehlenswerte Lokale sind u.a. das **Kod Barba Tomé** (Tel. 023-373323) für Fisch (Thunfischsteak, frittierte Sardellen usw., mittlere bis gehobene Preisklasse) links neben der Touristeninformation sowie das **Stari Mlin** (mittlere Kategorie, Tel. 023-373304) wenige Meter weiter. Direkt nebenan werden im **Zaglav** (Tel. 023-373585) tellergroße Pizzen zu günstigen Preisen gebacken.
- Sehr gute Küche bietet auch das **Ciao Ciao** (Tel. 023-223732) mit Platten für 2 Personen und tellergroßen Pizzen; günstige Preise und angenehmes Ambiente.

Aktivitäten

- **Bademöglichkeiten** existieren reichlich rund um die **Sabuša-Bucht** (beschildert) und die **Jelenica-Bucht** (Felsbucht, FKK), beide an der Westküste und in 20 Minuten zu Fuß vom Ort aus zu erreichen (Fußweg beschildert; keine Parkmöglichkeiten an den Buchten), sowie in der **Kostanj-Bucht** Richtung Kali; alle drei gelten übrigens offiziell als Sandbuchten. Auch im Ort selbst kann man baden, und zwar in der **Gnjojišća-Bucht** (kleiner Sprungturm) und rund um die **Landzunge Zlena Punta,** um die herum auch ein schöner **Uferrundweg** (Kukljica – Zlena Punta – Gnjojišća-Bucht – Kukljica, ca. 30 Minuten) führt.
- Als weiterer Spaziergang bietet sich der sehr einfache und flache **Uferweg zur Kapelle Gospa Snježna am Ždrelac-Kanal** (30 Minuten) mit schönem Blick auf die Brücke an (siehe auch Rundwanderung oben).

Unterwegs am Ždrelac-Kanal

Sonstiges

- Selbstversorger finden – zumindest in den frühen Vormittagsstunden – alles Notwendige auf dem kleinen **Marktplatz** vor dem **Minimarkt.** Obst-, Gemüse-, sehr früh morgens auch Fischstände, Kioske und ein Bäckereiwagen (sehr gut!) vertreiben preiswerte lokale Produkte, alles Weitere erhält man im Minimarkt. Die **Metzgerei** am Marktplatz hat tgl. 6–14.30 Uhr geöffnet.
- Für abendliche Unterhaltung sorgt die **Disco Coco's.**
- **Tauchbasis Nereida,** im Zelena Punta, Tel. 01-350432, Fax 391054.
- **Polizei** (Tel. 023-345111) und **Internet-Café Ive** (Tel. 023-373863) am Marktplatz.
- **Geldautomat am Minimarkt.**

Ždrelac

Badebuchten

Hinter Kukljica erreicht man recht bald die 210 m lange **Brücke nach Pašman.** Erste Anlaufstation ist meist das Dörfchen Ždrelac mit Post, Einkaufsmöglichkeit und einem kleinen Turist Biro, welches sehr einfache, dafür aber auch sehr günstige Zimmer und Ferienwohnungen vermittelt. Camper loben das €AC Ruža am Ortseingang zum Altort trotz des Mankos, dass es nicht unmittelbar am Meer liegt. Mehrere Badebuchten liegen beiderseits des Hafenbeckens sowie rund um den Ort (beschilderte befestigte Sträßchen), die kleine Tauchbasis Doris-Sport ermöglicht Tauchgänge.

Wer in Ždrelac Urlaub machen möchte, muss wissen, dass der Ort sich über **drei Abschnitte** erstreckt: gleich hinter der Brücke der Abschnitt **Gladuša** (hier Aufbau eines Touristenkomplexes), der 3 km entfernte **Altort** rund um den alten, kleinen Hafen sowie die **Bucht Matlovac** mit dem Strandbad 1 km weiter.

Kurz hinter der Brücke beim neuen Touristenkomplex Podgladuša findet man rechter Hand die Zufahrt zum so genannten **„Panoramski Put"** (Panoramaweg, beschildert), einem auf dem Höhenzug von Pašman entlangführenden Feldwegsystem von Ždrelac bis Tkon. Über diesen Weg sind wunderschöne Buchten an der Südwestküste erreichbar (u.a. Lanđin, Žinčena, Sv. Ante, Soline);

diese Wege kann man nur eingeschränkt und sehr vorsichtig mit Pkw befahren – für Wanderer und Mountainbiker sind sie wie geschaffen.

Unterkunft

- Schöne **Ferienwohnungen** (UG behindertengerecht) mit Pool in Ždrelac bietet beispielsweise **Werner Geiselsöder,** 91325 Adelsdorf, Hans-Rebhan-Str. 1, Tel. 09195-2521, bzw. in Ždrelac, Put Rogaca 1, Tel. 023-374642, www.rogaca.de, für 4–6 Personen ab 65 Euro in der Hauptsaison. Der Vermieter kümmert sich auf Wunsch auch um Transfer, Rad-, Bootsverleih und Ausflüge.
- Ebenfalls sehr hübsche Angebote findet man bei **Mladen Loncar,** Ul. Gladuša 8, Handy 098-772345, www.dina-apartmani.com mit Preisen ab 40 Euro (Hauptsaison).
- Auch **www.croliday.com** oder **www.24cro.com** vermitteln Wohnungen in Ždrelac.

Sonstiges

- Am alten Fischerhafen findet man eine Ribarnica (**Fischgeschäft,** tgl. 7–12 Uhr), **Kartentelefon, Minimarkt,** darüber die **Touristeninformation** (Tel. 023-260155, 8–12 und 18.30–20.30, So 8–11 Uhr) und die **Konoba Moka Rica.**
- Die **Ambulanz** hat Tel. 023-269298.
- Eine kleine **Dorfpost** liegt neben dem Camp oben an der Ortszufahrt, die **Busse** halten an der Hauptstraße.
- **Bademöglichkeiten** bestehen links vom Hafenbecken (kleiner FKK-Abschnitt) sowie hauptsächlich im schönen **Strandbad der Nachbarbucht Matlovac** (am Hafenbecken beschildert, enges Sträßchen) mit Wasserrutsche, Volleyballplatz und Bewirtschaftung (gute Parkmöglichkeiten sind vorhanden).

Neviđane (auch: Naviđane)

Landwirtschaft

8 km weiter auf der Inselstraße erreicht man die landwirtschaftliche Hochburg der Doppelinsel, die 450-Seelen-Gemeinde Neviđane mit einer trotz der Meereslage enormen **Schaf- und Ziegenzucht.**

Sonstiges

- Das **Turist Biro** an der Durchfahrtsstraße, Tel. 023-269239, vermittelt Privatzimmer, auch unter **www.apartmani-laguna.com** können **Ferienwohnungen** arrangiert werden.
- **Post, Minimarkt** und **zwei Gaststätten** gewährleisten eine grundlegende touristische Versorgung.
- **Bademöglichkeiten** bestehen in Sand- und Kiesbuchten Richtung Süden.

Pašman (Dorf)

Weinbau und Tourismus

Administratives Zentrum der Teilinsel Pašman ist der gleichnamige Ort (350 Einwohner), etwa mittig auf der Inselnordseite gelegen. Weinbau und Tourismus sind die Haupterwerbsquellen der schon zu illyrischer und römischer Zeit besiedelten Ortschaft. Die lange Geschichte beweisen **archäologische Funde** an der Küste, teilweise auch im Meer, deren Erschließung allerdings mangels Geldgeber noch auf sich warten lässt.

Unterkunft, Camping

- €**AC Lučina,** Tel./Fax 023-260173, in der nahe gelegenen Bucht, sehr schlichter Campingplatz.
- Nebenan liegt die €€**Pension Lučina,** Tel. 023-269381, ab 300 K/DZ.

Sonstiges

- **Turist Biro,** Tel. 023-260155, mit Ausflugsangeboten (z.B. in die Kornaten für rund 20 Euro/Person) und Zimmervermittlung.
- **Post, Bäckerei, Minimarkt, mehrere Restaurants** (Mureta, Del Oro) am Hafenbecken.
- **Bademöglichkeiten** gibt es zahlreich in der **Lučina-Bucht** sowie in den Nachbarbuchten (befestigte Badeplattform, Sand/Kies).

210nd08 Foto: wl

Tkon

Historisches Museum

Auf dem Weg nach Tkon bietet sich ein Besuch des Historischen Museums (Eintritt 5 K) **in Kraj** an, welches einen Überblick über die Funde und den Ausgrabungsstand der römischen und illyrischen Relikte auf Pašman bietet.

Tkon selbst basiert auf der Gründung des Benediktinerklosters Sv Kuzma (s.u.) aus dem 12. Jahrhundert auf dem „Hausberg" Čakovac (kroat. *čak* = Amsel).

Durch den natürlichen Hafen und die Nähe zu Biograd auf dem Festland erfuhr Tkon mit der neuen Fährverbindung eine weitere Aufwertung.

Sveti Kuzma i Dajman (Čakovac)

Das **Kloster** wurde von *Theodorus,* dem Bischof von Biograd, auf den Ruinen einer byzantinischen Vorgängerkapelle errichtet, als der ursprüngliche Ordenssitz der Benediktiner in Biograd während der Kreuzzüge zerstört wurde. Nach Auseinandersetzungen mit Venedig nahmen die Benediktinermönche weitreichende Veränderungen an der gotischen Klosteranlage vor (14./15. Jahrhundert). Die **festungsartige Bauweise** zeugt noch heute von der Schutzfunktion des Klosters, in dessen unmittelbarer Umgebung in den folgenden Jahrhunderten Fischer und Bauern, auch auf der Flucht vor den Türken, eine neue Heimat suchten. Seit dem Spätmittelalter hat sich das Kloster zu einem **Hort der glagolitischen Schriftkultur** entwickelt, die auf den norddalmatischen Inseln bis weit in das vergangene Jahrhundert hinein emsig gepflegt wurde. Das Kloster erlangte dabei eine weitreichende Autonomie, da es von Papst *Clemens VI.* mit der Übersetzung lateinischer Bibeltexte ins Glagolitische betraut wurde und somit unter höchstem Schutz stand. 1808 (Napoleonische

Das idyllisch gelegene Kloster Čakovac in Tkon

Kriege) wurde Sveti Kuzma i Damjan geschlossen, dem letzten Mönch *Petar Plestiković* gelang es aber, die Klosteranlage der österreichischen Verwaltung abzukaufen. 1849 vermachte er das Kloster der Gemeinde von Tkon, die einen Pachtvertrag mit der bekannten Touristenagentur Liburnija schloss, die heute noch etliche Buslinien in Zadar und hier auf den Inseln betreibt. Diese errichtete eine Art **Hotel/Pilgerstätte** (wie auch in Sv Mihovil/Tkon und Sv Ilija/Pelješac, Süddalmatien). Es gab sogar Pläne zur Errichtung einer Seilbahn für Touristen, die jedoch wieder verworfen wurden. 1965 wurde die Anlage wieder von den Benediktinern übernommen, heute leben hier **sechs Mönche mit Prior Bruder Jozo.** Čakovac ist damit das letzte aktive Benediktinerkloster in Dalmatien und gilt noch heute als einzigartiger Hort der glagolitischen Lithurgiesprache.

- **Sveti Kuzma i Dajman,** das Kloster kann gegen eine kleine Spende (etwa 5 K/ Person) tgl. außer So von 16–18 Uhr besichtigt werden; auch die herrliche Aussicht lohnt den Aufstieg.

Transport & Verkehr

Busanbindung Richtung Preko 9–10x tgl., abgestimmt auf die Biograd-Fähre.

Fähre von/nach Biograd von 6–22.30 Uhr mindestens 8–13x tgl., im Sommer je nach Bedarf auch nonstop; Pkw mit Fahrer umgerechnet rund 9 Euro.

Infos

- **Turist Biro,** Tel. 023-285213, an Sonn- und Feiertagen 7–12, sonst 7–21 Uhr. Vermittlung von Ausflügen und Unterkunft; gute Wander-/Bike-Karten.

Agentur

- Privatunterkunft wird in Tkon etwas seltener angeboten, die meisten Reisenden bevorzugen die örtlichen Campingmöglichkeiten. Zimmer/Apartments vermittelt die Agentur **Tourist Agency** neben dem Arka-Restaurant, die man auch unter **www.islandpasman.com** im Netz findet. Interessant ist vielleicht ein Häuschen auf einer kleinen vorgelagerten Insel für einen so genannten „Robinson-Urlaub“ (110 Euro/Tag, 5–7 Pers.). Geöffnet Mo bis Fr 8–22, Sa 7–22, So 9–20 Uhr, auch Ausflüge und Exkursionen (Kornaten usw.).

Unterkunft, Camping

- Wegen seiner flachen Sandstrände am Campingplatz und in den Nachbarbuchten wird das 1,5 km außerhalb am Inselende gelegene €€**AC Sovinje,** Tel. 023-285541, Fax 285304, sehr gerne frequentiert (FKK).
- Sehr beliebt ist auch das €€**Hotel Adriana,** Tel. 023-285017, http://geocities.com/adriana_tkon/, tbencic@vodatel.net, ca. 300 m hinter dem Ortsausgang rechter Hand.

Sonstiges

- **Minimarkt Bure, Metzgerei, Bäckerei Hajduk** (hier auch Pizzateilchen usw.), **Bankomat, Apotheke** und **Post** bieten dem Besucher rund um die Anlegestelle das Nötige für den Alltag. Die größte Bäckerei der Insel findet man in Kraj (mit Verkaufsstelle) einige Kilometer außerhalb. Das **Restaurant Arka** bietet vorzügliche lokale Speisen, sehr lecker ist der Ziegenkäse.
- Im Ort bieten viele Privaterzeuger (Schilder) **Olivenöl, Rakija** und **Wein** an.
- Die **Zufahrt zur Piste „Panoramski Put“,** die sich inlandseitig auf dem Höhenzug bis Ždrelac erstreckt, liegt direkt hinter dem Minimarkt Bure (beschildert).

Insel Iž

Einiges geboten

Obgleich nur **17 km²** groß und ohne größere Bodenschätze, Naturhäfen oder andere Anziehungspunkte, besiedelten illyrische Stämme das Inselchen Iž schon vor der Zeitenwende. Auch griechische Quellen verweisen auf eine frühe Besiedlung, die im 8. Jahrhundert kroatisch dominiert war. In der Folgezeit entwickelte sich Iž kulturell zu einer Hochburg des glagolitischen Schrifttums – noch in den 1970er Jahren schrieben die örtlichen Priester glagolitisch – und wirtschaftlich zu einem bedeutenden Seefahrerort.

Veli Iž bildet bis heute den Hauptort, das wenige Kilometer entfernte **Mali Iž** blieb ein beschauliches Fischerdorf. Die Anbaumöglichkeiten rund um den knapp 170 m hohen Korinjak beschränken sich auf **Feigen, Oliven und Wein,** ansonsten sind **Schafzucht, Fischfang und Tourismus** der Broterwerb der rund 600 Bewohner von Iž.

Iž hat kulturell einiges zu bieten; so ist das traditionelle **Töpferhandwerk** noch heute eine Teilbeschäftigung einiger Bewohner. Besonders beliebt ist das **Fest Iška Kralj** („Königssuche", Ende Juli/ Anfang August), das auf dem alten Brauch basiert, einen ungekrönten König aus den Reihen der Bewohner zu wählen, der für zwei Wochen alle Festbesucher freizuhalten hat! Ob dieser ruinösen Regelung wurde die Wahl offiziell längst abgeschafft, in touristischer Form aber im Sommer wiederbelebt.

Sehenswert ist das **Ethnografische Museum** von Veli Iž (nur Mo, Mi, Sa 17.30–20.30 Uhr, Eintritt: 8 K) mit Exponaten zur Inselgeschichte (Trachten, Handwerk usw.). Ansonsten kann man viel **wandern,** z.B. in das eine Gehstunde entfernte Mali Iž, wo sich ein Besuch der altkroatischen **Marienkirche** sowie der **Pfarrkirche Pavel i Petr** anbietet.

Transport & Verkehr

Die Anfahrt mit **Fähre** ist nur von Zadar möglich, tgl. verkehrt eine Pkw-Fähre (im Sommer 2x tgl.) zum Fährort Bršanj; Fr und So zusätzlich Personenfähre.

Infos

- Die **Informationsstelle am Hafen** von Veli Iž, Tel. 023-277021, ist für Fährtickets und Unterkunftsvermittlung zuständig.

Sonstiges

- Günstig ist das €€**Hotel Korinjak** bei der Hafeneinfahrt von Veli Iž mit Tauchschule, Tennis, Bootsverleih und Disco (Tel. 023-277064).
- Veli Iž verfügt über **Post (Geldwechsel), Ambulanz, Läden,** eine Hand voll **Restaurants** sowie eine **Marina,** Tel. 023-277186.
- In Mali Iž gibt es eine Dorfpost und die €**Pension/Restaurant Knež,** Tel. 023-277392.
- **Baden** ist **in der Nähe des Hotel Korinjak** am schönsten, ansonsten fährt man per Bootstaxi zur kleinen vorgelagerten **Badeinsel Rutnjak.**

Insel Dugi Otok

Taucher und Individualisten

Die 43 km lange, aber maximal nur 5 km breite **„Lange Insel"** nimmt die größte Gesamtfläche aller norddalmatischen Inseln ein, doch nicht einmal 3000 Bewohner sind hier heimisch. Die Insel liegt gleich einer länglichen Nudel zwischen der Insel Molat und den Kornaten, wird aber überraschend selten von westlichen Touristen als Ziel ins Auge gefasst. Dies mag daran liegen, dass Dugi Otok trotz einigermaßen guter Fährverbindungen keine „Stimmungskanone" unter den kroatischen Ferieninseln wurde – und auch nie werden wollte! Die touristische Infrastruktur nimmt sich eher bescheiden aus. So waren es bislang denn auch mehr die Taucher und Individualisten, die sich mit den einfacheren Unterkünften zufriedengeben und oft noch sehr lange von dieser vielleicht schönsten norddalmatischen Insel schwärmen. Aber: Der Zulauf steigt!

Die **Vegetation** ist nicht gerade üppig; der Nordteil weist einige Zentimeter fruchtbaren Bodens auf, was das prägende Landschaftsbild aus Hainen, Buschwerk und Sträuchern erklärt, der Südteil dagegen ist felsig und karg, so dass im Norden bescheidener **Wein- und Olivenanbau,** im Süden mehr **Fischfang und Viehzucht** den Menschen ein Auskommen ermöglichen. Touristen ermöglichen ein kleines Zubrot und sind gerne gesehen. Der **Fremdenverkehr** konzentriert sich noch immer auf Sali und Božava im Norden, weitere Orte bemühen sich redlich um eine konkurrierende Stellung.

Historisch gehört Dugi Otok – wie viele Nachbarinseln auch – zu jenem Zufluchtshort, der zwar schon in der Antike besiedelt wurde, jedoch erst während der Türkenkriege seine Bedeutung als Auffangbecken der Festlandsflüchtlinge fand.

Große Sehenswürdigkeiten sind auf Dugi Otok rar, es sind die **Ruhe** und die friedliche Landschaft, die den Gast in den Bann ziehen.

216nd08 Foto: wl

Noch eine kleine Merkwürdigkeit zu Dugi Otok: Auf der Insel nimmt man es nicht immer so ganz genau mit der **Kfz-Zulassung,** amtliche Kennzeichen sucht man gelegentlich vergebens.

Transport & Verkehr

Dugi Otok wird fast ausschließlich von Zadar aus angefahren, einmal wöchentlich besteht in Brbinj zudem Anbindung an die **Personenschnellfähre** Rijeka – Split – Dubrovnik. **Fahrzeugfähren** legen in Brbinj ab (3–4x tgl., ca. 23 Euro/Pkw und 2 Personen). Einmal tgl. fährt eine reine Personenfähre von Zadar nach Sali und Zaglav.

Ohne eigenes Fahrzeug ist eine Rundreise schwierig; ein **Pendelbus** verbindet alle Inselorte.

Achtung Selbstfahrer: Eine **Tankstelle** gibt es bislang nur im (Katamaran-)Hafen Zaglav!

Božava

Wassersport

Das von nur 150 Einheimischen bewohnte Dorf **im Norden von Dugi Otok** hat sich wegen seiner angenehmen Wassersportmöglichkeiten und der **friedlichen Idylle** zum „Touristenmagnet" entwickelt - nein, nein, es sind keine Tausende, die hier abends durch die wenigen Gassen rund um das Hafenbecken schlendern, aber der Trubel fällt eben doch auf, auch bedingt durch die große Hotelanlage.

Transport & Verkehr

Am Hafenbecken 2–3x tgl. **Katamaran** (morgens 6.10 Uhr, retour z.B. 14.45 Uhr) über Rivanj, Sestrunj und Zverinac von/nach Zadar.

Infos, Agentur

- In der Ortsmitte informieren die **Agentur Ami-Travel,** Tel. 023-377713, und die **Touristeninformation** neben der Post, Tel. 023-377607, tgl. 8–14.30 und 15–22 Uhr, So 11–14.30 Uhr, über Wissenswertes und vermitteln Zimmer und Ferienwohnungen. Auch Boote können gemietet werden.
- Internetseiten für die Unterkunftsorganisation auf Dugi Otok findet man etwa unter **www.kroadria.de** oder auch **www.adriagate.com/de.**

Unterkunft

- Im Zentrum kommt man im €€€**Hotel Maxim-Božava,** Tel. 023-291291, Fax 377682, bozava@zadar.net, unter. Es ist der wichtigste Anlaufpunkt für Wassersportler, da hier die **Tauchbasis Božava-Divers** ihre Dienste anbietet, Tel. 023-291816, tauchen@bozava.de, Kontakt in Deutschland unter Tel. 0209-9775785. Neben Hotelzimmern (ab 60 Euro/DZ) kann man auch Apartments für 2–3 Personen (ab 50 Euro) anmieten - Vorabarrangements beispielsweise unter www.adriatica.net.
- Im kleinen Weiler **Dragove** (außerhalb auf einem Hügel zwischen Brbinj und Božava) hat **Herr Vidučić** (Handy 091-7273128) einige sehr schöne kleine **Ferienhäuschen** für bis zu 6 Personen in toller (einsamer) Lage gebaut, die man unter www.dragove.com arrangieren kann.

Sali, der Hauptort von Dugi Otok

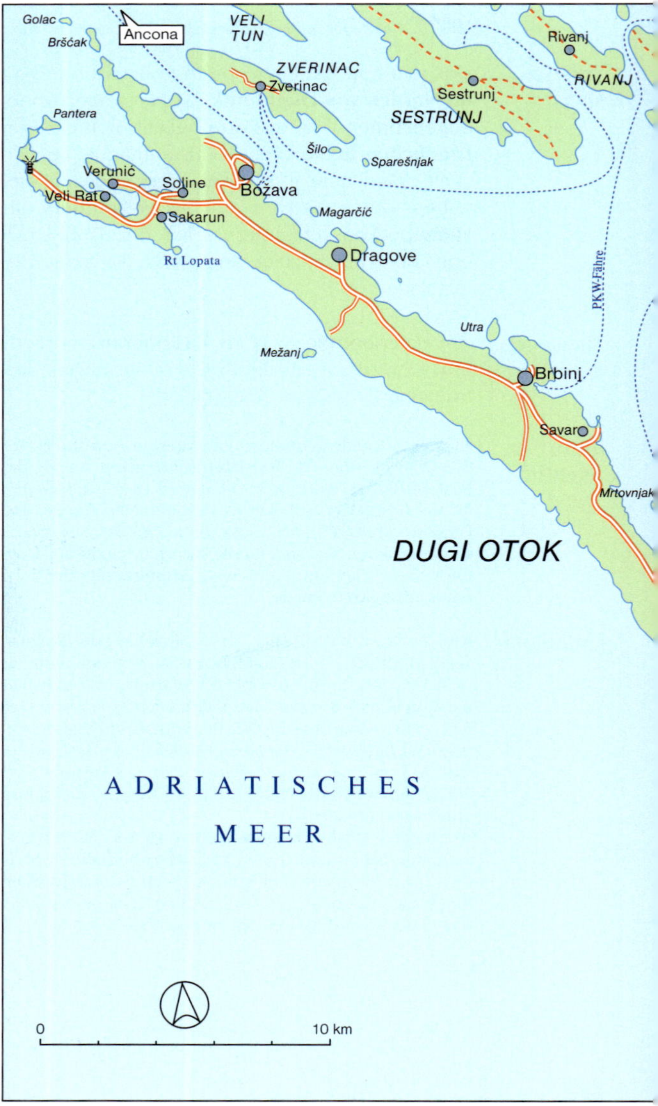
Golac
Bršćak
Ancona
VELI TUN
ZVERINAC
Zverinac
Rivanj
RIVANJ
Sestrunj
SESTRUNJ
Pantera
Šilo
Sparešnjak
Verunić
Soline
Božava
Veli Rat
Sakarun
Magarčić
Rt Lopata
Dragove
PKW-Fähre
Utra
Mežanj
Brbinj
Savar
Mrtovnjak
DUGI OTOK
ADRIATISCHES
MEER
0
10 km

Insel Dugi Otok
Muline
Ugljan
Crno
Zadar
Lukoran
UGLJAN
Bibinje
Preko
Sv. Mihovil
Iž Veli
IŽ
Kukljica
Ždrelao
Mala Rava
Iž Mali
Rava
RAVA
PAŠMAN
Panoramski Put
Vela straža
Luka
Krknata
Žman
Zaglav
LAVDARA
Sali
Kurba Mali
Naturpark Telašćica
Jez. Mir
TELAŠĆICA
KORNAT
NP Kornaten

Sonstiges

!

- **Geldwechsel** ist in der **Post** (Mo bis Sa 8–12 und 17.30–21 Uhr), im Hotel oder in der Agentur Ami-Travel möglich.
- Ein **Minimarkt,** eine **Erste-Hilfe-Station** sowie **Cafés und Restaurants** an der Promenade runden das Angebot ab. Empfehlenswert das **Velikan** nahe der Anlegestelle für sehr gute Muschelgerichte und Kalbskottelets. Eigentliche Spezialität ist allerdings Rinderlende.
- **Bademöglichkeiten** bestehen in den Nachbarbuchten (Promenade Richtung Leuchtturm), gute Sandbuchten liegen etwas außerhalb im Nordwesten. Ein kleiner **Yachthafen** ergänzt die touristische Infrastruktur.

Veli Rat

Bucht Sakarun

Wer etwas **einsamere Strandabschnitte** sucht, sollte das nähere Umland im Nordwesten von Božava erkunden; Sandstrände (mit Kies-Liegeflächen) locken in der Bucht Sakarun sowie bei Veli Rat. Beide sind nicht ganz leicht zugänglich (Richtung Leuchtturm, Feldweg nach links beschildert). Der Sakarun-Strand dürfte wohl einer der schönsten Flecken auf Dugi Otok sein, ein kleiner Kiosk bietet Erfrischungen (manchmal auch ein zweiter im Wäldchen ganz rechts).

Auch der Abschnitt rund um den **Leuchtturm** von 1849 am Ende der Halbinsel Veli Rat ist malerisch und sehenswert, zum Teil wird dort auch wild gecampt (nur Wohnmobile, Zelten verboten!).

Sonstiges

!

Zur Einkehr bieten sich der **Verona-Grill** und die **DM-Bar** in Verunić an. Hier findet man auch einen **Minimarkt** und direkt am Ufer die **Gorgonia-Apartments** (Tel. 023-378153, www.gorgonia.hr).

Orte im Inselzentrum

Brbinj

Der **Fährort** Brbinj hat ein paar Yachtliegeplätze, begrenzte Bademöglichkeiten und eine Hand voll Privatunterkünfte; ein paar Obst- und Gemüsestände sowie ein Minimarkt sorgen für bescheidene Einkaufsmöglichkeiten.

Der Leuchtturm am Ende der Halbinsel Veli Rat

221nd08 Foto: wl

Savar

Interessanter ist der Ort Savar, dessen bekannteste Sehenswürdigkeit die **vorgelagerte Friedhofsinsel** mit der altkroatischen Pelegrinus-Kapelle aus dem 13. Jahrhundert ist.

Luka

Unterhalb des höchsten Berges von Dugi Otok, des 340 m hohen **Vela Straža,** liegt das landwirtschaftliche Zentrum der Insel um den Ort Luka. Hier gibt es einen Minimarkt sowie das €€**Hotel Luka** (Tel. 023-372114), Privatzimmer sind ab 20 Euro zu haben. Beim Hotel breitet sich ein angenehmer Fels-/Kiesstrand aus, auch dem Surfsport wird hier gern nachgegangen (Verleih und Schule im Hotel). Unterkunft im Dörfchen Luka bietet außerdem die €€€**Pansion Alen** (Tel. 023-372218, www.lincarnica.com/alen/).

Žman

Interessant zum **Baden** (befestigtes Ufer), aber auch für den **Einkauf heimischer Produkte** (kleine Stände, etliche Hinweisschilder für Olivenöl, Wein, Schinken und Käse) ist das Örtchen Žman. Zimmer vermittelt die kleine Touristeninformation am Hafenbecken, eine Dorfpost (nebenan Erste-Hilfe-Station), die Schänken Marija (qualitativ die beste vor Ort), Roko und Regula und ein kleiner Minimarkt sorgen für das Nötigste. Angenehm und bei 40–50 Euro/Tag auch nicht überteuert sind die **Apartments Jazina** (Tel. 023-372023, www.apartmani-jazina.com), die man auch über die deutschsprachige Homepage vor der Anreise anmieten kann.

Zaglav

Das ehemalige Fischerdorf Zaglav spielt heute vorwiegend als **Fährort** (Katamaran) eine wichtige Rolle, beim Pier gibt es einen Minimarkt, die Inseltankstelle, eine Tauchbasis (www.kornati-divers.com), die kleine Rock'n'roll Bar sowie zwei Zimmervermieter. Kulturhistorisch von Interesse ist das nahe gelegene **Franziskanerkloster Sv Mihovil** aus dem 15. Jahrhundert.

Die norddalmatische Inselwelt

Sali

Hauptort

Mehr als ein Drittel der Inselbevölkerung lebt im Hauptort von Dugi Otok, vorwiegend deshalb, weil die örtliche **Fischfabrik Maraešić** – noch zumindest – als wichtigster Arbeitgeber für Auskommen sorgt. Auch der Tourismus profitiert vom relativen Wohlstand, eine Hotelsiedlung und ein Yachthafen sind entstanden. Sali entwickelte sich auch zum beliebten **Ausgangspunkt für Ausflüge** auf die Kornaten und Wanderungen ins Umland. Die nahen Bademöglichkeiten sind eher mäßig, beim Hotel ist ein teilweise befestigter Felsbadeabschnitt vorhanden. Interessant sind in Sali die **Pfarrkirche** mit glagolitischen Inschriften sowie der **Bergfriedhof,** auf dem die neuen Gräber in den Fels gesprengt und später mit steinernen Grabplatten verschlossen werden.

Infos

- Auskünfte und **Unterkunftsvermittlung** im kleinen **Turist Biro** am rechten Kai, Tel. 023-377094, www.telascica.hr, tgl. 8–12 und 17.30–20 Uhr.

Unterkunft

- €€**Hotel Sali,** Tel. 023-377049, Fax 377078, info@hotel-sali.hr, www.hotel-sali.hr. Sehr angenehmes Ambiente sowie Disco für die schwungvolle Abendunterhaltung.
- Am Hafenbecken links 150 m entlang, erreicht man direkt am Ufer die moderne €€€**Apartment-Pansion Šoštarić,** Tel. 023-377050, sostaric@gmail.com.

Essen & Trinken

- An der Promenade liegen mehrere Gaststätten verstreut; besonders zu empfehlen sind das **Bife Toni** mit preiswerten und leckeren Grillplatten, mittig der rechten Hafenseite das **Tamaris** (einfache, gute Küche) und das **Restaurant Marin** (Tel. 023-377500) für Fischgerichte.

Sonstiges

- Selbstversorger nutzen in den Vormittagsstunden den kleinen **Marktbetrieb am Hafenbecken** (Honig, Obst, Gemüse, manchmal Fisch), ansonsten versorgt ein **Minimarkt** wenige Meter weiter mit dem täglichen Bedarf.
- Kleine **Tauchbasis** in der Hotelanlage, Tel. 023-377079, Fax 377078; Kontakt in Deutschland: *A. Meyer* und *L. Weiß*, Tel. 040-6793264, Fax 6792332, www.dive-kroatien.de.
- Im Ort findet der Besucher eine **Post** (Mo bis Sa 8–12 und 17.30–21 Uhr) sowie eine kleine **Erste-Hilfe-Station. Geldautomat** neben dem Minimarkt.

- **Polizei** am Hafenbecken (neben dem Minimarkt).
- **Mopeds verleiht** die Konoba Marin am Hafenbecken.
- **Bootsausflüge** zu den Kornaten oder zur Telaščica-Bucht werden im Hotel und im Turist Biro arrangiert, können aber auch direkt am Hafenbecken gebucht werden. Angeboten werden oft „Fischpicknick" inklusive Mittagessen und Kornatenrundfahrt (je nach Umfang ab 35 K).
- **Baden** kann man im Ort am besten beim Hotel Sali.

Telaščica-Bucht (Naturpark)

Naturhafen

Von Sali aus geht es nur per Boot oder zu Fuß nach Südosten weiter. **Pfade** führen zur 8 km langen Telaščica-Landzunge (Naturpark, Zufahrt 25 K/Person), die bereits zum Nationalpark Kornaten gehört. Eine neue Zufahrtsstraße verläuft bis zum **„Friedenssee"** (kleiner Binnensee mit hohem Salzgehalt), wo ein kleines Restaurant Erfrischungen und Snacks bereithält. Hauptsächlich aber kommen Bootsfreunde hierher; die Telaščica-Bucht bietet immerhin den bestgeschützten Naturhafen der gesamten Adria – eine Tatsache, die schon die k.u.k. Marine veranlasste, hier zahlreiche Manöver abzuhalten. Genaue Auskünfte zu den Wandermöglichkeiten erteilt das Turist Biro in Sali (s.o.), ein Orientierungsplan hängt am Ende des Zufahrtsweges.

Unterkunft

- Es besteht die Möglichkeit, im Naturpark einige wenige **Häuser in toller Alleinlage** anzumieten. Die Angebote der **Fa. Ferienhausmiete,** einer der ganz wenigen deutschsprachigen Anbieter, findet man unter http://icbe.e-domizil.de (dort Suchbegriff „telascica"); Ferienwohnung für ca. 350 Euro/Woche/5 Personen.

Boote in der Telaščica-Bucht

Nationalpark Kornateninseln

150 Inseln

Die Kornaten genießen einen beinahe legendären Ruf als „Robinson-Inseln" und erfreuen sich vor allem bei Seglern, Tauchern und Individualisten großer Beliebtheit. Auf einer Fläche von **235 km²** verteilen sich rund 150 praktisch unbewohnte Inseln und Inselchen, deren gesamte Landfläche gerade einmal 70 km² ausmacht. Die Kornaten sind nichts für diejenigen, die „mal eben auf dem Wege" die 1980 zum Nationalpark erklärten Inseln besuchen möchten; eine stolze Tagesgebühr und eine gewisse Voraborganisation verhindern den Massentourismus. **Organisierte Tagestouren, Tauchexkursionen und Segeltörns** sind denn auch die Hauptattraktionen dieser vielleicht interessantesten, weil unberührtesten Inselgruppe Kroatiens.

Zu Beginn der österreichischen Phase in Kroatien, Anfang des 19. Jahrhunderts, kauften vor allem die Bauern von Murter sowie (in geringerem Umfang) die Fischer von Dugi Otok die Kornateninseln auf, um hier Landwirtschaft und Fischerei zu betreiben. Das spärliche Süßwasser lässt nur in geringem Umfang Wein-, Oliven- und Obstanbau

225nd08 Foto: wl

zu, ansonsten war und ist wegen der **sehr kargen Landschaft** (Brandrodung) nur eine so genannte **„Gastnutzung"** möglich – die Bauern und Viehzüchter haben auf einigen Inseln zwar kleine Felder und Viehbestände, wohnen aber in der „Zivilisation" von Murter bzw. Dugi Otok. Die meisten verbliebenen Häuser wurden entweder dem Verfall preisgegeben, werden als exklusive Ferienwohnungen vermietet oder dienen den Bauern und Viehzüchtern als saisonale Unterkunft.

So bestechen die Kornaten an Land durch friedliche Kargheit, unter Wasser durch einen immensen **Reichtum an Unterwasserflora und -fauna.** Rund 300 Meerestierarten wurden gezählt, zu den augenfälligsten gehören Muränen, Haie, Tintenfische, Brassen, Lippfische, Barsche, Schalentiere und sogar Korallen.

Der Nationalpark ist **autofrei,** die meisten Ausflügler gehen auf den **größten Inseln Kornat (33 km²) und Žut (14 km²)** an Land. Von den vielen kleineren Inseln sind etliche vollkommen einsam und nur mit eigenem Boot zu erreichen. Und manch einer wird sich bei der Anreise der Worte *George Bernhard Shaws* erinnern: „Am letzten Tag der Schöpfung wollte der Herr sein Werk krönen – also schuf er die Kornaten (kroat. für Krönung) aus Sternen, Tränen und göttlichem Atem!"

Transport & Verkehr

Alle Besucher des Nationalparks Kornati müssen eine **Gebühr** in Höhe **von 50 K pro Tag** entrichten (Nebensaison 35 K, häufige Kontrollen!), für Teilnehmer organisierter Tagesausflüge liegt der Gesamtpreis bei insgesamt rund 250 K. Derartige **Tagesausflüge** beinhalten Überfahrt, Menü und Landgänge mit Bademöglichkeit und werden von etlichen Nachbarinseln (Murter, Dugi Otok, Veli Iž, Ugljan, Pašman) sowie von Zadar und Biograd aus durchgeführt und in den dortigen Agenturen angeboten. **Individualreisende mit eigenem Boot** wenden sich vorab an die Parkverwaltung (siehe Murter oder www.kornati.hr) oder an eine der Marinas/Anlegestellen. Auch ohne Boot sind längere Aufenthalte möglich, hierzu vereinbart man mit den Agenturen der genannten Orte einfach einen späteren Rückfahrttermin.

Achtung Bootsführer: Wegen der zahllosen Untiefen in den Gewässern der Kornaten sei – so ein Hinweis der Parkverwaltung – vor einer Tour ohne das in einschlägigen Fachhandlungen erhältliche Seekartenmaterial eindringlich gewarnt!

- **Anlegestellen** gibt es auf Kornat, Žut, Ravni Žakan, Levrnaka, Vela Smokvica, Piškera und Lavsa, wobei lediglich die ACI Piškera, Tel. 099-470009, 022-34341, und die ACI Žut, Tel. 099-470028, 022-343353, Versorgungsmöglichkeiten bieten.

Infos

- Informationen im Internet: **www.kornati.hr.**
- Sehr empfehlenswert vor allem für Bootsführer gerade für die Kornaten ist der **Nautikführer „Kroatische Küste – Die Kornaten"** von *Bodo Müller.*
- **Yachturlaub** (7 Tage Kornaten) kann man unter **www.morel.hr** organisieren.

Unterkunft

- Die Agenturen in den genannten Orten vermitteln auf Žut und Kornat **schmucke Fischerhäuschen** zu rund 450 Euro/Woche/4 Personen inkl. Überfahrt und Parkgebühr.
- Einer der wenigen **Privatanbieter** auf Žut ist **Hr. Skračić** (Tel. 022-434523), der aber nur kroatisch und italienisch spricht. Es bietet sich daher die Organisation über **www.infoadriatic.com/skracic-damir** an. Maximal 8 Personen zahlen maximal 100 Euro/Tag, das Haus liegt in der Zaruščića-Bucht, verfügt über Solarbeleuchtung, Gaskühlschrank, Trinkwasserbrunnen, Gaskocher und Grill – ideal für absolute Ruhe. Der Vermieter arrangiert den Transfer sowie die Zwischenunterkunft in Murter.

Sonstiges

- **Restaurants** bieten ihre hervorragenden Fischgerichte in den Marinas an sowie auf den Inseln Žut, Piškera, Lavsa, Ravni Žakan, Smokvice, Levrnaka, Katina sowie auf Kornat – ansonsten ist Selbstverpflegung Trumpf!
- **Baden** (auch FKK) ist ohne Einschränkungen auf fast allen Inseln der Kornaten möglich; sicherlich findet jeder Selbstfahrer seinen eigenen Favoriten unter den Inseln.
- **Tauchen in Eigenregie** ist nur mit Sondergenehmigung möglich (erhältlich für 50 K bei der Parkverwaltung in Murter). Es empfiehlt sich die Nutzung der **Basis Božava-Divers** in Božava bzw. **Sali-Divers** in Sali auf Dugi Otok, die nicht nur die besten Tauchplätze kennen, sondern auch das Genehmigungsverfahren erledigen.

228nd08 Foto: wl

Zwischen Zadar und Šibenik

Biograd na Moru

Gutes Freizeitangebot

28 km südlich von Zadar lockt die 5400-Seelen-Gemeinde Biograd mit Stränden, hypermodernen, ja geradezu futuristischen Marinas, einem recht umfassenden Freizeitangebot sowie diversen Unterbringungsmöglichkeiten. Zudem bietet sich Biograd als Sprungbrett für **Ausflüge zu den Nationalparks** Krka, Paklenica und Kornateninseln sowie zu der nur von hier aus zu erreichenden Insel Pašman an. Dennoch hat das Städtchen als Urlaubsstandort eine eher untergeordnete Bedeutung, obwohl es mit Blick auf Logistik, Einrichtungen und das kleinstädtische Flair durchaus attraktiv wirkt. Industrie fehlt gänzlich, die Menschen leben von Landwirtschaft, bescheidenem Fischfang sowie vor allem vom Tourismus.

Historisch ist Biograd insofern von Interesse, als es erstmals im 10. Jahrhundert urkundlich erwähnt und im 11. Jahrhundert bereits zum Sitz der kroatischen Könige erkoren wurde. Im Jahre 1102 wurde beispielsweise König *Koloman* hier gekrönt. Mehrfache völlige Zerstörungen im Hoch- und Spätmittelalter waren eine Folge der Türkenkriege und der Auseinandersetzungen Dalmatiens mit Venedig.

Ältestes Relikt der Stadt ist die **Bruderschaftskirche Sv Ivan,** von den Benediktinern im Jahre 1069 gegründet. Das kleine **Museum** (tgl. 9–12 und 18–22 Uhr) gegenüber Pier 1 mit seinen vorwiegend römischen und altkroatischen Funden aus der Region ist einen Besuch wert.

Transport & Verkehr

Busse: Dubrovnik 3x tgl., Murter 20 Uhr, Pag 10 Uhr, Zadar 30x tgl., Šibenik/Split 20x tgl., Zagreb 8x tgl., Rijeka 9x tgl. sowie Pula 2x tgl.

Bild auf den Seiten zuvor: Anlegestelle auf dem Inselchen Osljak vor Zadar

Fähren: Das Jadrolinija-Büro am Pier ist tgl. 6.30–20 Uhr geöffnet mit Pausen von 9–9.30 und 17–17.30 Uhr; angefahren werden insbesondere die Kornaten und Tkon auf Pašman für etwa 9 Euro/Pkw mit 2 Personen (8x tgl.).

Camping

- Zentrumsnah und gut ausgeschildert ist der Campingplatz €**AC Soline,** Tel. 023-383165, Fax 384564, www.campsoline.com, mit Tennis, Minigolf und Segelkursen.
- Wer weiter außerhalb wohnen möchte, sei auf die 5 km südlich vom Zentrum gelegene Anlage €**Crvena Luka,** Tel. 023-383106, Fax 384915, bei Pakoštane verwiesen.

Aktivitäten

- **Baden: Im Zentrum** (mittelgroßer Sand-/Kiesstrand am linken Promenadenende) sowie **im Bereich Crvena Luka** oder auf der vorgelagerten **FKK-Badeinsel Sv Katarina** (Fährtaxis für 20 K/Person legen von der Promenade ab).
- **Tauchen:** Taucher steuern in Biograd die **Dolphin Divers** an, eine 5*-IDC-PADI-Basis, die u.a. auch Ausrüstungsverleih und -verkauf anbietet, Obala Branimira 1, Tel./Fax 023-384841. Per Schnellboot oder Holzkutter werden 25 interessante Tauchplätze der Gegend angefahren, insbesondere der Nationalpark Kornaten. Geöffnet von Ostern bis Ende November, bei Gruppenbuchungen auch länger. Kontakt in Deutschland über Dolphin Divers, Röntgenstr. 12f, 76829 Landau, Tel./Fax 06341-30383 oder 0172-6200792. Neu sind **Albamaris,** Tel. 099-534783, www.albamaris.hr, sowie **Bougainville,** Tel. 023-385901, info@bougainville.nl.

Sonstiges

Von der Küstenstraße der Markierung „Centar" folgend, passiert man das **Hotel Alba Maris,** das kleine **Camp Bosana,** zahlreiche **Zimmeranbieter,** das örtliche **Krankenhaus** und die offizielle **Touristeninformation** (Tel./Fax 023-383123, www.tzg-biograd.hr). Über die Jadranska Magistrala fahren Selbstfahrer wie auch Busreisende weiter ins Zentrum von Biograd, zum Trg Kralja Tomislava IV (an der Schilder-Abzweigung „Centar – Busbahnhof/Kolodvor – Trajekt/Fähre" Parkplatz suchen). Hier liegen eng beieinander **Busbahnhof, Post** (Mo bis Sa 7–21 Uhr), **Apotheke, Polizei,** ein großer **Supermarkt** (tgl. 6–20 Uhr), die **Bank** Splitska Banka (Mo bis Fr 8–13 und 14–20 Uhr) sowie die **Uferpromenade** Obala Kralja Krešimira IV. An dieser findet der Reisende nacheinander **Simis Tours** (Tel. 023-385375, Fax 383886), das günstige €€**Hotel Kornati** (Ujeviča 7, Tel. 023-383168, Fax 383008, DZ 55–75 Euro) und die beiden Piers. Auch **Cafés, Pizzerien** und das städtische **Museum** sind hier zu finden. Am vorderen Ende der Promenade liegt die ältere **Marina Šangulin** (Tel. 023-385020, Fax 384944), am anderen Ende die neue **Marina Kornati** (Tel. 023-383556, Fax 383303) mit dem edlen gleichnamigen Restaurant und Bootsverleih.

Vraner See (Vransko Jezero)

Süßwasserreservoir

Weiter auf der Küstenstraße durchquert der Reisende zwischen Biograd und Vodice eine Hand voll recht selten besuchter Ortschaften am Vraner See (Vransko Jezero), einem Süßwassersee mit großem Fischaufkommen **(Karpfen, Aale, Welse)** und Platz für zahllose **Zug- und Nistvögel** (Reiherarten). Leider sind neben Surfen und Wasserski auch Angeln und Vogelschießen eine bevorzugte Freizeitbeschäftigung in diesem Gebiet. Der etwa 12 km lange und 2,5 km breite Vraner See ist nur durch einen schmalen Damm vom Meer getrennt. Er ist mit 3000 Hektar Oberfläche das größte Süßwasserreservoir Kroatiens.

Hauptort ist **Pakoštane** mit einem Dutzend Campingplätzen und Resorts am Meer. Im 3 km entfernten Vorort **Drage** – mitten auf dem Damm gelegen – bieten sich etliche Stellen zum Baden an. An der Nordseite des Sees, rund 7 km im Inland, liegt **Vrana,** eine kleine landwirtschaftliche Ansiedlung, nach welcher der See benannt wurde. Südlich des Sees schließlich, an der Küstenstraße, findet man bei **Pirovac** einige unberührte Meeresbuchten mit Sandstränden (z.B. direkt am südlichen Ortsausgang über den Waldweg zum Ufer).

Ein **Hinweis für Radfahrer:** Fahrräder sind rund um den See häufig zu leihen, die Rundtour über gut 50 km und mit dürftiger Beschilderung sowie schlechten Wegen wird von Lesern jedoch als eher negativ eingeschätzt.

Camping

Von Biograd kommend, erreicht man in Pakoštane nacheinander:

- €€**AC Crvena Luka,** Tel. 023-383106, Fax 312750, mit Tennis und Surfbrett-Verleih;
- €€**AC Kozarica,** Tel. 023-381066, Fax 381465;
- €€**AC Strana,** Tel. 023-381580;
- das kleine €€**Camp Jezero,** Tel. 023-381004, Fax 384814;
- im Vorort Drage das €€**AC Romantica.**
- In Vrana am Nordufer liegt das €€**FKK-AC Crkvine,** Tel. 023-381433, Fax 381906, mit eigenem Restaurant und ca. 200 Stellplätzen.

- In Pirovac liegt das €€€**FKK-Camphotel Miran,** Tel. 022-466803, Fax 467022.
- €€**Apartment-Siedlung Mara,** 2 km außerhalb von Pirovac (beschildert).

Insel Murter

Murterski-Kanal

Während das dalmatische Festland an der Küste eher karg und wenig fruchtbar ist, erstaunt die kleine **Halbinsel Kamena bei Tisno** ob ihres natürlichen Reichtums an Feigen- und Weinparzellen. Unmittelbar vorgelagert und durch das Festland klimatisch geschützt, schließt sich die knapp **20 km²** große Insel Murter an diese Halbinsel an. Nachdem schon seit Urzeiten eine **Brücke** den in Tisno nur 25 m breiten Murterski-Kanal überbrückt – heute freilich in Form einer modernen Drehbrücke –, erfreuen sich die zahlreichen Sandstrände und Yachthäfen der Insel mittlerweile zunehmender Beliebtheit. Die 4800 Inselbewohner leben von bescheidener **Landwirtschaft** (Oliven, Feigen, Wein, Obst) und natürlich von den vielen Sommerbesuchern zu Land und zur See.

Vier Siedlungen verteilen sich auf Murter: Tisno als Bindeglied zum Festland, der Yachthafen Jezera, der Hauptort Murter und das landwirtschaftliche Zentrum Betina.

Tisno

Transitort

Die Siedlung Tisno liegt beidseits der Murter-Brücke und ist dadurch und wegen der Wassersportmöglichkeiten (kleiner betonierter Streifen entlang der Straße) vorwiegend ein Transitort.

Infos

- Auskünfte sowie **Zimmer- und Ausflugsvermittlung** (Kornaten) bietet das Turist Biro an der Brücke, Tel. 022-438920, tgl. 8–12.30 und 17.30–20 Uhr.

017da Foto: wl

Neubauten prägen die Orte auf Murter

Sonstiges

- Auf der Festlandseite liegen vor der ersten Bucht die neue €**Apartment-Siedlung Hostin,** Rastovac, Tel. 022-438373, Fax 438722, www.hostin.hr, mit Apartments ab 45 Euro, das **Restaurant Carmen** (Schotterparkplatz mit Bademöglichkeiten) und das €**AC Jazina,** Tel. 022-438241.
- Unmittelbar an der Brücke folgen **Bank** und **Post,** auf der Insel dann erste private **Weinverkäufer** (12 K/Liter), das **Restaurant Tony** (mit Zimmervermietung) sowie die empfehlenswerte **Konoba Broščica** (Lokalspezialitäten: Fischplatte für 2 Personen 140 K, Dalmatinerschinken 50 K).

Jezera

Geschützte Bucht

Von der Natur mit einer geschützten, zum Festland gerichteten Bucht gesegnet, wurde aus dem einstigen Fischerdorf durch die Anlage einer **modernen Marina** ein bei Seglern und Campern beliebtes Ziel.

Infos, Agentur

- Im **Turist Biro Jezera,** Tel. 022-439075, tgl. von 7.30–21 Uhr, werden Informationen, Ausflugs- und Zimmervermittlung geboten.
- Die **Agentur Koima** (über Zagreb: Remetinečka 77, Tel. 01-6556667, Fax 6556888, apartmani@apartmani-hrvatska.com) vermittelt Privatunterkunft.

Unterkunft, Camping

- €€**AC Lovišća,** Tel. 022-439193, Fax 439215, www.lovisca.de. Mit Disco, Minimarkt und Tennisplatz; hier auch Ferienwohnungen.
- Zwischen Jezera und Murter finden Campingfreunde eine ganze Reihe hübscher, flacher Kies- und Sandbadebuchten mit guten Plätzen, u.a. die €**Camps Lantana,** €**Slanica,** Tel./Fax 022-434580, €**Kosirina,** Tel. 022-435268, Fax 435218 und €€**Plitka Vala,** Tel. 022-435268, Fax 435218.
- Die **Apartmentanlage Lovišća,** Tel. 022-439600, Fax 439215, www.lovisca.de, ergänzt das Unterkunftsangebot; 4er-Apartments zu 85 Euro.

Essen & Trinken

- Das empfehlenswerteste Lokal (preiswert) ist die **Taverna Kukuljari** an der Zufahrtsstraße mit „Lamm unter Glocke" als Spezialität.
- In der hufeisenförmigen Bucht liegen die **Restaurants Kandela** und **Jezera** (Fisch) sowie ein Minimarkt.

Sonstiges

- Im Ort gibt es **Post (Geldwechsel), Minimarkt, Obst- und Gemüsemarkt.**
- Die **ACI-Marina Jezera,** Tel. 022-439315, Fax 439294, verfügt über Reparaturwerkstatt, Minimarkt und ein Restaurant.
- Eine **Busverbindung** (ab Kriegerdenkmal) **nach Murter** besteht etwa alle 90 Minuten.

Murter

Hramina-Bucht

Unterhalb des Hügels Gradina mit der **Kapelle Blagorodica,** mit 125 m die höchste Inselerhebung, erstreckt sich an der Hramina-Bucht der Ort Murter selbst. Da Murter und Betina mittlerweile rund um die Marina zusammengewachsen sind, leben in der Doppelgemeinde rund drei Viertel der Inselbewohner. Die Orientierung ist leicht: An der Gabelung vor dem Kapellberg geht es links hinunter ins Zentrum von Murter, dort immer der Uferstraße Matije Kupica folgen, die über Betina zurück zur Kapellberg-Gabelung führt.

Dem aufmerksamen Reisenden wird der inflationäre Gebrauch des Wortes „Kornati" auf Murter auffallen, was sich aus der historischen Tatsache erklärt, dass in früheren Jahrhunderten die Bewohner von Murter nicht nur Bauern und Fischer, sondern auch **tüchtige Geschäftsleute** waren. Es gelang ihnen, desinteressierten Adelsfamilien aus Zadar zahllose Ländereien abzukaufen, u.a. im Gebiet um den Vraner See und auf den Kornateninseln. So vergrößerten sie ihre Herden und ließen diese ausschließlich auf den Kornaten weiden, während sie Obst und Gemüse am fruchtbaren Vraner See anbauten. Zwar gingen derartige Latifundien mit der Entstehung des sozialistischen Jugoslawien verloren, die enge emotionale Beziehung der „Murteri" zu den Kornaten besteht jedoch bis heute.

Transport & Verkehr

Busverbindung besteht zwischen dem Hauptort Murter und Šibenik (stündlich), Biograd (1x tgl.), Zadar (3x tgl.) sowie (je 2x tgl.) Rijeka und Zagreb. Etwa alle 90 Minuten werden die Inselorte per **Inselbus** angefahren.

Sonstiges

- **An der M. Kupica** liegen hintereinander das **Aquanaut Dive-Center,** Tel. 022-434988, eine **Apotheke,** die **Agenturen Alga,** Tel. 022-435075, Fax 434010, und **Atlas,** Tel./Fax 022-434999, atlas-sibenik@si.ht.hr, die **Bank** Jadranska Banka (Mo bis Fr 7–12 und 18–21 Uhr), **Krešimir Fast-Food,** die **Post** (Mo bis Sa 7.30–20 Uhr), eine **Bäckerei,** eine **Pizzeria** und ein größerer geschotterter **Parkplatz,** hinter dem dann auch schon der Ortsteil Betina beginnt.
- **Im Ortskern** sind **Schenken,** ein **Supermarkt,** ein **Fotogeschäft,** die **Agenturen Suntourist,** Tel. 022-435220, und **Kornati Club,** Tel. 022-435099, sowie die **Nationalpark-Verwaltung der Kornaten,** Tel. 022-434662, zu finden. Hier werden neben Geldwechsel und Unterkunftsvermittlung vor allem Kornatenausflüge (Tagestour ca. 200 K/Person) angeboten.
- Die **Marina Hramina,** Tel. 022-434411, bietet umfassenden Service sowie Segelkurse und Yachtverleih; westlich des Ortes liegt die kleine (Ausweich-)**Marina Vinci,** Tel. 022-435299.

Betina

Ländliche Idylle

Betina (1150 Einwohner), dessen **Zwiebelturmkirche** schon vom Festland aus zu sehen ist, strahlt mit seiner friedlichen Beschaulichkeit eine unvermutete ländliche Idylle aus. Der Ort wird von Nachkommen der im Spätmittelalter vor den Türken geflohenen Siedler vom Vraner See bewohnt. Der **Trg Dragutina Pilica** am Marinabecken bildet das winzige **Zentrum** mit Post, Markt, kleiner Promenade und dem sehr empfehlenswerten Restaurant Stari Mrlin. Es lohnt unbedingt, die Gasse Ul. Varos (vor dem Stari Mrlin) entlang zu spazieren, die einen guten Eindruck von der dörflichen Stille vermittelt. Hinter der €€**Pension Stiz** (Tel. 022-434275) in dieser Gasse führt ein Stichweg links hinauf zur **Pfarrkirche Sv Franžisk** (17. Jahrhundert), die nicht nur wegen ihrer Stilistik, sondern insbesondere aufgrund des malerischen Ausblicks über die umliegenden Buchten besticht.

Agenturen

- **Agentur Lori,** Zraće 2, Tel. 022-435631, Fax 4355540, konter@touristagency-lori.hr.
- **Agentur Atlas,** Trg Republike Hrvatske 2, Tel. 022-434999.

Aktivitäten

- **Tauchen:** Auch unter Wasser bietet Betina Einzigartiges: Interessierte Sporttaucher haben im **Nautilus Diving-Center,** Tel. 022-434337, nautilus@siol.com, die Möglichkeit, ein wenig Unterwasserarchäologie zu betreiben – wenn auch nur in Gruppen und zu bestimmten Terminen. In Zusammenarbeit mit der Tauchschule Die Tauchbasis (Koblenz) und unter Anleitung kroatischer Experten werden Wracks mit Hilfe ferngesteuerter UW-Roboter, von Videokamera, Einmann-U-Boot, Sonar und Metalldetektoren erforscht. „Normale" Tauchgänge und Tagestouren (u.a. Kornaten) stehen natürlich ebenso auf dem Programm. Die Buchung ist nur über den Ansprechpartner in Deutschland möglich: **Die Tauchbasis,** Otto-Schönhagen-Str. 4, 56070 Koblenz, Tel. 0261-805099, Fax 804067. Die Basis vermietet auch **Zimmer und Apartments.**

Vodice

Mini-St.-Tropez

Vodice passt nicht. Nicht in das Bild des Dalmatien-Reisenden, der karge Landschaft, ruhige Buchten und beschauliche kleine Orte mit historischen Zentren erwartet. Nein, Vodice (4300 Einwohner) wirkt wie ein mondänes, überwiegend aus betonierten Promenaden, Arkaden und Hotels bestehendes „Mini-St.-Tropez" **im Herzen der dalmatischen Adria.** Und es ist genau dieser Beigeschmack des Künstlichen, der den echten Dalmatien-Freund eher andere Örtlichkeiten aufsuchen lässt. Was die Logistik betrifft, so muss neidlos anerkannt werden, dass Vodice wirklich alles auf engem Raum bietet, was der (Durch-)Reisende dringend benötigen könnte. Und so ist es eben eine reine Geschmackssache, ob man das Städtchen zum Standort eines Kroatien-Urlaubs machen möchte oder eben nicht.

Postkarten-Sonnenuntergang bei Vodice

Ganz unhistorisch darf man sich Vodice auch nicht vorstellen, immerhin war es schon den Römern als Arausa Antonina bekannt.

Um ins **Zentrum** zu gelangen, folgt man am besten den Schildern zum Busbahnhof („Autobusni Kolodvor"), der praktisch der Kern von Vodice ist. Unmittelbar rundherum liegen Spital, Einkaufszentrum, Wechselstube, Post und Gaststätten. Das Sträßchen zwischen der Touristeninformation und der Agentur führt zur Pfarrkirche Sv Križa aus dem 17. Jahrhundert.

Transport & Verkehr

Von der Marina fährt 2–4x tgl. eine **Fähre** zu den Inseln Zlarin und Prvić. 3–5x tgl. Personenfähre von/nach Šibenik.

Auf der Rückseite des Busbahnhofs liegen ein Minimarkt, die Bussteige und der Ticketschalter für **Busse** von/nach Šibenik (6.15–22.30 Uhr 27x tgl. Lokalbus plus 8x Intercitybus), Murter (6.05–21.20 7x tgl. Lokalbus, 16 K), Trogir (2.10–20.12 Uhr 8x tgl.), Split (3.40–23.05 Uhr 21x tgl., 54 K), Makarska/Ploče/Dubrovnik (4.05, 7.10, 11.10, 12.30, 13.50 Uhr), Zadar (6–20 Uhr 6x tgl., 40 K), Rijeka (13.15, 19.50 Uhr), Pula (10 Uhr), Zagreb (7.15–19 Uhr 7x tgl.), Varaždin (12.20, 14, 17.10, 23.15 Uhr), Ljubljana (19.55 Uhr).

Infos

- **Touristeninformation,** Ivo Čače 1, Tel. 022-443888, www.vodice.hr.

Unterkunft, Camping

- Neu und zentral bietet sich Campern das €€**ACI Marina Vodice** an, Tel. 022-443086, Fax 442470.
- €€€**AC Imperial,** 3 km südlich, Tel. 020-454454, Fax 440468, reservations@rivijera.hr. Der Platz liegt zwar nicht schlecht, wird aber oft als zu teuer und dabei laut (Hotelanimation, frühmorgendliche Müllabfuhr) und überlaufen (gemeinsamer Strand mit den Hotelgästen) empfunden.
- Direkt nebenan liegt das €€€**Hotel Imperial,** Tel. 022-454454, Fax 443200, sales@rivijera.hr, mit unterschiedlichen Unterkünften für 65–115 Euro/DZ.
- Ein günstiges Hotel ist das €€€**Kristina,** Šetalište 3, Tel. 022-443830, Fax 440473, www.hotel-kristina.hr, mit DZ inklusive Frühstück ab 750 K.

Essen & Trinken

Kulinarisches offerieren der **Markt** vor der Arkade (Obst, Hähnchengrill), das **Bufet Tony** (Pizza, Nudeln) gegenüber sowie die benachbarte **Konoba Dulcin** mit dalmatischen Spezialitäten.

Sonstiges

- In der **„Duty-Free"-Einkaufsarkade** bieten mehrere höherpreisige **Restaurants** sowie eine **Bank** und eine **Wechselstube** ihre Dienstleistungen an.
- Gleich nebenan hat eine **Reiseagentur** Tagestouren zu den Kornaten (250 K) und zu den Krka-Fällen (150 K) im Programm.
- An der Küstenstraße, direkt an der Zufahrt nach Vodice, liegt der große **Supermarkt Jolly,** der mit den niedrigsten Preisen Kroatiens wirbt.
- **Open-Air-Discos** am Ortsrand sorgen am Abend für Stimmung.

028da Foto: wl

Zentraldalmatien

Šibenik

Allgemeines

Eine der „Perlen Dalmatiens“

Die Stadt Šibenik (ca. 65.000 Einwohner) wird mit den großen Perlen Dalmatiens, Dubrovnik und Trogir, oft in einem Atemzug genannt. Dass Šibenik dabei stets an dritter Stelle steht, liegt wohl am ersten Eindruck, den der Besucher beim Anblick der von Industrie- und Hafenanlagen geprägten Außenbezirke gewinnt. Der Altstadtkern dagegen ist unbedingt sehenswert und beherbergt einige **herausragende Sehenswürdigkeiten.** Von Šibenik aus lassen sich auch sehr gut **Ausflüge** zu den

Bild auf den Seiten zuvor: Die City von Split mit Promenade

Kornateninseln, den Krka-Fällen und zu kleineren vorgelagerten Inseln unternehmen. Das **Strandleben** spielt sich auf der nahe gelegenen **Landzunge Solaris** mit ihren Kiesstränden und Campingplätzen ab.

Geschichte

Kaum Schäden im Bürgerkrieg

Die erste urkundliche Erwähnung des eher jungen Šibenik geht auf einen Besuch von König *Krešimir IV.* im Jahr 1066 zurück. Ab etwa diesem Zeitpunkt (11./12. Jahrhundert) gehörte die Stadt zum **ungarisch-kroatischen Königreich,** ehe sich 1412 die siegreichen **Venezianer** zum neuen Herren

von Šibenik aufschwangen. Unter dem Zepter der Dogenrepublik wurde die Stadt wegen der herannahenden Türken befestigt, es entstanden zahllose Prachtbauten. Während der **österreichischen Phase** geriet Šibenik eher in Vergessenheit und wurde im Vertrag von Rapallo (Ende des Ersten Weltkriegs) dem Königreich Jugoslawien zugesprochen. Während des Bürgerkrieges der 1990er Jahre drangen die Krajna-Serben bis in Küstennähe vor, Šibenik blieb aber von größeren Schäden verschont. Die **Altstadt** wurde jüngst von der UNESCO zum **Weltkulturerbe** erklärt.

Sehenswertes

Bürgerhäuser, Kirchen, Kapellen

Beginnend zwischen dem Volkstheater (Narodni Teatr) und dem Franziskanerkloster (Sv Franžisk) mit der markanten Sonnenuhr, lohnt sich ein **Streifzug durch die Altstadtgassen,** insbesondere durch die Zagrebačka und Tomislava. Alte, einst prachtvolle Bürgerhäuser sowie zahllose Kirchen und Kapellen (Sv Marija, Sv Duh, Sv Ivan, Sv Barbara) vermitteln einen feinen Eindruck von der städtischen Architektur der frühen Neuzeit – das **kleinstädtische Alltagsleben** der Gegenwart nicht zu vergessen!

Trg Republike Hrvatske

Als **zentraler Punkt der Altstadt** dient der Trg Republike Hrvatske an der Kathedrale, der mit seinem Pflaster aus polierten Steinplatten zu den schönsten Stadtplätzen Kroatiens zählt. Interessant ist zunächst die Statue des berühmten dalmatischen Architekten *Juraj Dalmatinac* (1407–1473, siehe Glossar), ein Werk des modernen Künstlers *I. Meštrović*. Das große Gebäude mit den Bögen und großen Fenstern war einst Stadtloggia und Rathaus, vom Balkon verkündeten die Venezianer dem Volk ihre Beschlüsse. Verschlungene Gassen ziehen sich vom Platz den Hang hinauf Richtung Festung Sv Ana.

019da Foto: wl

Kathedrale Sv Jakov

Zwischen Trg Republike und Uferpromenade erhebt sich der **bedeutendste Sakralbau der dalmatischen Frührenaissance,** gleichzeitig das **Wahrzeichen der Stadt:** die Kathedrale Sv Jakov. Der fast ausschließlich aus Marmor und Kalkstein von der Insel Brač errichtete Kirchenbau wurde 1433 begonnen und erst 1536 fertig gestellt. Mehrere venezianische Architekten, vor allem aber der auf dem Trg Republike lebensgroß verewigte dalmatische „Stararchitekt" *Juraj Dalmatinac,* zeichneten für die Gestaltung verantwortlich. So gehen u.a. der kreuzförmige Grundriss, die Vierungskuppel und die 73 Köpfe an den Chorapsiden auf *Dalmatinac* zurück. Die einzigartige Dachkonstruktion aus ineinander verzahnten Platten – ohne Mörtel oder sonstige Bindemittel gebaut – ist ein Geniestreich des Dalmatinac-Schülers *N. Fiorentino.*

Blick über die Dächer von Šibenik mit der Kathedrale Sv Jakov

1 Großer Parkplatz
2 Busbahnhof, Supermarkt
3 Hauptpost
4 Pizzeria
5 Agentur & Information
6 Nationaltheater
7 Park
8 Mariä Himmelfahrt
9 Sv Ivan
10 Stadtloggia
11 Bars & Cafés
12 Dalmatinac-Denkmal
13 Sv Jakov & Bischofspalast
14 Rektorenpalast u. Museum
15 Hotel Jadran
16 Croatia Bank & Budget-Autoverleih
17 Jadrolinija
18 Franziskuskonvent

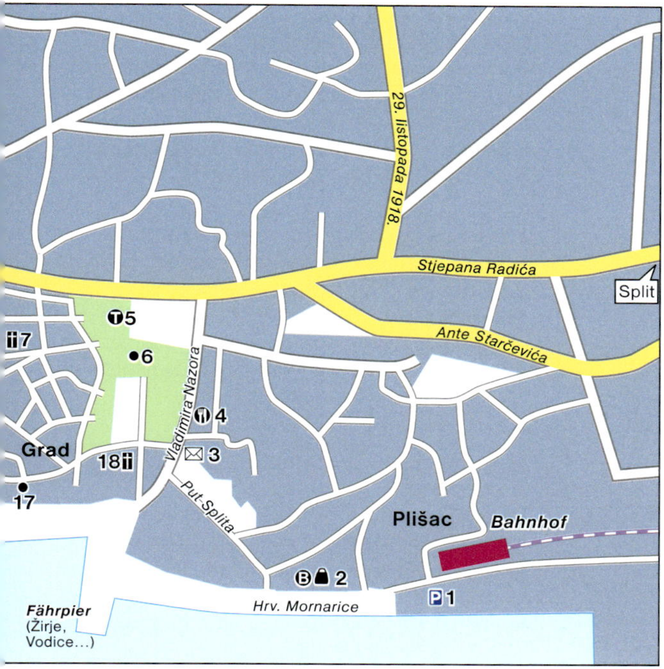

Im Inneren der recht finsteren Kathedrale sind ferner der barocke Hauptaltar sowie die Schatzkammer mit Filigranschmiedearbeiten lokaler Künstler sehenswert. Die Treppe auf der rechten Seite führt in das Baptisterium mit einem anmutigen Taufbecken der frühen Renaissance. Sv Jakov wurde 1997 in die Liste des UNESCO-Weltkulturerbes aufgenommen.

Bischofs- und Rektorenpalast

Unterhalb der Kathedrale an der Uferpromenade Obala Palih Omladinaca schließt sich der ehemalige **bischöfliche Palast** an. Das aufwendig renovierte Gebäude erinnert an das einstige Luxusleben der sakralen Würdenträger.

Nur ein paar Schritte neben dem Bischofspalast steht der ehemalige **Rektorenpalast** (15. Jahrhundert); das befestigte und zugleich prunkvolle Bauwerk diente den venezianischen Kirchenherren als Dienstsitz. Heute beherbergt es eine **Ausstellung** (Eintritt frei) mit Exponaten zur dalmatischen Geschichte des 14. bis 17. Jahrhunderts.

Festung Sv Ana

Die beeindruckende, gut begehbare Ruine der Festung Sv Ana thront **oberhalb der Altstadt** und gestattet wahrhaft **famose Ausblicke** bis zu den Krka-Seen (halb rechts, Richtung Brücke blickend). Auch Sv Ana war eine Verteidigungsanlage der Venezianer während der Türkenkriege im 16. Jahrhundert.

Transport und Verkehr

Bus

Vom Busbahnhof (Tel. 060-368368, außen regional, innen Fernstrecken) in der Ul. Draga bestehen **gute Verbindungen** in alle Richtungen: von/nach Vodice (6.15–22.30 Uhr 27x tgl. Lokalbus plus 8x Intercitybus), Drniš/Knin (5x tgl.), Primošten (3x tgl.), Trogir/Split (37x tgl.), Zadar (15x tgl.), zum AC Solaris mindestens stündlich.

Fähre

Das Büro der Fährgesellschaft Jadrolinija (Tel. 022-23468, Fax 28663) an der Promenade gegenüber vom Pier verkauft Tickets **zu den Inseln Kaprije, Žirje, Zlarin und Prvić sowie nach Vodice** (je 2–4x tgl.). 3x wöchentlich besteht eine Verbindung **nach Ancona** in Italien via Zadar.

Auto

Durchfahrtsstraße ist die **Kralja Zvonimira,** auf der man der Beschilderung „Trajekt“ (Fähre; Ul. V. Nazora) folgt. Am Ufer angelangt, liegt ein großer **Parkplatz** (10 K pauschal) am Ende der Zufahrtsstraße zum Busbahnhof. Von hier aus sind die Altstadt und alle wichtigen Einrichtungen in wenigen Gehminuten erreicht.

Touristische Infrastruktur

Infos

• **Touristeninformation,** Obala F. Tudjmana 5 (nahe Fährpier) sowie in der Fußgängerzone am Trg Republike Hrvatske; Mo bis Fr 8–14 Uhr, Sa 8–12 Uhr, im Sommer tgl. 8–22 Uhr; Tel. 022-212075, www.sibenik-tourism.hr.

Agenturen

• **Agentur Atlas,** Trg Republike Hrvatske, Tel. 022-330232, Fax 213045, atlas-sibenik@si.ht.hr.

• **Agentur Cromovens,** Tel./Fax 022-212515, cromovens@si.htnet.hr. Unterkunftsvermittlung, Geldwechsel und auch Tagesausflüge (z.B. zu den Kornaten für 25 Euro oder Krka (½ Tag) für 15 Euro).

Unterkunft

• €€**Hotel Jadran,** Tel. 022-212644, Fax 219160, rivijera@si.t-com.hr. Sehr nett, absolut zentral, DZ ab 750 K.

• Auf der Solaris-Landzunge liegen die **Hotels** €€€**Niko,** nur All-Inclusive zu 50–80 Euro p.P., Tel. 022-361951, Fax 361945, info@solaris.hr, und €€€**Andrija,** Tel. 022-363951, Fax 365945, info@solaris.hr, gleiches Management. Die Landzunge ist per Shuttlebus gut mit der City verbunden.

Camping

Während Šibenik selbst auf der Inlandsseite der Krka-Seen liegt, sind die Campingplätze und Resorts auf den seeseitigen Landzungen zu finden, allen voran das €€€**AC Solaris,** Tel. 022-364000, Fax 361801, sales@solaris.hr, sowie das benachbarte €€**AC Zablaće,** Tel. 022-354015. Beide haben Mitte März bis Ende Oktober geöffnet.

Essen & Trinken

• Gute **Cafés und Restaurants** liegen am Ende der Uferpromenade unterhalb der Kathedrale (mittelpreisig).

• Empfehlenswert ist die **Pizzeria Forum** neben der Post.

• Exquisit speist man im **Hotelrestaurant Jadran** (teuer).

Aktivitäten

• **Tauchen: Odysseus Diving,** Šparadići 1, Tel. 022-577733, in der Stadt selbst oder im Vorort Brodarica (7 km südlich) bei der Basis Croatia Inter-Diving von *Ivica Cvitkovič,* Krapanjskih Spuzv. 38, Brodarica, Tel. 022-350300 ab 20 Uhr, Fax 350695, croatia.inter-diving@t-online.de. Kontakt in Deutschland möglich über: *G.* und *I. Cvitkovič,* Lerchenauerstr. 18, 80809 München, Tel. 089-30728250, Fax 30728252. Mit einem 11-Meter-Kutter werden Ausfahrten zu den Tauchplätzen der vorgelagerten Inseln durchgeführt; für Kurztrips in Kleingruppen liegt ein schnelles Schlauchboot bereit. Die angeschlossene **Taucherpension** vermietet ihre Zimmer sehr preiswert; für Camper steht ferner ein kleiner **Privatcampingplatz** zur Verfügung. Geöffnet ist von Ende April bis Mitte September.

In Brodarica befinden sich außerdem die **Basen Mediterraneo Sub,** Tel. 022-350894, und **Moranavi,** Tel. 022-350736.

Zentraldalmatien

Sonstiges

!

- **Post:** Ul. V. Nazora, Mo bis Sa 7–21 Uhr (auch **Geldwechsel**).
- **Notruf (Spital):** Tel. 022-246246
- Ein **Minimarkt** im Busbahnhof führt recht preiswert alles Notwendige.
- Abendunterhaltung verspricht die **Disco-Cafébar Peskarija** am Obala palih omladinaca.

Die Inseln vor Šibenik

Segler und Tagestouristen

Unmittelbar vor der Bucht von Šibenik liegen Dutzende, wenn nicht Hunderte teils einsamer und karger, teils bewohnter und mit einer kleinen touristischen Infrastruktur sogar gut besuchbarer Inselchen und kleinerer Inseln. Nun, drei oder vier Wochen hier verbringen zu wollen, setzt schon beinahe eine gewisse Zivilisationsfeindlichkeit oder zumindest den **Wunsch nach absoluter Ruhe** voraus. So sind es bislang überwiegend Segler und Tagestouristen aus Šibenik, die sich auf den Weg zu einer der Inseln machen, die (noch) ein touristisch überwiegend unberührter Geheimtipp sind.

Insel Krapanj

Kleinste Insel

Die mit nur **360 m²** kleinste und am dichtesten besiedelte Insel des Šibeniker Archipels darf sich der Besonderheit rühmen, mit einer **höchsten Erhebung** von sage und schreibe **1,5 m** die flachste aller bewohnten Adriainseln zu sein.

Die Insel fand 1435 erstmals urkundliche Erwähnung, als das seinerzeit unbesiedelte Eiland als Geschenk an den Franziskanerorden überging. Bis 1523 wurde die Ordenskirche gebaut, die in den Türkenkriegen den Bewohnern des Umlandes einigen Schutz bot. Die heutige **Kirche** stammt allerdings aus dem frühen 20. Jahrhundert, Elemente des Vorgängerbaus wurden integriert wie einige Exponate als Zeugnis zum Leben der Menschen hier in den vergangenen Jahrhunderten.

Fährverbindungen Archipel von Šibenik zur Hauptsaison

Insel	Fährart	Abfahrt/ Frequenz	Preis p.P.	PKW[4]
ab Šibenik				
Kaprije	Trajekt	10:15, 16:00[1]	2,30	17,00
Kaprije	KAT	09:90, 14:15	1,70	
Žirje	Trajekt	10:15, 06:00[1]	2,30	17,00
Žirje	KAT	1 mal Täglich, unregelmäßig	2,20	
Obonjan	Trajekt	16:00[1]	2,30	
Zlarin	Trajekt	10:15[2]	1,70	11,00
Zlarin	KB	90:30, 12:45[1], 15:30[1], 19:30	2,30	17,00
Prvić (Prvić Luka, Šepurine)	KB	90:30, 12:45[1], 15:30[1], 19:30	2,30	17,00
Vodice (Festland)	KB	90:30, 12:45[1], 15:30[1], 19:30	2,30	07,00
ab Vodice				
Prvić	KB	04:45, 11:00, 14:00, 18:00[3]	2,30	17,00
Zlarin	KB	04:45, 11:00, 14:00, 18:00[3]	2,30	17,00
Šibenik	KB	04:45, 11:00, 14:00, 18:00[3]	2,30	17,00
ab Brodarica				
Krapanj	Bootstaxi	Ca. stündlich 07:00 - 24:00	2,00	

Trajekt = KFZ-Fähre, KB = Klasični Brod (bis 7,5 t),
KAT = Katamaran (Personenbeförderung)
[1]außer So
[2]nur Do
[3]tgl. außer So (So nur 7:15 Uhr)
[4]PKW-Preis beinhaltet den Fahrer,
Richtpreise in Euro (Hauptsaison, sonst –25%)

Inseln vor Šibenik
Pirovac
121
Ivinj
8
E65
Jezera
Vodice
Bisaga
Kamena
192
Rt Obinuš veli
Tribunj
V.-Dražemanski
Logorum
Kukuljari
118
TIJAT
Prčevac
Rt Kaprije
Kaprijski kanal
Bavljenac
Veli
Tetovišnjak
Dužac
142
ZMAJAN
M. Tetovišnjak
Rt Kakan
V.- Borovnjak
KAPRIJE
Kaprije
Žirjanski kanal
KAKAN
111
Veli Mišnjak
Rt Žirje
Ravan
Rt Muna
Hrbošnjak
Žirje
Kapić
134
Mažirina
ŽIRJE
Rt Rasohe
Škrovada
Bakul
Kosmerka

Nationalpark
Krka
Krka
27
Grubišići
Bilice
Rakovo Selo
Šibenik
Dubrava
kod Šibenika
Srima
Šibenski kanal
Kanal Sv. Ante
Prvić
Šepurine
Prvić
Luka
PRVIĆ
Jadrija
Lupac
Zablaće
Donje
Polje
58
8
E65
Solaris
Zlarin
Brodarica
Klepac
169
ZLARIN
Krapanj
Krapanj
Zlarinski kanal
Obonjan
Veli
Sestrica
Mali
Sestrica
Drvenik
Mali
Krbela
Veli
Krbela
Pakitan
Oblik
V. Oštrica
Mali
Mišnjak
Komorica
Dugo
Tmara
8
E65
Smokvica
0
4 km
Lukovnjak

Die Nachkommen jener, die vor den Türken auf das Inselchen geflohen waren, nahmen zwar auf Krapanj ihren Wohnsitz, bebauten aber ihre alt angestammten Felder auf dem Festland. Erst im 18. Jahrhundert, als die Landwirtschaft nicht mehr als Broterwerb für alle ausreichte, begann man mit der **Fischerei** und dem **Schwammtauchen,** eine Tradition, die hier bis heute bewahrt wurde und einige Einkünfte (Schwammfabrik) ermöglicht.

Die meisten Insulaner, vor allem die Jugend, leben und arbeiten vorwiegend auf dem Festland, ohne dabei die Schätze und die Traditionen der Insel vergessen zu haben. Ein interessantes Kulturerbe – Schwämme, Korallen, Amphoren, Antikgeschirr – sowie die authentische Schönheit der Steinhäuser und der engen Gassen sind ein Anziehungspunkt für viele Besucher.

Unterkunft, Essen

- **Apartments und Häuser** kann man sehr leicht selbst vorab arrangieren: der Touristenverband Brodarica-Krapanj hat auf seiner Homepage **www.tz-brodarica.hr** etliche Privatanbieter konzentriert, die man direkt und ohne „Makler“ kontaktieren kann.
- Das kleine €€€**Hotel Spongiola** (Tel. 022-384900, www.spongiola.com) verfügt über Restaurant, Souvenirshop (Schwämme), Wellnessbereich und Schwimmbad.
- Dem Hotel ist das **Diving Center Spongiola** (Tel. 022-348900, www.spongiola.com) angeschlossen.
- Zur Einkehr bietet sich die **Konoba Ronilac** (Tel. 099-563273) an der Promenade an; fangfrischer Fisch je nach Saison sowie hausgekelterte Weine.

Insel Prvić

Zwei Siedlungen

Prvić, gut 1 km vor Vodice gelegen, hat eine Fläche von **2,37 km²** und erstreckt sich mit einer Länge von 3,1 km vom nördlichen Kap St. Lucia bis zum südlichen Kap St. Anton.

Wie auf Krapanj wurde die Insel hauptsächlich im 15. Jahrhundert während der Türkenkriege besiedelt, und auch hier spielte zunächst die Landwirtschaft mit Feldern auf dem Festland rund um Vodice eine Schlüsselrolle beim Broterwerb. Ergänzend kam auf Prvić eine intensive Viehwirtschaft hinzu, wobei die großen unbewohnten Nachbarinseln Zmajan und Tijat als Weideinseln genutzt wurden. Die heutigen Bewohner des Eilandes betrieben meist im Nebenerwerb **Wein-Oliven- und Feigenanbau,** gehen der **Fischerei** nach oder suchen eine neue Betätigung auf dem Festland.

Zwei kleine Siedlungen beheimaten die gut 600 Seelen zählende Inselbevölkerung, **Šepurine** an der Südwestküste und **Prvić Luka** in der geschützten Südostbucht. Zum Baden bieten sich mehrere Kiesbuchten rund um die Insel an.

Prvić Luka

In Prvić Luka mit seinen heute knapp 200 Bewohnern wurde nach Ankunft glagolitischer Mönche 1461 mit dem Bau der Kirche und des gleichnamigen **Klosters Sv Maria** begonnen, welches nach dem Großbrand von 1884 komplett restauriert werden musste. Das Grab in der Klosterkirche weist auf den Universalgelehrten **Fausto Vrančić** (16. Jahrhundert) hin, eine Art „dalmatischer da Vinci", der durch zahllose Maschinenkonstruktionen und die Veröffentlichung eines fünfsprachigen Wörterbuches (darunter erstmals Dalmatisch) große Bekanntheit erlangte.

Unterkunft, Essen

- Unterkunft bietet das kleine, direkt am Ufer gelegene €€€**Hotel Maestral** (Tel. 022-448300, www.hotelmaestral.com) in rustikalem dalmatischem Stein-Holzambiente mit Preisen zu 90 Euro (2 Personen Ü/F, Juli/August, sonst 25–30 Euro).
- **Zwei kleine Konobas** sowie ein **Minimarkt** sorgen für den täglichen Bedarf.

Šepurine

Im **Hauptort** Šepurine (420 Einwohner) sind gleich **drei kleine Kirchen** sehenswert, die 1479 errichtete Gospino Pohodenje (1878 restauriert), die 1620 gebaute Rochuskirche Sv Rok mit sehenswerten hölzernen Barockelementen im Altarbereich sowie die neue Pfarrkirche Velika Madona aus dem Jahre 1878.

Unterkunft, Sonstiges

- In Šepurine wird wie in Prvić Luka **Privatunterkunft** ab 25 Euro angeboten.
- Eine kleine **Dorfpost,** ein **Minimarkt** und das **Fischlokal Ribarski Dvor** sorgen für das Nötigste.

Insel Zlarin

„Insel der Korallen"

Die etwa 1 km dem Festland vorgelagerte Insel Zlarin mit einer Gesamtgröße von rund **8 km²** – wegen ihrer besonderen Naturschönheit mal „Goldene Insel", mal „Grüne Insel" und schließlich auch „Insel der Korallen" genannt – ist schon in der Jungsteinzeit besiedelt worden. Erste dalmatische Zuwanderer kamen im 13. Jahrhundert hierher, im 16. Jahrhundert dann nochmals während der Türkenkriege. Es entwickelten sich Landwirtschaft und Fischerei als Erwerbszweige, hauptsächlich aber wurden die Bewohner Zlarins als tüchtige **Seeleute** und vor allem als **Korallentaucher** bekannt. Letzteres wird nicht mehr aktiv betrieben, die Korallen rund um das Eiland sind geschützt, im kleinen **Korallenmuseum** (geöffnet 8–12 und 16–19 Uhr) kann man die Handverarbeitung der Korallen nachvollziehen und auch Korallenschmuck erwerben.

nd08-260 Foto: wl

Die meisten der 150 Inselbewohner leben im **Hauptort Zlarin** in einer geschützten Bucht im Nordwesten, ein paar Dutzend auch im Weiler **Borovica** im Südosten der Insel. Sie sind heute nach dem Wegfall des umstrittenen Korallentauchens als Einkommensquelle meist in Šibenik berufstätig oder leben vom Tourismus. Kleine **Wälder, Buchten, Strände und kristallklares Wasser** ziehen vor allem Taucher, Segler und Sonnenanbeter an. Regionale Bekanntheit erlangte auch das **Zlariner Folklorefest** mit Musik und Tanz Mitte August.

Bedeutendste **Baudenkmäler** Zlarins sind die gotische Kirche „Unsere Liebe Frau von Rašelj" aus dem 15. Jahrhundert, die barocke Pfarrkirche Velioka Madona (1735 auf den Grundmauern eines Vorgängerbaus errichtet) sowie die Kapellen Sv Rok und Sv Simeon (17. Jahrhundert).

Und so wie Prvić mit *Fausto Vrančić* hat auch Zlarin eine ziemlich bekannte erfinderische Persönlichkeit hervorgebracht, nämlich **Ante Maglica,** eine Art „dalmatischer Daniel Düsentrieb" mit über 100 patentierten Erfindungen. Der USA-Emigrant wurde weltweit vor allem durch die nach ihm benannte, von der amerikanischen Polizei verwendete „Maglite-Taschenlampe" bekannt.

Unterkunft, Sonstiges

- Unterkunft bieten in Zlarin u.a. das kleine €€**Hotel Koralj** (Tel./Fax 022-553621) mit DZ ab 40 Euro, die €€**Apartments Marin** (Tel. 022-553737, www.infoadriatic.com/marin) für 4 Personen mit Internetzugang und Waschmaschine für 55–65 Euro/Tag sowie etwas zurückgesetzt die sehr hübschen **Apartments Katina** (Tel. 022-219786, www.infoadriatic.com/katina) zwischen 35 und 60 Euro/Tag für 2–4 Personen.
- Im Hauptort Zlarin steht Reisenden eine **Touristeninformation** (Tel. 022-553557, nur Juli/August), eine **Post,** eine **Metzgerei** sowie ein **Minimarkt** zur Verfügung.

Getrocknete Feigen auf Žirje, der fruchtbarsten der Inseln vor Šibenik

Insel Kaprije

Kapern

Die Insel Kaprije liegt im mittleren Teil des Šibeniker Archipels und erstreckt sich über eine Landfläche von knapp **10 km^2.** Im 14. und 15. Jahrhundert im Besitz einer Adelsfamilie aus Šibenik, suchten auch hier während der Türkenkriege im 16. und 17. Jahrhundert zahlreiche Flüchtlinge Zuflucht und errichteten die **Petruskirche** im Dörfchen Kaprije, die um 1801 erweitert wurde. Der Inselname weist auf die Gewürzknospe der Kaper hin, die hier seit der frühen Neuzeit angebaut wurde. Heute leben die nur gut 100 Bewohner der Insel von bescheidener Landwirtschaft (Oliven, Wein), vom Fischfang und vom Tourismus.

Der windgeschützte und bei Seglern beliebte Hauptort an der Nordwestseite der Insel ist von Hügeln umgeben, vom höchsten, dem 132 m hohen **Velika Glavica,** hat man einen schönen Rundumblick über das Archipel von Šibenik.

Unterkunft, Sonstiges

- Der Hauptort bietet **mehrere Konobas,** eine **Dorfpost** (tgl. außer So 7–14 Uhr) sowie einen **Minimarkt.**
- Unterkunft findet man in **Privatzimmern** ab 20 Euro oder in der empfehlenswerten, ufernahen €**Pension Nada Gulin** (Tel. 022-449748, www.kaprije.hr) mit 11 Zimmern zu 13–15 Euro/Person (Ü/F, nur Ü 8–10 Euro/Person) und angeschlossenem Fischrestaurant.

Insel Žirje

Nur 75 Einwohner

Der Name der entferntesten Insel (Gesamtfläche **15,5 km^2**) im Šibeniker Archipel weist darauf hin, dass sie früher vermutlich von einem Steineichenwald bedeckt war (kroat. *žir* = Eichel). Das merkwürdige Relief der Insel ist von zwei Hügelketten mit einem dazwischen liegenden fruchtbaren Tal geprägt, wo **Oliven, Wein, Feigen und Pflaumen** gedeihen. Die durchtrennte Küste ist zusätzlich mit vielen Felsen und Inselchen durchzogen, die Gewässer sind besonders fischreich – Delfinschulen auf dem offenem Meer sind keine Seltenheit!

Schon spätsteinzeitlich besiedelt, spielte das Eiland dann unter den Römern eine strategisch bedeutende Rolle als Vorposten vor der ostadriatischen Küste. Im 6. Jahrhundert wurde eine **spätantike Festung** auf dem Hügel Gustijerna erbaut, deren Relikte noch heute sichtbar sind. 1059 schenkte der kroatische König *Peter Kresimir IV.* die Insel den Benediktinern, ab 1323 unterstand sie wieder der Region Šibenik. 1572 wurde die Insel von den **Türken** dem Erdboden gleich gemacht, wirtschaftliche Verarmung und Abwanderung auf das Festland waren bis in die Gegenwart die Folge.

Die rund 75 verbliebenen Einwohner Žirjes leben von Landwirtschaft, Fischerei und bescheidenem Tourismus. Segler und Badeurlauber erfreuen sich der **naturgeschützten Buchten,** aber auch **Rad- und Wanderwege** versprechen ruhige und abgeschiedene Erholung.

Unterkunft

- Unterkunft auf Žirje findet man etwa in den **Apartments Bomi** (Uvala Koromašna 25, Tel. 022-462999, www.infoadriatic.com/bomi) zu 35 Euro (1-Zi.-Apt.) bzw. 50 Euro (2-Zi.-Apt.) in der Hauptsaison oder gleich nahe der Fährstelle Muna bei **Skorić-Apartments** (Tel. 022-462818, www.infoadriatic.com/skoric) mit Apartments für 2 (20–25 Euro/Tag) bis 4 Personen (35–45 Euro/Tag).
- Eine hübsche Bildersammlung zur Einstimmung auf die Insel bietet die Webseite **www.zirje.biz/.**

Nationalpark Krka und Skradin

Wasserfälle

Der Unterlauf des mit 72 km längsten zentraldalmatischen Flusses, der Krka, ergießt sich auf einer Länge von rund 20 km in Kaskaden und sieben Wasserfällen von **Dračevića** (Roški Slap) bis nach **Skradin** (Skradinski Buk). Anschließend fließen die Wassermassen ruhig in den **Prokljansko-See,** der sich bis nach Šibenik erstreckt. Hier mündet die Krka nach einem verengten, kurzen Teilstück in die Adria. Günstige klimatische Bedingungen bei einem hohen Süßwasseranteil der Gewässer

führten zu einem **intensiven Bewuchs des Gebietes** (rund 860 bekannte Pflanzenarten), was nicht weniger als **220 Vogel-, 18 Fisch- und unzählige Amphibienarten** anzog. Das gesamte Gebiet entlang der Krka von Skradin bis Knin wurde daher 1985 offiziell zum Nationalpark erklärt. Vor allem im Sommer sind die Krka-Fälle für den Besucher ein wohltuender Kontrast zur sengenden Küstensonne.

Transport & Verkehr

Zwischen den Abfahrten „Šibenik-Nord" und „Šibenik-Süd" der **Küstenstraße** zweigt die **Abfahrt „Krka/Drniš"** nordostwärts ins Hinterland ab. Nach 10 km folgt man dem Schild „Krka Park – Vodoslap" (Wasserfall) nach links und gelangt gleich darauf an eine Gabelung: Links geht es nach Skradin, das Bahn-Schild führt rechts zum

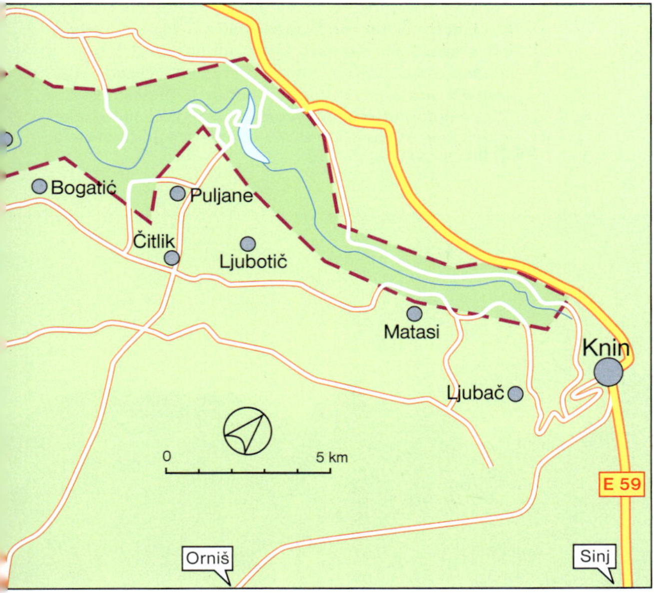

Haupteingang des Krka-Nationalparks bei Tvornica-Lozovac (ab Parkplatz Shuttle-Bahn).

Ein **Bus** verbindet Skradin und Šibenik etwa alle 90 Minuten.

Von Drniš im Inland ist eine Anfahrt bis zum Eingang „Roški Slap“ mit **Bootstour** ab dort möglich.

Aktivitäten

An einigen Stellen des Parks darf **gebadet** werden (z.B. Skradinski Buk), ansonsten bieten sich ausgedehnte **Spaziergänge** oder eine **Bootsfahrt** an. Im Gegensatz zu den Plitwitzer Seen gibt es keinen Rundweg, sondern nur zwei unterschiedliche Abschnitte:

- **Abschnitt 1:** Anfahrt bis Skradin, halbstündige Bootsfahrt zum Wasserfall mit Bademöglichkeit und Spazierwegen (Anstieg).
- **Abschnitt 2:** Anfahrt bis Tvornica-Lozovac, vierstündige Bootsrundfahrt auf dem Visovač-Obersee (Krka-Verbreiterung) mit Besuch der Franziskaner-Klosterinsel (16. Jahrhundert) und der Fälle Roški Slap (12 Kaskaden).

Beide Abschnitte sind von Skradinski Buk bis Lozovac über einen malerischen **Wanderpfad** miteinander verbunden – man sollte (je nach Gehrichtung) etwa 1 bis 1½ Stunden einkalkulieren, zumal sich beeindruckende Wasserspiele und Aussichtspunkte auftun. Interessant ist das kleine **Ethnografische Museum** auf dem Weg mit wasserbetriebenen Mühlsteinen sowie landwirtschaftlichen Geräten (tgl. 8–20 Uhr).

020da Foto: wl

Als **Ausflug ab Šibenik** dauert die Tour in Abschnitt 1 einen halben, in Abschnitt 2 einen dreiviertel Tag; man sollte daher vorsorglich einen ganzen Tag für die komplette Tour erwägen. Die Boote ab Skradin fahren stündlich zwischen 8 und 18 Uhr, das letzte Boot fährt um 19.30 Uhr zurück ab Skradinski Buk.

Badespaß an den Kaskaden der Krka

Sonstiges

- **Gebühren:** ab Skradin 80 K (Eintritt, Boots-Shuttle Skradin – Skradinski Buk und Museum); ab Lozovac 80 K (Bahn-Shuttle Parkplatz – Lozovac, Eintritt und Museum); vierstündige Obersee-Bootsfahrt ab Lozovac (inkl. Klosterinsel) 140 K extra.
- Im Krka-Park bieten größere Kioske **Snacks, Eis und gekühlte Getränke** an (Skradinski Buk, Tvornica-Lozovac und Roški Slap).

Skradin

Anlegestelle

Der malerische kleine Fischer- und Ausflugsort Skradin wird heute vorwiegend als **Ausgangspunkt für Fahrten in den Krka-Nationalpark** genutzt. Die Wartezeit auf das nächste Boot zur vollen Stunde überbrückt man am besten mit einem Rundgang. An der kleinen Promenade findet der Besucher die Anlegestelle der Krka-Boote, eine Bank, Gaststätten, einen Obstmarkt und an dem kleinen Platz eine Parkinformation mit Tickets für das Boot zum Skradinski Buk.

In den hinteren Parallelsträßchen scheint das Leben stillzustehen. Die verwinkelten Gassen führen zur **Pfarrkirche** aus dem 17. Jahrhundert – immerhin war Skradin vom 6. Jahrhundert bis 1830 Bischofssitz der Diözese des Šibeniker Hinterlandes! Allerdings eroberten die Türken 1522 die Stadt wie auch zahllose weitere Landstriche des bosnisch-kroatischen Hinterlandes.

Infos, Agentur

- Die **Touristeninformation Skradin** informiert über den Park, Tel./Fax 022-771306.
- Privatunterkünfte vermittelt die **Agentur Nik,** Tel./Fax 022-778888, nik-ta@si.htnet.hr.

Sonstiges

- So lange das Camp Slapovi geschlossen bleibt, ist das €€**Hotel Skradinski Buk,** Tel. 022-771771, Fax 771770, skradinski-buk@si.htnet.hr, mit DZ zu 600 K die einzige offizielle Unterkunftsmöglichkeit in Skradin.
- Ein **Minimarkt** versorgt mit Lebensmitteln, die **Pizzeria Scardona** mit warmen Mahlzeiten. Gute dalmatische Gerichte servieren die beiden kleinen **Grill-Restaurants** an der Marina.
- Am Ende der Promenade finden Segler die vom ADAC empfohlene **ACI Marina Skradin,** Tel. 022-771365, Fax 771163.

Städte im dalmatischen Hinterland

Wer auf der empfehlenswerten **Inlandsroute über Karlovac nach Zentral- oder Süddalmatien** reist, passiert unweigerlich einige sehenswerte Städte des dalmatischen Hinterlandes. Übernachtungen oder gar längere Aufenthalte lohnen sich nicht, aber als Abstecher oder Pause auf der Route bietet sich ein Besuch durchaus an.

Knin

Königsburg Spas

Die in einem Talkessel gelegene Garnisonsstadt Knin (5100 Einwohner) war einst Sitz der kroatischen Könige, im 16./17. Jahrhundert Hauptquartier der Türken und schließlich im Bürgerkrieg bis 1996 Hauptstadt der ominösen, selbst ernannten **„Serbischen Republik Krajina".** Die Kriegsschäden sind noch immer allgegenwärtig. Die Stadt bildet heute einen wichtigen Bahn- und Straßenknotenpunkt im zentraldalmatischen Hinterland.

Die **wichtigste Sehenswürdigkeit,** die alte Königsburg Spas (15. bis 18. Jahrhundert), liegt rechter Hand oberhalb der Stadt an der Hauptstraße in Richtung Drniš (T-Gabelung: links Split/Sinj, rechts Drniš/Šibenik). Am Ortsausgang Richtung Drniš wird der Fluss Krka am Nordende des gleichnamigen Nationalparks überquert.

Unterkunft, Sonstiges

- **Hotel Mihovil,** Tel. 022-660096, Fax 662416, slavko.zivkovic@si.htnet.hr.
- Im Zentrum (Ul. Tudjman/Trg A. Starčevića) gibt es etliche **Einkaufsmöglichkeiten** (Kaufhaus Robin); **Bahnhof und Busbahnhof** liegen nebeneinander.

Drniš

Weinbau

Zwischen Knin und Drniš wird **rund um Kosovo** intensiver Weinbau betrieben (das Dörfchen hat nichts mit dem serbisch-albanischen Kosovo zu tun!). Kurz vor Drniš (2050 Einwohner) bei Siverić (Hinweisschild beachten) liegt das **Mausoleum** des hier geborenen dalmatischen Nationalkünstlers **Ivan Meštrović** (siehe Glossar).

Im Ort selbst sind die aus einer ehemaligen Moschee entstandene **Pfarrkirche** sowie die ehemalige **türkische Festung** (1520 Eroberung des Hinterlandes durch die Türken) oberhalb des Flusses Čikola sehenswert. Der Fluss mündet wenige Kilometer südlich im Nationalpark in die Krka. Von Drniš aus Richtung Dračevića sind es 15 km bis zum oberen Parkeingang Roški Slap; ansonsten führen zwei beschilderte und gut befahrbare Panorama-Nebenstrecken nach Šibenik und Trogir.

Sinj

Pilgerort

Wer in Knin der Binnenstraße weiter Richtung Split folgt – anstatt Richtung Drniš zu fahren –, passiert Sinj, die letzte und südlichste nennenswerte Siedlung des dalmatischen Hinterlandes; weiter südlich folgen nur noch Split und die Küstenstädte, wenige Kilometer landeinwärts liegt bereits Bosnien. Sinj (11.300 Einwohner) ist ein bedeutendes **Landwirtschafts- und Verkehrszentrum** zwischen Livno/Bosnien und Split.

Bemerkenswert ist im Ort ein **religiöser Tourismus zur Pfarrkirche Heilige Mutter von Sinj** (mit angeschlossenem Franziskanerkloster, erbaut 1698). Dem gleichnamigen Titularbild aus dem 17. Jahrhundert werden Wunderheilkräfte nachgesagt, weshalb alljährlich Tausende von Pilgern der Kirche einen Besuch abstatten. Im zentraldalmatisch-bosnischen Grenzgebiet sind derartige Wunderkirchen keine Seltenheit, erwähnt sei nur der berühmte Wallfahrtsort Međugorje (Muttergottes-Erscheinung) auf der anderen Seite der Grenze. In Sinj geht damit ein Spektakel einher: Am nächstgelegenen Sonntag zu Himmelfahrt (15.08.) findet alljährlich das **Fest Sinjska Alka** statt. Dabei spielt sich ein sehenswertes Schauspiel ab: In vollem Galopp hoch zu Ross müssen die Dorfrecken mit einer Lanze einen aufgehängten Ring aufnehmen – ein interessantes Vergnügen für Jung und Alt! Auch Pferderennen u.Ä. werden an diesem Tag durchgeführt (Ausreitmöglichkeiten an der Pferderennbahn).

Sehenswert ist auch die **Festung Kamičak** oberhalb des Ortes aus dem 18. Jahrhundert mit famosen Ausblicken über Stadt und Hinterland.

Unterkunft

- €€**Hotel Alkar,** Vrlička 50, Tel. 021-824474, Fax 824505, info@hotel-alkar.hr.
- €**Motel Matanovi,** Dvori Gornje Glavice 650, Tel. 021-826797, Fax 824570, matanovi.dvori@inet.hr.

Primošten

Allgemeines

Ein ins Meer, direkt vor das Ufer „geworfener" Hügel, verbunden mit dem Festland durch eine Brücke, bebaut im Laufe der Jahrhunderte mit Fischerhäuschen und einer Kirche auf dem höchsten Punkt – so in etwa darf sich der Reisende das **reizvolle,** auch als Urlaubsstandort empfehlenswerte **Städtchen** Primošten vorstellen, ein 1500 Einwohner zählendes größeres Küstendorf zwischen Šibenik und Trogir.

Der Ort ist heute natürlich über das Inselchen hinausgewachsen, aber nach wie vor klein und überschaubar. Die teils ummauerte Insel bildet die **Altstadt,** der gegenüberliegende Bereich mit der neuen Promenade und dem Tennis-/Hotelbereich die **Neustadt.**

Sehenswertes

Das winzige **Inselzentrum** liegt gleich am Stadttor, wo sich eine Bäckerei und ein Minimarkt befinden. Geradeaus führt die Gasse hinauf zur Kirche, links zieht sich der Weg an den Fischerbooten außen an der Insel entlang. Folgt man diesem, erreicht man die Ul. Terzačka (rechts hinauf Konoba Babylon) und die **Pfarrkirche Sv Juraj** aus dem 15. Jahrhundert (im 18. Jahrhundert restau-

022da Foto: wl

riert). Hier bietet sich ein schöner Blick über die schiefergedeckten Dächer des Ortes, die einen farblich eindrucksvollen Kontrast zum tiefblauen Meer bilden. In der Kirche befindet sich der Sarkophag des Šibeniker Bischofs *Arnerić;* auch der Ortsfriedhof liegt unmittelbar neben der Kirche. In den Gärten der Altstadthäuschen werden Wein und Feigen angepflanzt, Letztere legen die Bewohner oft einfach auf einem Tuch mitten in der Gasse zum Trocknen aus.

Transport & Verkehr

An der Abfahrt von der Küstenstraße folge man an der Gabelung dem rechten Weg bis zum großen **Parkplatz** am Tennisplatz (8 K). Von hier führt das Sträßchen unmittelbar vor dem Tennisplatz hinunter zur kleinen Außenpromenade und zum Stadttor der Altstadt.

Beschaulichkeit im Zentrum des kleinen Ortes

Primošten in äußerst malerischer Lage

Infos, Agentur

- **Touristeninformation,** Rudina Biskupa, J. Arnerića 2, Tel. 022-570111.
- Am Stadttor bietet die **Agentur NIK,** Tel./Fax 022-571200, nik-ta@si.htnet.hr, neben Zimmervermittlung und Auskunft eine Reihe interessanter Ausflugsmöglichkeiten, z.B. Krka 150 K ganztägig, Kornaten inklusive Fischessen 240 K ganztägig und sogar eine Pilgerfahrt ins bosnische Međugorje inklusive Mittagessen für 220–250 K.

Unterkunft

- Im Innenstadtbereich empfängt den Einfahrenden gleich eine ganze Armada von Agenturen, die €-€€€**Zimmer und Ferienwohnungen** vermitteln. Sucht man auf eigene Faust, sei die kleine €€**Privatpension** gegenüber der Konoba Babylon im Zentrum der Altstadt wärmstens empfohlen.
- Mehrere Hotelanlagen liegen am Tennisplatz/Parkplatz in unmittelbarer Gehnähe zur Altstadt, u.a. €€€**Hotel Adriatic,** Bana Jelačića 7, Tel. 022-570048, €€€**Hotel Zora,** Tel. 022-581111, Fax 571161, zora@primosten-hoteli.hr und €€€**Hotel Raduča,** Tel. 022-581111 – allesamt häufiges Ziel von Pauschalreisegruppen.

Camping

- €**AC Oliva,** in Grebaštica (zwischen Šibenik und Primošten) und €€**AC Adriatic,** 4 km nördlich, Tel. 022-581010, Fax 570317.

Essen & Trinken

- In der Altstadt empfehlen sich die **Konoba Babylon** (tgl. 12–14 und 18–24 Uhr, Fischplatte für 2 Personen 200 K) und die **Konoba Maestral,** ebenfalls mit guten Fischplatten (325 K für 4 Personen), zwischen Bäckerei und Kirche.
- An der Promenade der Neustadt reihen sich mehrere **Cafés** (ohne Speisen) aneinander; die **Pizzeria** oben am Tennisplatz bietet günstige und leckere Pizzen und Nudelgerichte.

Zentraldalmatien

kro_348 Foto: wl

Sonstiges

!

- **Marina Kremnik,** Tel./Fax 022-570068, unterhalb der Hotels gelegen.
- **Wassersport:** unterhalb des Tennis-/Parkplatzes (Abgänge auf der anderen Parkplatzseite).
- Die **Tauchbasis Plavi Val** bietet Bootstauchgänge zu den sehenswerten Spots um Primošten an. Verleihstellen bei den Hotels und Campingplätzen.
- Leser empfehlen die **Disco Aurora** 1 km außerhalb an der Hauptstraße mit schönem Außenbereich (nur Fr/Sa, Tel. 022-570836, 35 K Eintritt).

Trogir

Allgemeines

„Perle Zentraldalmatiens"

Es muss wohl eine Eigenheit der Kroaten gewesen sein – angesichts der Türkengefahr im Spätmittelalter vielleicht auch ein raffinierter Trick –, dass man um eine am Meer gelegene Siedlung einen Graben grub und so eine **künstliche Insel** schuf. Berühmte Beispiele hierfür sind Primošten, Nin und auch Trogir, die „Perle Zentraldalmatiens".

In der Tat kann ein – auch längerer – Aufenthalt in Trogir, von der UNESCO zum **Weltkulturerbe** erklärt, wärmstens empfohlen werden, denn es wird eine **vollständig erhaltene, verkehrsfreie Altstadt** geboten, die allenfalls von Dubrovnik übertroffen wird. Mit der vorgelagerten und per Brücke angebundenen **Insel Čiovo** liegen Bade- und Wassersportmöglichkeiten vor der Tür, der internationale Flughafen Split ist nur 15 Fahrminuten entfernt, und Ausflugsziele wie Split (ausgezeichnete Busanbindung), Solin, Primošten oder der Krka-Nationalpark liegen in der Nähe. Es gibt ein breites Angebot an Unterkunfts-, Verpflegungs- und Unterhaltungsmöglichkeiten (einschließlich Tauchbasis und Marina).

Viele der rund 9000 Bewohner leben folglich vom Tourismus, ansonsten hat Trogir einen guten Namen im Jachtbau sowie in Pharma- und Tabakhandel.

Geschichte

Kaum Änderungen im Stadtbild

Schon im 3. vorchristlichen Jahrhundert als griechisches Tragurion belegt, entwickelte sich Trogir während der römischen Phase durch die Nähe zu Split zu einem bemerkenswerten **Handelshafen.** Diese Bedeutung nahm noch zu, als das antike Salona (Solin) zerstört wurde und die Bevölkerung nach Split oder Trogir floh. Im 9. Jahrhundert slawisiert (Anerkennung der kroatischen Könige) und im 11. Jahrhundert christianisiert (Begründung der Diözese Trogir), entwickelte sich das städtische Gemeinwesen, was zur Anerkennung als **freie Stadt** unter König *Koloman* (1107) und zum Ausbau der heutigen Insel und Altstadt vom 13. bis 15. Jahrhundert führte.

Zwar ging 1420 ganz Dalmatien an Venedig, nicht aber die freien Städte, weshalb Trogir belagert und schließlich erobert wurde. Die **städtische Architektur** wurde daraufhin zwar im venezianischen Stil teilweise ergänzt oder restauriert, aber kaum neu gestaltet. Änderungen am Stadtbild sind, auch platzbedingt, seit dem 17. Jahrhundert nicht mehr vorgenommen worden. Während der österreichischen (1797–1918) und altjugoslawischen Phase (1918–1990) entwickelten sich lediglich die Neustadt und die Insel Čiovo.

Sehenswertes

Stadtmauern

Vom Festland und von der Durchfahrtsstraße Trpimira/Stepinca über die Brücke auf die Insel fahrend, blickt man direkt auf die Stadtmauern und das **Landtor** mit dem Stadtpatron *Ivan Ursini*. Der aufmerksame Beobachter wird in Trogir feststellen, dass es nur sehr wenig „echte" Stadtmauer gibt, und dass vielmehr die **äußeren Häuser** in engem Schulterschluss aneinandergebaut wurden, was der Stadt einen wehrhaften Charakter verleiht. Pkws dürfen lediglich die Blaža Jurjeva auf dem Weg zur Insel Čiovo benutzen.

Stadtmuseum

Das ehemalige venezianische Patrizierdomizil **Palazzo Fanfogna** beherbergt heute das Städtische Museum in Form eines Adelssalons mit angeschlossener **Galerie** lokaler Künstler. Interessanter dürfte für Althistoriker das dazugehörige **Lapidarium** mit griechischen und römischen Skulpturen sowie Bauteilen aus dem Mittelalter sein.

- **Öffnungszeiten:** tgl. 10–20 Uhr.
- **Eintritt:** 10 K, Beschriftungen nur auf Kroatisch.

Altstadt und Trg Ivana Pavla II

Zentrale Spaziergasse ist die **Gradska,** die 1991–2001 zum Dank für die staatliche Anerkennung durch Deutschland (Vorreiter in der EU) „Kohl-Genschera" hieß! Die engen Gassen weiten sich in Trogir nur ein einziges Mal, nämlich zum **Trg Ivana Pavla II,** benannt nach Papst *Johannes Paul II.* Der **Paradeplatz der Stadt** mit seinen auf einen Cappuccino lockenden Cafés ist Standort mehrerer Prachtbauten.

Čipiko-Palast

Der Stadtpalast der Adelsfamilie *Čipiko* zählt zu den typischsten dalmatischen **Patrizierhäusern** aus der venezianischen Epoche **im spätgotischen Stil.** Im 15. Jahrhundert errichtet, wurde er nach Bauabschluss mit Zierornamenten (Spruchbänder, Porträts) versehen, was bereits auf den Einfluss der frühen Renaissance hinweist.

Kathedrale Sv Lovro

Als das unbestrittene **architektonische Prunkstück** von Trogir gilt die Kathedrale, da sich in ihr – bedingt durch die lange Bauzeit vom 13. bis 15. Jahrhundert – **mehrere Baustile** erkennen lassen. Das Hauptportal von 1240, ältester Teil der Laurentius-Kathedrale, zeigt weit mehr Verzierungen als sonst üblich: *Adam* und *Eva* auf steinernen Löwen, Heiligenfiguren und einen detaillierten Jahreslauf der zwölf Monate. Das Portal und seine sehr realistischen Darstellungen sind ein Werk des dalmatischen Künstlers *Radovan.*

Auf ihn geht auch das **Ziborium** über dem Hauptaltar der dreischiffigen Basilika zurück. Das

023da Foto: wl

geschnitzte **Chorgestühl** zählt zu den feinsten jemals gearbeiteten seiner Art. Erst 1468 wurde die nördliche **Kapelle** des Stadtheiligen *Ivan Ursini* hinzugefügt. Sie ist eine Koproduktion der dalmatischen Renaissancekünstler *Andrija Aleši* (Dalmatinac-Schüler), *Ivan Duknović* und *Niccolo Fiorentino* und beherbergt neben den figürlich dargestellten Heiligenfiguren auch einen gotischen Sarkophag mit den Gebeinen des Bischofs *Ivan Ursini*.

Im **Campanile** schließlich gipfelt die Stilmischung in einem spätromanischen Unterbau aus dem späten 14. Jahrhundert, einem gotischen ersten Geschoss (frühes 15. Jahrhundert), dem zweiten Stockwerk in venezianischer Spätgotik (um 1425) und dem Renaissance-Obergeschoss aus dem 16. Jahrhundert.

In der **Schatzkammer** sind u.a. königliche Siegel und Sakralreliquien aus der langen Kirchengeschichte Trogirs zu besichtigen. Eine spannende Geschichte ist mit der ausgestellten Haube von

Der innere Hafen von Trogir

König *Bela IV.* verbunden, der 1242 auf der Flucht vor den Hunnen in Trogir Zuflucht nahm und der Stadt zum Dank neben Ländereien auch seine Kopfhaube vermachte.

- **Öffnungszeiten:** tgl. 9–12 und 16.30–19.30 Uhr, Schatzkammer (externer Zugang) tgl. nur vormittags 8–12 Uhr.
- **Eintritt:** 10 K.

Loggia und Rektorenpalast

Die beeindruckende, säulenbestandene **Loggia** mit dem klobigen **Uhrturm** ist aus dem 15. Jahrhundert und diente ursprünglich als städtischer Gerichtshof. Die Verzierungen und Skulpturen stammen von *Niccolo Fiorentino.*

Unmittelbar neben der Loggia steht der dreigeschossige ehemalige **Rektorenpalast,** der heute als **Rathaus** von Trogir dient. Er stammt ebenfalls

kro_351 Foto: wl

aus dem 15. Jahrhundert und ist mit dem Stadtwappen verziert.

Benediktinerabtei

Der erste größere Orden in Trogir war der der Benediktiner. Ihre Abtei wurde im 13. Jahrhundert an der **Ostseite der Stadt** errichtet. Von der Abteikirche zu Ehren *Johannes des Täufers (Sv Ivan)* abgesehen, ist von den einst weitläufigen Bauten nichts geblieben. Die Kirche selbst birgt ein Lapidarium und eine Galerie mit Kirchenkunstschätzen.

Sv Barbara

In der Gradska Ulica schließt sich unmittelbar an die Loggia die **Basilika** Sv Barbara (10. Jahrhundert) an. Die kleine Kirche macht zwar keinen spektakulären Eindruck, ist aber das älteste erhaltene Bauwerk der Stadt. Beim Bau wurden einige römische Säulen eines Tempels verwendet, der an diesem Platz gestanden hatte.

Sv Nikolaj und Kairos-Sammlung

Kurz vor dem südlichen Ende der Gradska Ulica liegt linker Hand das **Benediktinerinnenkloster** Sv Nikolaj, gegründet im 11. Jahrhundert. Das Klostergebäude dürfte Kunsthistoriker in wahre Wonne versetzen, wird doch im Innenhof das einzige erhaltene griechische Schriftzeugnis Kroatiens aus dem 4. Jahrhundert v. Chr. aufbewahrt.

Die ordenseigene **Kairos-Kunstsammlung** – vorwiegend mit Gemälden aus Mittelalter und früher Neuzeit – verdankt ihren Namen dem ebenfalls griechischen Marmorrelief der Gottheit *Kairos* (Gott des glücklichen Moments) aus dem 1. Jahrhundert v. Chr. Die seltsame Haarpracht des Gottes erklären die Benediktinerinnen damit, dass es sich um ein Sinnbild der These handele, man solle Chancen, wenn sie sich bieten, beim Schopfe packen (Haarpracht vorn), denn wenn die Gelegenheit vorbeigeeilt sei (kahler Hinterkopf), sei die Chance vertan (Eintritt: 10 K).

Das Landtor: obenauf der Stadtpatron Sv Ivan Ursini

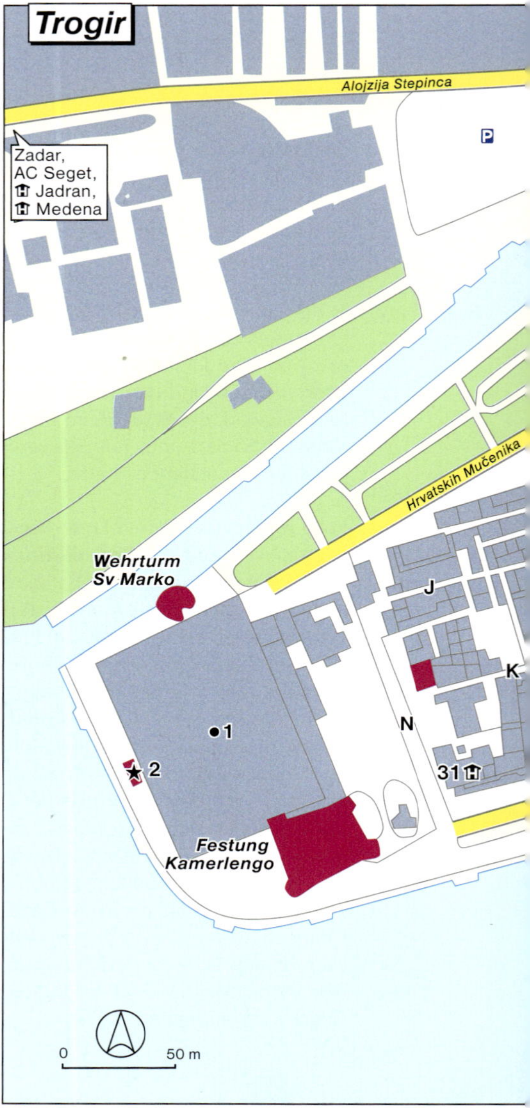
Trogir
Alojzija Stepinca
Zadar,
AC Seget,
Jadran,
Medena
Hrvatskih Mučenika
Wehrturm
Sv Marko
J
K
N
1
2
31
Festung
Kamerlengo
0
50 m

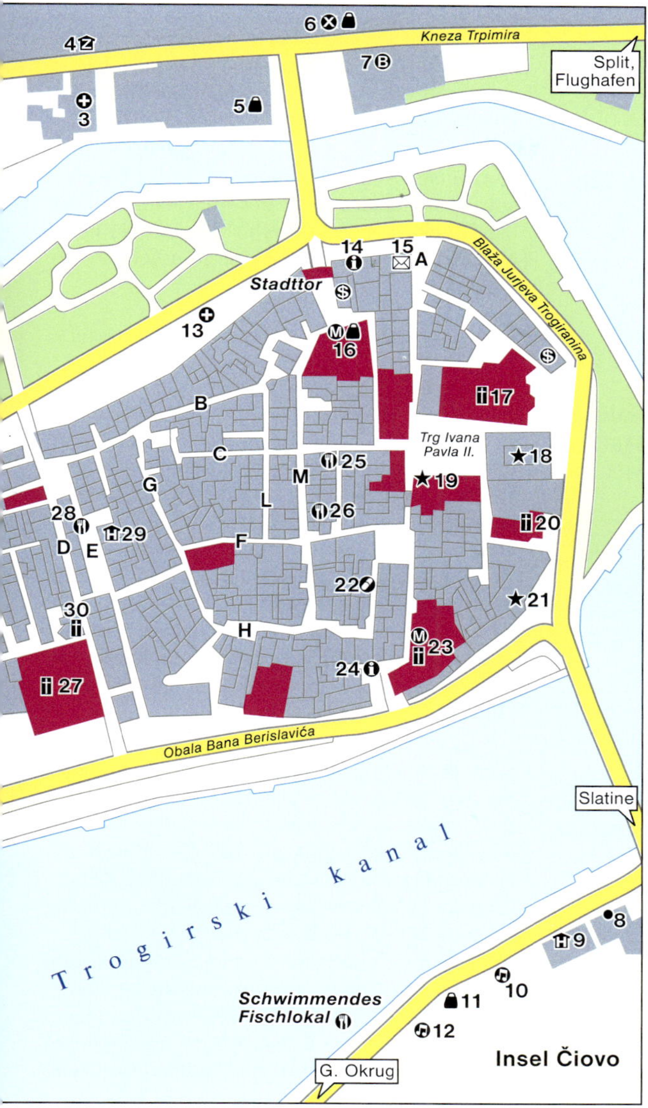
Kneza Trpimira
Split, Flughafen
Stadttor
Blaža Jurjeva Trogiranina
Trg Ivana Pavla II.
Obala Bana Berislavića
Slatine
Trogirski kanal
Schwimmendes Fischlokal
G. Okrug
Insel Čiovo
1
2
3
4
5
6
7
8
9
10
11
12
13
14
15
16
17
18
19
20
21
22
23
24
25
26
27
28
29
30
A
B
C
D
E
F
G
H
L
M

Sv Dominik Den Benediktinern folgten die Dominikaner nach Trogir und errichteten im 14. Jahrhundert außerhalb der inneren Stadtmauern ihre Bruderschaftskirche. Auffallend ist an der **schlichten Klosterkirche** der Glockenturm im venezianischen Stil.

Svi Veti Nur wenige Meter stadteinwärts, an der Ecke Vukovarska/Kažotica, trifft der Kunstliebhaber auf die **Kapelle** Svi Sveti (Allerheiligen), in der heute eine **Galerie** mit Werken lokaler Künstler untergebracht ist.

• **Öffnungszeiten:** Mo bis Sa 9–12 und 18–22.30 Uhr, So 9–12 Uhr.

Festung Kamerlengo „Und ist die Stadt auch noch so klein, ein Fußballplatz, der muss wohl sein" – das westliche Ende der gerade einmal 500 x 200 m messenden Altstadtinsel wird in der Tat von einem **Fußballfeld** vereinnahmt, das sich zwischen die Überreste der einst mächtigen venezianischen Festung Kamerlengo aus dem 15. Jahrhundert zwängt. Erhalten ist an der Čiovo-Seite noch ein Teil der Wehranlage, an der Kanalseite das **Markustor** und an der Nordseite – einmalig in Kroatien – ein **Rundpavillon** aus der kurzen französischen Besatzungszeit (1805–1812) unter *Napoleon*.

Seetor und kleine Loggia Wenige Meter hinter der Klosterkirche Sv Nikolaj durchbricht das Seetor die Außenmauer zur inneren Uferpromenade. Hier schließt sich unmittelbar die kleine Stadtloggia an, bei der täglich der **Fischmarkt** mit geradezu jahrmarktähnlichem Charakter stattfindet; dieser soll allerdings künftig ans Festland vor der Brücke verlegt werden.

Es lohnt sich insbesondere in den Abendstunden, die Stadt auf der **Uferpromenade** zu umrunden und auch einmal einen Blick von der gegenüberliegenden **Insel Čiovo** herüberzuwerfen, um das großartige mittelalterliche Stadtpanorama einzufangen.

1 Sportplatz
2 Französische Gloriette
3 Krankenhaus
4 Zimmervermittlung
5 Markt
6 Kaufhaus, Taxistand
7 Busbahnhof
8 Agentur Atlas
9 Vila Sikaa
10 Privater Weinverkauf
11 Erste Hilfe
12 Stadtmuseum & Buchhandlung
13 Post
14 Kathedrale
15 Rathaus
16 Stadtloggia, Uhrturm
17 Johannes-Abtei
18 Gerichtshof
19 Apotheke
20 Sv Nikolaj & Kairos-Museum
21 Touristinformation
22 Restaurant Staročeški
23 Restaurant Marjana
24 Restaurant Tragos
25 Sv Dominik
26 Rest. Krstan, Bistro Jambo u.a.
27 Hotel Fontana
28 Kapelle & Galerie
29 Hotel Concordia

Banken

Straßen

A Ul. Grada (ehem. Kohl-Genschera)
B Šubičeva
C Matije Gupča
D Augustina Kažotica
E Obrova
F Duknovica
G Mornarska
H Ribarska
J Matice Hrvatske
K Vukovarska
L Budislavićeva
M Šubičeva
N Hrvatskog Proljeća 1971

Transport und Verkehr

Bus

Nahverkehr: Slatine/Čiovo Mo bis Sa 11x tgl., So 7x tgl.; Donji Okrug/Čiovo Mo bis Sa 9x tgl., So 9, 14.10, 17 und 19.10 Uhr; Split 4–23.30 Uhr 50x tgl. (etwa alle 20 Minuten)

Fernverkehr: Šibenik/Zadar 5x tgl. in der Zeit von 10.30–12 Uhr; München, Nürnberg, Wiesbaden, Berlin tgl. 10.30 Uhr; Hannover, Hamburg Mo, Sa und So 10.30 Uhr; München Do und Sa 14.30 Uhr.

Fähre

Fährverbindung **nach Veli und Mali Drvenik** Mo bis Sa 14 Uhr.

Auto/Taxi

Trogir liegt neben der Küstenstraße; man gelangt über die Durchgangsstraße Trpimira/Stepinca zur

Brücke und ins Zentrum. **Parkmöglichkeiten** in der Stepinca und auf der Insel Čiovo.

Taxis kosten 10 K plus 8 K/km. Vom Flughafen von Split ist man per Taxi in gut 10 Minuten im Ort.

Touristische Infrastruktur

Infos

•**Touristeninformation Trogir** mit zwei Filialen jeweils an den Stadttoren der Gradska Ulica (Tel. 021-885628, www.trogir-online.com), geöffnet Mo bis Fr 8–14 Uhr, im Sommer tgl. außer So 8–19 Uhr (Hochsommer bis 21 Uhr).

Agenturen

Unterkunftsvermittlung, Ausflüge, Fahrzeuge usw. arrangieren u.a. folgende Agenturen:

•**Atlas,** Čiovo, an der Brücke, Tel. 021-881374, Fax 884744, atlas.trogir@st.htnet.hr.

•**Čipico,** Gradska Ul. 41, Tel./Fax 021-881554.

Unterkunft

In der Altstadt wie auch in der unmittelbaren Umgebung (z.B. Insel Čiovo) sind reihenweise Unterkunftsmöglichkeiten zu finden, viele sogar in Gehnähe zum Zentrum.

•€-€€€ **Privatzimmer und Ferienwohnungen** werden über die Agenturen vermittelt; man wird aber auch gerne „unter der Hand" aufgenommen, wobei die meisten Unterkünfte auf Čiovo oder an der Lagune Richtung Split liegen.

•Sehr schön und angenehm wohnt man beispielsweise in der hübsch im Ortsteil Čiovo gelegenen, keine 50 m vom Strand entfernten € **Ferienwohnung Bernardica;** schlicht und zweckmäßig eingerichtet mit Balkon oder Terrasse und zusätzlich gemeinsamer Grillterrasse, 30–46 Euro/Nacht, zu buchen über: Familie *Klingenberg,* Am Ölberg 9, 55459 Grolsheim, Tel. 06727-892477 oder unter www.privaturlaub-kroatien.de.

•An **Altstadthotels** bieten sich an: das €€€ **Fontana,** Obrov/Ecke Monarska, Tel. 021-885744, Fax 885755, fontana-commerce@st.t-com.hr, und das €€ **Concordia,** Obala Berislavića, am Kastell, Tel. 021-885400, Fax 885401, www.concordia-hotel.htnet.hr.

•Von der Vielzahl an **Hotels Richtung Zadar** empfiehlt sich vor allem die €€€ **Hotelanlage Medena,** Tel. 021-880588, Fax 880019, info@hotelmedena.com, mit DZ und Apartments, Disco, Tauchbasis, Bootsverleih.

Camping

•An der Abzweigung der Küstenstraße nördlich vor Trogir liegt das schöne €€€ **AC Seget-Vranjica Belvedere,** Tel. 021-894141, Fax 894143, mit Segelboot- und Surfverleih sowie Tauchbasis.

- In Seget-Donji liegt ein €**Minicamp,** Tel./Fax 021-880394, Mitte April bis Mitte Oktober.

Essen & Trinken

Die **Altstadt und ihre unmittelbare Umgebung** bieten preiswerte und originelle Gastronomie im Überfluss.

- Das **Bistro Jambo,** Ul. Obrov, eine gute und preiswerte Nudel-Pizzeria, teilt sich den Platz mit mehreren Gaststätten, u.a. dem mittelpreisigen **Restaurant Krstan** (dalmatische Fleischspezialitäten).
- Als Fischlokal im mittleren Preissegment ist das **Marjana** mit angenehmem Innenhof hervorzuheben (Fischplatte für 2 Personen für 150 K).
- Das **Tragos** um die Ecke ist ebenfalls ein – etwas gehobeneres – Fischlokal, auch mit nettem Hof.
- Sehr beliebt ist das **Restaurant Monica** (Ul. Duknovica) mit sehr guten Lamm- und Fischgerichten.
- Das **schwimmende Fischlokal Celika** (= Schiff) auf der Čiovo-Seite erlaubt neben dem kulinarischen auch einen optischen Genuss durch den schönen Blick auf die Altstadt.

Aktivitäten

- **Baden:** Beim Sportplatz bedingt, ansonsten an den Uferabschnitten Richtung Zadar und Split und auf Čiovo.
- **Tauchen:** Über die Tauchbasen des Hotel Medena (s.o.) und in Gornji Okrug/Insel Čiovo (s.u.).
- **Abendunterhaltung: Nachtclub und Disco** im **Hotel Medena,** im Sommer (01.07.–31.08.) **Trogir-Festival** mit Freiluft-Musikkonzerten bis in die Nacht und folkloristischen Darbietungen (in den Altstadtgassen). Eher das jüngere Publikum locken die beiden **Discos Monaco** und **Diamant** rechts der Brücke auf Čiovo.

Sonstiges

- Selbstversorger finden am Landtor einen **Minimarkt,** in der Stadt **Bäckereien,** einen **Obst- und Gemüsemarkt** an der Brücke sowie ein größeres **Kaufhaus** gegenüber vom Busbahnhof.
- **Bank/EC-Automat:** u.a. Splitska Banka, Ul. Trogiranina, Mo bis Fr 7–12 und 14–19 Uhr, Sa nur vormittags.
- **Post:** um die Ecke vom Landtor, Mo bis Sa 7–21 Uhr, in der Hauptsaison auch So.
- **Krankenhaus:** Ul. Stepinca, zwischen Markt und Parkplätzen.
- **ACI Marina Trogir,** Tel. 021-881226, Fax 881258, mit Restaurant und Nachtclub, auf der Čiovo-Seite.
- **Bootsverleih/Wassersport** in der Ferienanlage Medena.

Insel Čiovo

Ferieninsel

Trogir unmittelbar vorgelagert und mit einer Brücke verbunden, dient die gut **30 km²** große Insel Čiovo als Wochenenderholungsgebiet und Ferieninsel. Eine Marina, angenehme Strände, Campingmöglichkeiten und zahllose Privatunterkünfte machen Čiovo, obwohl es keine Sehenswürdigkeiten zu bieten hat, zu einem beliebten Standort für einen Urlaub in der Region Trogir/Split.

Die **Inselgeschichte** liest sich wie ein historischer Krimi: Verbannungsort unter den Römern, Quarantänestation für Leprakranke im Mittelalter, später Zufluchtsort vor den Türken. Im 19. Jahrhundert wurde die Insel für ihre Heilkräuter berühmt.

Die **Orientierung** entlang der fast durchgehend besiedelten nördlichen Küstenstraße ist leicht: Hinter der Brücke liegt der gleichnamige Bezirk Čiovo, der eigentlich ein Ortsteil von Trogir selbst wurde. Links der Brücke geht es über den alten Dominikanerkonvent Sv Križ/Arbanja (15. Jahrhundert) nach **Slatine.** Es gibt hier etliche Zimmervermieter, die Aparthotels €Villa Sanda und €Villa Tina, einen kleinen Fischer- und Yachthafen mit Gaststätte (hier Bushaltestelle) sowie eine ca. 2 km lange Schotterpiste mit etlichen Bademöglichkeiten. Split scheint hier zum Greifen nahe zu liegen (ca. 3 km entfernt). Über Trampelpfade kann man noch bis zum Ende der Insel und zur kleinen Kapelle Gospa Prizidnica sowie zu der am Ufer gelegenen Einsiedelei gehen, eine Inselumrundung ist jedoch nicht möglich.

Folgt man der Beschilderung nicht die Küste entlang bis Slatine, sondern noch in Čiovo einer schmalen Straße rechts nach **Žedno,** erreicht man nach wenigen Minuten den ruhigsten Bezirk der Insel. Vom **Rudine,** dem mit 218 m höchsten Punkt der Insel, hat man einen guten Überblick über Trogir und die umliegenden Inseln Veli Drvenik, Šolta und Brač.

In Čiovo geht die Straße rechts durch die endlosen, zusammengewachsenen Neubauten zum Bezirk **Gornji Okrug** mit mehreren Badebuchten. Den Hügel hinauf führt rechts die einzige Abzweigung nach **Donji Okrug,** etwas weiter liegen eine kleine, aber feine und flache Bucht sowie das Trogir Diving Center.

Richtung Donji Okrug findet man erstmals einen weniger besiedelten Streifen der Insel. Die Straße endet an einer kleinen, wenig überlaufenen Bucht mit Parkplatz. Der Ortsteil Donji selbst ist winzig, er bietet eine Post am Ortseingang sowie das Restaurant Leut (18–22 Uhr).

Unterkunft, Sonstiges

- In Gornji Okrug findet man **Zeitschriftenhandel, Bäckerei, Minimarkt,** das €€€**Hotel Miramar, Fahrrad- und Wasserscooterverleiher** sowie das gute **Restaurant Zerdela** mit dalmatischen Fleisch-Spezialitäten.
- **Tauchen: Trogir Diving Center,** Tel./Fax 021-886299, Unterkunft in einem der angeschlossenen Gästezimmer möglich, die 50 schönsten Tauchplätze der Umgebung werden per Tauchkutter oder Schnellboot angefahren; geöffnet Ostern bis Ende Oktober.
- Leser loben den **Campingplatz Labadusa** (www.labadusa.com); Anfahrt: Hinter der Brücke von Trogir kommend rechts und der Straße folgen bis das Autocamp rechts über eine längere enge Piste angeschrieben ist. Mopedverleih am Platz, 20 Gehminuten zur Bushaltestelle.
- Etwa 500 m vom Platz entfernt liegt die **Konoba Duga** – toller Ausblick, schönes Ambiente, superfreundliches Personal, trinkbarer Weißwein und sehr gutes Essen! Die gegrillten Calamari sind ein Gedicht.

Solin – das antike Salona

Einst bedeutende Stadt

Die Straße zwischen Trogir und Split nennt sich „Kaštela" (Kastell, Burg), benannt nach den 13 venezianischen Wehranlagen zwischen den beiden Orten; auch der internationale Flughafen trägt diese Bezeichnung. Zu sehen sind nur noch wenige Reste, so ein Kastellturm am Ortsende von Trogir vor der Auffahrt auf die Küstenstraße.

Salona, der antike Name des heutigen Solin, war um die Zeitenwende bis etwa zum 8. Jahrhundert

kro_359 Foto: wl

die bedeutendste Stadt Dalmatiens – kein Geringerer als der römische **Kaiser Diokletian** baute Salona als **Sommerdomizil** aus. Die Stadt beherbergte damals rund 50.000 Bürger. Im Mittelalter vergessen und zerfallen, kümmern sich heute wieder Heerscharen von Archäologen um die Ausgrabung der antiken Stätten. Tatsächlich findet man überall in und um Solin **Tempelreste, Aquädukte und Mauern.** Ein wirklich sehenswertes Teilstück sei – schon wegen der herrlichen römisch-kaiserlichen Gartenanlage mit Blick auf Split – auch dem geschichtlich vielleicht nicht so Interessierten empfohlen: Küstenstraße Abfahrt „Kaštela/Sinj", dann gleich rechts Richtung Sinj (Kaštelanska Ulica), 300 m hinein bis zur Fernfahrer-Imbissbude Café-Bar Salona rechter Hand (Parkplatz, Bushaltestelle); hier liegt die große archäologische Stätte Salona mit einem sehr gut erhaltenen, blühenden Berggarten und etlichen weitläufigen Tempelrelikten; das kleine Museum ist leider meist geschlossen.

Split

Allgemeines

Kroatiens zweitgrößte Stadt

„Nirgends auf der Welt sah ich **so große Männer und so schöne Frauen** als in Split!" (*R. Templeman,* Journalist) Mag diese begeisterte Bekundung auch etwas übertrieben erscheinen, so ist doch nicht zu leugnen, dass aus Kroatiens zweitgrößter Stadt (210.000 Einwohner) nicht weniger als drei bekannte NBA-Basketballer und einige Miss-World-Nominierungen hervorgingen. Aber auch historisch, wirtschaftlich und politisch erweist sich Split als das **vitale Herz Mitteldalma-**

Brunnen im antiken Salona nicht weit von Split

tiens. Während andere große Hafenstädte – allen voran Rijeka – nur wenige Reisende anziehen, ist Split mit dem monumentalen Diokletianspalast und der nur wenige Gehminuten entfernten hügeligen Landzunge Marjan letztlich auch touristisch ein Magnet, auch wenn der erste Eindruck der umliegenden Wohnvorstädte dieses Bild zunächst etwas trübt.

Für die Bewohner der Stadt und des Umlandes gilt Split als Kernstück und Kopf Dalmatiens, es ist **zentraler See- und Fährhafen,** Sitz peripherer Industrie, Heimat kritischer Tageszeitungen und wissenschaftlicher Fakultäten (Geschichte und Seefahrt), besitzt Museen, Bibliotheken und andere **kulturelle Einrichtungen,** zu denen für die meisten Einheimischen auch der international bekannte Fußballclub Hajduk Split gehört, dessen Duelle mit Dinamo Zagreb schon beinahe nationaldalmatischen Charakter tragen.

Geschichte

Wichtige Hafenstadt

Illyrische Siedler hatten sich etwa um 500 v. Chr. im nahe gelegenen Salona niedergelassen, wurden aber bereits um 350 v. Chr. von den **Griechen,** welche den Raum Salona/Split/Issa/Hvar kolonisierten, aufgesogen und assimiliert. Ab 80 v. Chr. erschienen auch die Legionen des Imperium Romanum vor den Pforten Salonas und legten einen Hafen im Bereich des heutigen Split an. Unter **Kaiser Diokletian** (s.u.) begann der weiträumige Ausbau der Stadt. Mit dem Fall Westroms und der einsetzenden Völkerwanderung wurde Salona zerstört, die Bewohner flohen in die einstigen römischen Mauern von Split, welches Ostrom (Byzanz) unterstand.

Im **Hochmittelalter,** mit Entstehung des kroatischen Königreiches, war eine weitgehend autonome Stadt entstanden, die ihre relative Unabhängigkeit während der Zugehörigkeit Dalmatiens zur kroatisch-ungarischen Doppelmonarchie bis ins frühe 15. Jahrhundert bewahren konnte. Mit der Regentschaft Venedigs (1420) begann ein wirtschaftlicher und politischer **Niedergang,** der sich einerseits aus der permanenten Türkengefahr, andererseits aus der bewussten Schwächung der Stadt durch die Dogenrepublik entwickelte.

Die **Habsburger** (1797–1918) erweiterten Split zu einer großstädtischen Seemetropole. Anstelle von Wehrmauern und Bastionen, die aus dem Stadtbild verschwanden, entstanden Promenaden, breite Alleen sowie prächtige Wohn- und Verwaltungsgebäude. Mit Gründung des Königreichs Jugoslawien nach dem Ersten Weltkrieg stieg die Bedeutung Splits als dalmatisches Zentrum und jugoslawischer Handelshafen immens an, da die anderen wichtigen Seemetropolen Zadar und Rijeka unter italienische Kontrolle kamen. So erwies sich Split im Zweiten Weltkrieg als Hort der Partisanenbewegung *Titos,* und auch im **Bürgerkrieg** 1991–1995 hielt die Stadt zahllosen Bombardements durch Serbien stand. Seit 1991 sieht sich Split – ähnlich wie Pula in Istrien – als „erhobener Zeigefinger" gegen die Zentralregierung in Zagreb. Viele Intellektuelle träumen gar von einer (Teil-)Autonomie Dalmatiens mit der Hauptstadt Split.

Orientierung

Leicht zu Fuß

Der gesamte **altstädtische Bereich** vom Fährhafen bis zur Landzunge Marjan ist durchaus zu Fuß zu bewältigen, ansonsten stehen Stadt- und Flughafenbusse am Diokletianspalast zur Verfügung.

Selbstfahrer kommen zur Marjan-Landzunge, indem sie hinter dem Hajduk-Stadion auf der Kaštelanska vor dem Tunnel rechts und vor der kleinen Tankstelle scharf links (Matoševa) hinauf zum Eingang fahren. Dies empfiehlt sich auch bei einem Tagesaufenthalt in Split, da hier oben kostenlos geparkt und die Altstadt von oben auch leicht zu Fuß erreicht werden kann.

Rundgang

Ein Rundgang **beginnt** zweckmäßigerweise **am Diokletianspalast,** wobei dieser kein Palast, sondern eine Ummauerung eines Teils der Altstadt (der alte römische Kern) ist. Er soll – höchst umstrittenen amerikanischen Plänen zufolge – abgerissen und zu einem modernen Konsumtempel umgebaut werden. Daneben gibt es einige interessante Sehenswürdigkeiten in der Altstadt außerhalb des so genannten Palastes wie auch in der Neustadt.

Diokletianspalast

Wehrhaft und repräsentativ

Der um **295–305 n. Chr.** errichtete Palast ist trotz etlicher Umgestaltungen in späteren Epochen das besterhaltene Monument der römischen Architektur in Dalmatien. Der **fast quadratische Grundriss** hat knapp 40.000 m^2 Fläche und ist durchgehend von knapp 20 m hohen, turmbewehrten und von einem See- und drei Landtoren unterbrochenen Mauern umgeben. Die **Tore** tragen alle einen „metallenen" Namen: *Porta Aurea* (Goldtor), *Porta Argenta* (Silbertor), *Porta Ferrea* (Eisentor) und *Porta Aenea* (Kupfertor). Die einstigen Thermen und kaiserlichen Räumlichkeiten und Empfangsräume lassen die für *Diokletian* typische Mischung aus Repräsentation und Wehrhaftigkeit erahnen.

Seetor

Von der Galeeren-Anlegestelle, der heutigen Uferpromenade, betritt man den Diokletianspalast durch das kleine Seetor **(Porta Aenea),** welches durch unterirdische Gewölbegänge mit dem Peristyl verbunden ist. Heute bieten in den beleuchteten Katakomben Kunst- und Ramschhändler ihre Waren feil. Eine **unterirdische Galerie** ist von 9–13 und 18–20 Uhr zu besichtigen, Eintritt: 10 K, Kinder 5 K.

Peristyl

Am Ende der Gänge führt eine Treppe hinauf zum beeindruckenden **antiken Säulenhof.** Sein ursprünglicher Zweck war der einer kaiserlichen

kro_362 Foto: wl

Empfangshalle vor den eigentlichen Wohnbereichen. Heute bildet das Peristyl eine theaterreife Kulisse für die kleinen Straßencafés.

Sv Duje

Unmittelbar neben dem Peristyl erhebt sich die Kathedrale Sv Duje, die im 6./7. Jahrhundert auf achteckigem Grundriss errichtet wurde. Sie diente zunächst als Mausoleum des Kaisers *Diokletian* und fungiert bereits seit dem 10. Jahrhundert als **Bischofskathedrale.** Das Gotteshaus mit seinen schweren, verzierten Holzportalen aus dem 12. Jahrhundert von *A. Buvina* wirkt trotz der schmucklosen Kuppel und der für eine Kathedrale geringen Größe monumental. Oberhalb der Marmorsäulen sind unter dem Gebälk Reliefs von *Diokletian* und seiner später verbrannten (christlichen) Frau zu sehen. Die **Sarkophage** bergen die

Diokletianspalast: Porta Argenta

Relikte der einstigen Bischöfe und städtischen Schutzheiligen *Anastasius* und *Domnius,* denen auch die beiden Seitenältäre (rechts *Domnius,* links *Anastasius*) gewidmet sind. Die dahinter liegende **Sakristei** enthält wertvolle Sakralkunstschätze, beispielsweise das Ölgemälde der Hinrichtung des *Judas*. Das Altarrelief der Folterung Jesu wurde von dem berühmten dalmatischen Bildhauer *J. Dalmatinac* (siehe Glossar) erst Mitte des 15. Jahrhunderts angefügt. Auch der **Campanile** wurde im 15./16. Jahrhundert fertig gestellt und weist unterschiedliche Stilmerkmale auf. Von oben bietet sich ein herrlicher Rundblick.

Jupitertempel

Vom Peristyl aus die Kraj Sv Ivana 50 m in westlicher Richtung entlanggehend, öffnet sich ein kleiner Platz mit dem ehemaligen Jupitertempel, seit dem 6. Jahrhundert die **Kapelle Sv Ivan Krstitelj** *(Johannes der Täufer)*. Vom ursprünglichen Tempel blieb das Deckengewölbe vollständig erhalten. Das **Taufbecken** aus dem 12. Jahrhundert entstammt der Epoche des kroatischen Königreiches und wird von zeitgenössischen Ornamenten geschmückt; die Johannes-Bronze im Inneren ist ein modernes Kunstwerk von *I. Meštrović*.

Stadtmuseum

Nicht nur römische und altkroatische Relikte zieren den Diokletianspalast, auch kroatische Kaufleute und Venezianer hinterließen Spuren. Am bekanntesten ist der **Stadtpalast der Patrizierfamilie Papalić,** ein von *Dalmatinac* im 15. Jahrhundert nach Vorbildern der venezianischen Gotik gestalteter Familiensitz. Heute stellt hier das Städtische Museum Artefakte der Stadtgeschichte sowie eine bemerkenswerte Münzsammlung aus.

Weitere prachtvolle Gebäude sind der **Palazzo Agubio** (Dioklecijanova Ul.) und der barocke **Palazzo Cindro** (Krešimirova Ul.).

• **Städtisches Museum:** geöffnet Di bis Fr 9–16, Sa/So 9–13 Uhr, Eintritt: 12 K.

Das römische Imperium unter Kaiser Diokletian

In historischen Dimensionen betrachtet wird *Diocletianus* (240–315) aufgrund seiner (entfernt ähnlich scheinenden) Taten bisweilen mit *Peter dem Großen* oder dem chinesischen Reichsgründer *QinShi Huang-Di* in eine Schublade gesteckt. 240 in Salona (Solin) geboren, erwarb er sich in einer lang anhaltenden Phase der innenpolitischen Unordnung Roms und der außenpolitischen Bedrohungen an allen Ecken des Reiches als **erfolgreicher Feldherr** die Gunst der Cäsaren. 284 denunzierte und tötete er den kaiserlichen Gardepräfekten und ließ sich in Nicomedia (südlich von Byzanz) zum Kaiser ausrufen. 285 besiegte er den noch lebenden Kaiser *Carinus* und wurde Alleinherrscher. Mit zahllosen durchgreifenden **Reformen** in Wirtschaft und Militärwesen gelang ihm (wie *QinShi* in China vor ihm und *Peter* in Russland nach ihm) eine Stabilisierung des Imperiums. 293 verteilte *Diokletian* die Macht freiwillig auf **vier Parallelkaiser** (ihn eingeschlossen, **„Tetrarchie"**): *Maxentius* (Italien/Afrika), *Constantius* (Gallien/Britannien), vor allem seinen Kriegskameraden *Galerius* (Kleinasien/Persien) und *Diocletianus* selbst (Ostadria, Hellas), der **Split** zum **Zentrum** wählte (Bau des Diokletianspalastes). In dieser Tetrarchie lagen letztlich auch die Wurzeln für die spätere Teilung in Ost- und Westrom begründet (siehe Byzanz, Glossar).

Galerius, seines Zeichens aus persönlichen Motiven heraus Christenhasser, stiftete *Diokletian* zur großen **Christenverfolgung** an (Edikt der Kirchenschließung 303), was sogar Frau und Tochter *Diokletians* auf den Scheiterhaufen brachte. Doch war die Verbreitung des Christentums schon relativ weit vorangeschritten: Die Co-Kaiser *Maxentius* und *Constantius* hielten sich nicht an die Edikte, *Diokletian* starb 315, und *Galerius* resignierte kurz vor seinem Tod letztlich auch. Die Nachfolger von *Diokletian* griffen die Verfolgungen zwar wieder auf, doch ließ sich der Siegeszug des Kreuzes nicht mehr aufhalten.

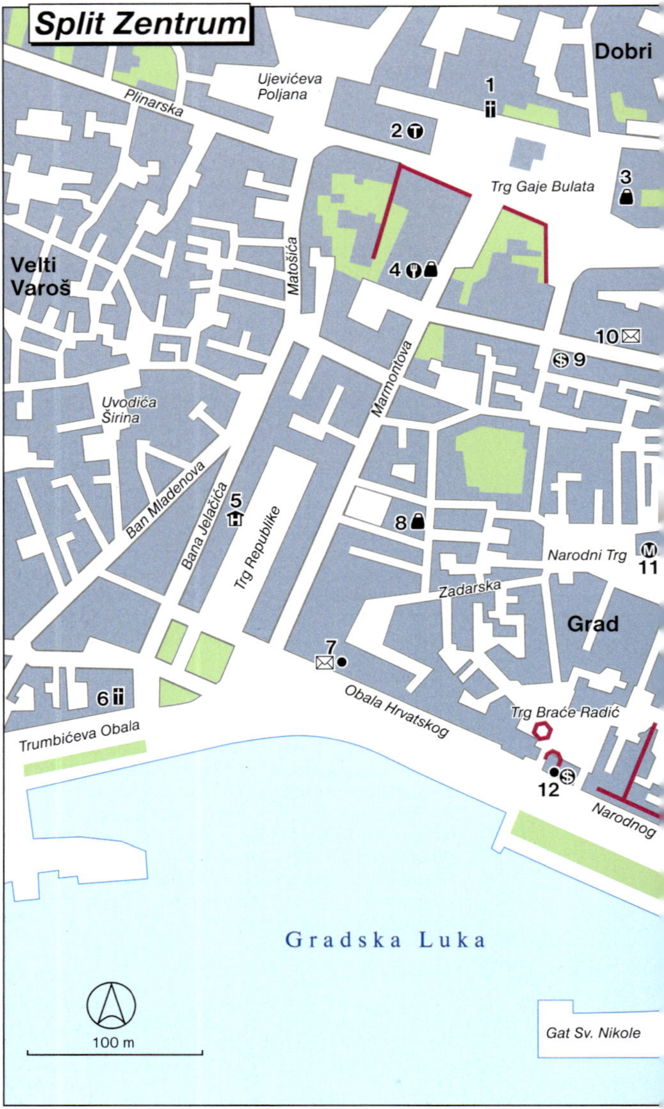
Split Zentrum
Dobri
Ujevićeva Poljana
Plinarska
1
2
Trg Gaje Bulata
3
Velti Varoš
Matošića
4
Marmontova
10
9
Uvodića Širina
Ban Mladenova
Bana Jelačića
5
Trg Republike
8
Narodni Trg
11
Zadarska
Grad
7
6
Obala Hrvatskog
Trg Braće Radić
Trumbićeva Obala
12
Narodnog
Gradska Luka
100 m
Gat Sv. Nikole

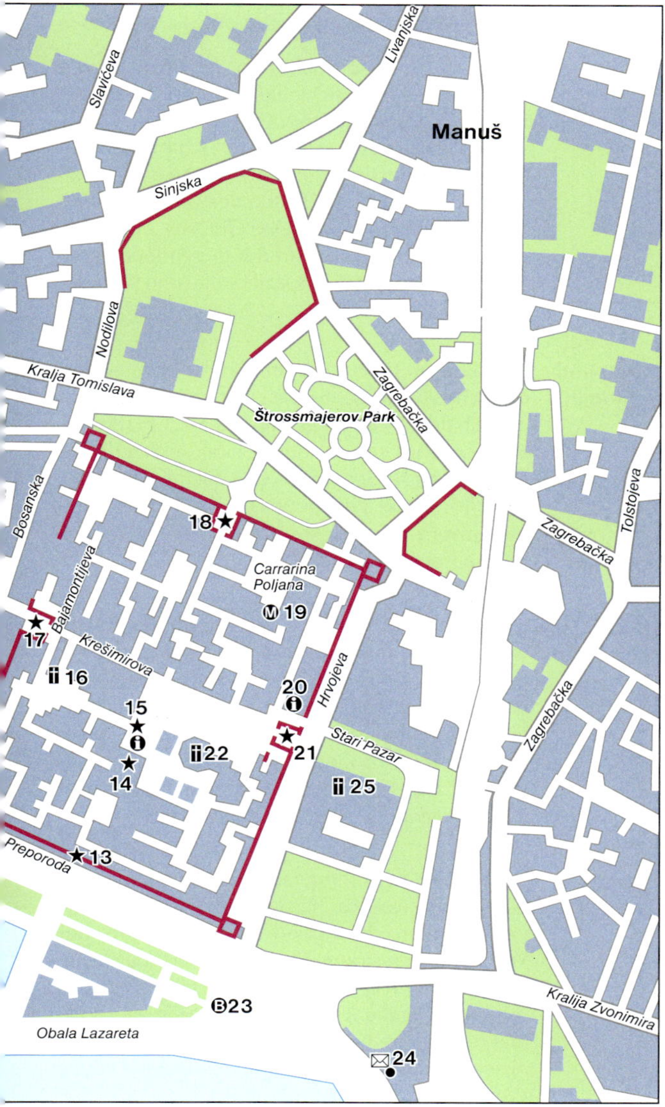
Slavićeva
Livanjska
Manuš
Sinjska
Nodilova
Kralja Tomislava
Zagrebačka
Štrossmajerov Park
Bosanska
18
Carrarina
Poljana
19
Zagrebačka
Tolstojeva
Bajamontijeva
17
Krešimirova
16
20
Hrvojeva
15
21
22
Stari Pazar
14
25
Zagrebačka
Preporoda
13
23
Obala Lazareta
24
Kralija Zvonimira

Sehenswertes in der Altstadt

Stadtpark

Vor dem Diokletianspalast an der **Porta Aurea (Goldtor)** erstreckt sich beiderseits der Straße der **Stadtpark Strossmayerov** (siehe Glossar). Direkt an die Palastmauern wurde im 9. Jahrhundert die **Kapelle Sv Martin** angebaut. Wenige Meter weiter steht seit 1957 die Statue des Bischofs *Grgur Ninski* (*Gregor von Nin,* siehe Glossar), ein Kunstwerk von *I. Meštrović*. Auf der gegenüberliegenden Straßenseite laden Spazierwege und Brunnen zum Verweilen ein.

Markt und Sv Dominik

Am **Silbertor (Porta Argenta)** in der Hrvojeva unterbricht Marktgeschrei die erhabene Stille, die innerhalb der Mauern herrscht. Der **Fischmarkt (Ribarnica)** wird ergänzt durch zahllose Stände mit Obst, Gemüse, Schnäpsen und allerlei Souvenirs. Dem Tor direkt gegenüber liegt der **Dominikanerkonvent** aus dem 16. Jahrhundert mit vorwiegend barocker Ausgestaltung.

Uferpromenade

Unterhalb des Marktes erstreckt sich die prachtvolle, **von Palmen gesäumte** Flanier- und Uferpromenade Obala Hrvatskog Narodnog Preporoda. Hier öffnet sich dem Auge die einzigartige optische Kombination aus Palastmauern am Meer mit dem 180 m hohen **Telegrin-Hügel** im Hintergrund. Zahllose Straßencafés an den historischen Mauern laden zur Verschnaufpause ein.

Trg Radić

In der Mitte der Promenade werden die Altstadthäuser von zwei Durchlässen zum Trg Brače Radić unterbrochen. Hier sind ein **venezianischer Wachtturm** aus dem 15. Jahrhundert, der venezianische **Palazzo Milesi** aus dem 17. Jahrhundert (hier Buchhandlung Znanstvena) sowie ein Denkmal des kroatischen Nationaldichters und Humanisten **Marko Marulić** (1450–1524), ebenfalls ein Werk *Meštrovićs,* zu bewundern.

⛪	1	Gospa od Zdravlja
Ⓣ	2	Nationaltheater
🛍	3	Kino u. Kaufhaus Prima
🍴	4	McDonald's,
🛍		Fotoladen, Kaufhaus
Ⓗ	5	Hotel Bellevue
⛪	6	Franziskanerkirche
✉●	7	Post, Croatia Airlines, Konsulate
🛍	8	Fischmarkt
Ⓢ	9	Splitska Banka
✉	10	Hauptpost
Ⓜ	11	Ethnografisches Museum
●Ⓢ	12	Privatunterkunfts-Agentur & Bank
★	13	Seetor & unterirdischer Gang zum Peristyl
★	14	Katakombengang und Vestibül
★	15	Peristyl
⛪	16	Sv Ivan
★	17	Eisentor
★	18	Goldtor
Ⓜ	19	Stadtmuseum
ⓘ	20	Touristinformation
★	21	Silbertor
⛪	22	Kathedrale
Ⓑ	23	Stadt- und Flughafenbusse
●✉	24	Daluma-Reiseagentur & Post
⛪	25	Sv Dominik

Narodni Trg

Direkt an das **Eisentor (Porta Ferrea)** schließt sich der von den Einheimischen liebevoll „Pjaca" (ital.: *piazza*) genannte Narodni Trg (Volksplatz) an. Wer sich umsieht, wird ein **architektonisch-stilistisches Sammelsurium** feststellen, das seinesgleichen sucht. Da protzt zunächst das Rathaus im barocken Stil, daneben schließt sich der Palazzo Karapića (Renaissance) an, und Richtung Porta Ferrea entdeckt man, verziert mit einer Heiligenfigur des *Sv Antun,* gotisch-romanische Häuser. Zu erkennen sind ferner die Relikte der ehemaligen Stadtloggia und des Uhrturms. Dem Rathaus ist das **Volkskundliche Museum** angeschlossen. Hier werden Ausstellungsstücke aus ganz Dalma-

027da Foto: wl

Unverkennbar venezianisch: Patrizierhäuser am Trg Republike

tien wie Trachten, Gebrauchsgegenstände und Schmuck gezeigt.

• **Volkskundliches Museum:** geöffnet tgl. außer So 9–14, im Sommer tgl. 9–21 Uhr (So bis 13 Uhr), Eintritt: 10 K.

Sv Frane

Am Ende der zentralen Uferpromenade thront in exponierter Lage die **Franziskuskirche** aus dem 13. Jahrhundert. Die grundlegend restaurierte und in ihrer ursprünglichen Form stark veränderte Kirche dient als Grabstätte berühmter lokaler Persönlichkeiten aus Kunst und Politik.

Trg Republike

Das selbst für Laien unverkennbar venezianische architektonische Erbe der Stadt liegt gleich neben der Franziskuskirche: der Trg Republike (Platz der Republik). Den rechteckigen Platz umgeben **rötliche Patrizierbauten,** deren Längsseiten Säulengänge mit Rundbögen aufweisen – eine Nachahmung der venezianischen Prokuratorenpaläste.

Trg Gaje Bulata

Vom Trg Republike die Marmontova bis zum Mauerdurchbruch der äußeren (venezianischen) Stadtbefestigung entlanggehend, öffnet sich der modernere Trg Gaje Bulata, der den **Übergang zur Neustadt** bildet. In der Marmontova kann man gut einkaufen (Foto, Kaufhalle, Star Rock Café), das Kaufhaus Prima mit Kino und Wechselstube liegt am Trg Bulata selbst. Auch das Nationaltheater und die Kirche Gospa od Zdravlja sind hier zu finden. Vom Trg Bulata aus sind die Sehenswürdigkeiten der Neustadt gut zu Fuß erreichbar.

Sehenswertes in der Neustadt

Archäologisches Museum

Am Trg Bulata links (Teutina) und gleich rechts die Ujevićeva Poljana/Zrinjsko-Frankopanska keine 500 m hineingehend, erblickt man linker Hand das Archäologische Museum. Hier sind sehr interessante und seltene griechische Artefakte aus der Region, vor allem aus Salona, zu sehen. Ohnehin liegt der Schwerpunkt des Museums auf der **griechisch-römischen Phase** der Regionalgeschichte. Es werden auch weitergehende Auskünfte zu den derzeit aktuellen Ausgrabungen, insbesondere zu Salona, erteilt.

- **Öffnungszeiten:** Di bis Fr 9–15, Sa/So 9–13, im Sommer auch 17–20 Uhr.
- **Eintritt:** 10 K, Gruppen nach Vereinbarung, Tel. 021-344574.

Museum der Schönen Künste

Von der Ujevićeva Poljana die Svačićeva/Starčevićeva 400 m entlang bis zur Lovretska (hier rechts) gehend, erreicht man das Museum der Schönen Künste. **Malereien** und **Skulpturen** dalmatischer Künstler vom Spätmittelalter bis zur Gegenwart sowie eine für Slawisten sehr interessante **Ikonensammlung** sind die zentralen Ausstellungsbestandteile.

- **Öffnungszeiten:** tgl. 9–12 und 17–19 Uhr.
- **Eintritt:** 10 K, Tel. 021-341250.

Landzunge Marjan

Freizeitgebiet

Das Erholungs- und Freizeitgebiet rund um den 183 m hohen, Split überragenden **Hügel Telegrin** ist sowohl mit dem eigenen Fahrzeug als auch zu Fuß von der Altstadt aus schnell erreicht. Man folge einfach der Šperun/Senjska rechts von Sv Frane bis zum Ende und halte sich dort links den Weg hinauf zur **Terrassengaststätte** (ca. 20 Min. ab Sv Frane), wo der Cappuccino mit Blick über die Stadt besonders mundet. Nur wenige Meter höher liegt malerisch die kleine **Kapelle Sv Nikolaj,** darüber der ärmlich wirkende städtische **Zoo** (Tel. 021-46773). Vom Zoo aus folgt man dem asphaltierten Sträßchen halb rechts bis zu einem Aussichtspunkt; links davon führt ein Trampelpfad hinunter zu einer gesperrten Straße (hier liegt auch der Parkplatz für Selbstfahrer). Links entlang geht es zu einigen Kiesbuchten mit Süßwasserduschen – **Splits beste Bademöglichkeit.**

Museum Kroatischer Monumente

Während sich das Archäologische Museum auf antike Fundorte spezialisiert, werden im Museum Kroatischer Archäologischer Monumente vorwiegend kostbare Stücke der kroatisch-dalmatischen Geschichte mit dem Schwerpunkt **Früh- und Hochmittelalter** aufbewahrt. Ausgestellt sind u.a. das Višeslav-Taufbecken aus Nin sowie Schmuckstücke und Münzen der frühkroatischen Epoche. Wer gut zu Fuß ist, erreicht das Museum von der Altstadt aus in einer guten halben Stunde; ansonsten fährt Stadtbus 12.

- **Öffnungszeiten:** werktags 9.30–16 Uhr, Sa bis 15 Uhr, im Sommer auch 17–20 Uhr.
- **Eintritt:** 10 K.

Der Campanile der Kathedrale Sv Duje

kro_369 Foto: wl

Meštrović-Villa

Etwa 250 m vom Museum Kroatischer Archäologischer Monumente entfernt liegt die einstige Sommervilla des bereits mehrfach erwähnten **dalmatischen Nationalkünstlers Ivan Meštrović** (siehe Glossar). Das Gebäude ließ er in den 1930er Jahren erbauen, es beherbergt heute einen Großteil der Werke des wohl bekanntesten kroatischen Bildhauers.

- **Öffnungszeiten:** Di bis Sa 9–15, So 10–15 Uhr, im Sommer Di bis Sa 9.30–16, So 12–17 Uhr.
- **Eintritt:** 20 K.

Castello Cavagnini

Nochmals 500 m weiter in einem malerischen Park oberhalb des Meeres liegt das ehemalige Castello Cavagnini aus dem 18. Jahrhundert, erworben von *Ivan Meštrović,* der es zu einem prächtigen Familiensitz **in malerischer Parklandschaft** umbauen ließ. Zum Anwesen gehört auch eine Hauskapelle; das Areal kann auf Anfrage besichtigt werden (in der Galerie anmelden).

- **Öffnungszeiten:** Di bis Sa 9–16, So 10–15 Uhr, im Sommer Di bis Sa 9–21, So 12–21 Uhr.
- **Eintritt:** 20 K.

Transport und Verkehr

Flugzeug

Der internationale **Flughafen Split-Kaštelet** liegt etwa 20 km außerhalb der Stadt zwischen Split und Trogir. Angeflogen werden nationale Ziele wie Pula (Istrien), Mali Lošinj und Zagreb. Internationale Anbindung an den deutschsprachigen Raum besteht nach Zürich, Wien, Frankfurt/M., Berlin, Düsseldorf, Stuttgart und München.

- Auskünfte über Preise und Flugdaten erteilen die **Flughafenauskunft,** Tel. 021-203506, **Croatia Airlines** (international), Obala Hrvatskog Narodnog Preporoda 12, Tel. 021-362997, oder (national) **Air Dalmatia,** Obala Kneza Domagoja, Tel. 021-338447. **Tickets** sind auch über die Agenturen (s.u.) oder die allgemeine Flugreservierungsnummer 062-777777 erhältlich.

Fernbus

Der **Busbahnhof** von Split (mit Gepäckaufbewahrung) liegt außerordentlich günstig nur wenige Meter vom Diokletianspalast, dem Fährhafen und dem Bahnhof entfernt. Busse fahren in alle Himmelsrichtungen von **vier Bussteigen:** Norddalmatien, Istrien, Slowenien, Italien auf Steig 1, Süddalmatien auf Steig 2, Bosnien-Herzegowina und Osijek auf Steig 3 und dalmatisches Hinterland (Sinj, Knin usw.) auf Steig 4.

Angefahren werden nationale wie internationale **Destinationen,** Details zur persönlich benötigten Verbindung kann man telefonisch (Auskunft: Tel. 060-327777) oder online unter www.ak-split.hr eruieren. Einige Beispiele: Rijeka (5–22 Uhr 12x tgl.), Zadar (5–1 Uhr 30x tgl.), Dubrovnik (1.30–20.45 Uhr 20x tgl.), Makarska (durchgehend 42x tgl.), Zagreb (nur 23.59 Uhr).

Stadtbus

Die blau-grün-gelben Stadtbusse bedienen in der Zeit von 5.30–23.30 Uhr **alle städtischen Bezirke und das nähere Umland** (z.B. Omiš, Trogir). Berechnet wird nach vier Zonen, wobei der gesamte Stadtbereich zur ersten, Trogir zur vierten Zone gehört. Die Busse fahren am Rondell am palastseitigen Ende der Uferpromenade ab, die meisten Besucher nutzen die Trogir-Vrbindung (4–23.30 Uhr rund 50x tgl.).

Airport-Shuttle: 25x tgl. pendeln Sonderbusse zwischen Flughafen Split und Zentrum.

Bahn

In Split endet die Bahnlinie nach Dalmatien, weiter nach Süden fahren nur noch Busse. **Bedient werden** mehrfach tgl. Šibenik, Knin, Drniš und Zagreb, einmal tgl. Ljubljana.

Bahnreisende müssen darauf achten, nicht am Glavni Kolodvor (Hauptbahnhof), sondern erst am **Kopfbahnhof** am Fährhafen *(Trajekt)* auszusteigen. Der zentrale Busbahnhof liegt unmittelbar neben dem kleinen Bahnhof am Fährhafen.

Fähre

Von der Altstadt Richtung Busbahnhof/Fährpiers gehend, passiert man zunächst **Pier 1 für Pkw-Fähren** nach Vis und Hvar (Stari Grad); der Ticketschalter liegt direkt gegenüber.

Erst am Ende der Zufahrt folgt der eigentliche, sehr große **Passagierhafen mit Pkw-Fähren** zu den Inseln Lastovo, Korčula, Šolta und Brač.

Zusätzlich verbinden reine **Personenfähren** (in der Regel Katamaran-Schnellboote) Split unregelmäßig mit Rijeka, Zadar, Rab, Brbinj, Hvar, Korčula, Sobra, Dubrovnik, Brač, Drvenik und Trogir.

Die Agentur Splittours (Tel. 021-352582, www.splittours.hr) betreibt die **Personenschnellfähre** Split – Hvar – Bol – Jelsa – Vis/Komiža für 160 K (Kinder 85 K), Abfahrt 8.30 Uhr.

Die wichtigste Verbindung nach Italien besteht zwischen Split und **Ancona** (1x tgl., ca. 165 Euro für Pkw mit 2 Personen), im August empfiehlt sich eine Vorabreservierung bei Jadrolinija (im Hafengebäude), Tel. 021-355 339, Fax 363050.

Auto

Split erreicht man von der Küstenstraße aus über die mehrspurigen **Straßen** Zbora Narodne Garde und Domovinskog Rata (Schild: „Centar/Trajekt"). Sobald man in der Zagrebačka ist, sollte man einen **Parkplatz** suchen. Ansonsten kann man an der Promenade vor dem Diokletianspalast für stolze 9 K/Stunde parken.

Touristische Infrastruktur

Infos

- Bei der Touristeninformation, in Agenturen und größeren Hotels ist die **„Split-Card"** für umgerechnet 5 Euro erhältlich: 72 Std. gültig, freier Eintritt in einige Museen, Ermäßigungen zwischen 5 und 50 % für zahlreiche Restaurants, Veranstaltungen und Autoverleiher. Wer länger als drei Tage in Split wohnt, erhält die Karte umsonst.
- **Touristeninformation Split,** Peristyl, tgl. 9–21 Uhr, Tel. 345606, www.visitsplit.com.

Agenturen

Die bekanntesten Agenturen und Zimmervermittler sind:

- **Atlas,** Trg Brače, Tel. 021-343055, Fax 362012, atlas@atlas.htnet.hr.

Insel-Fährverbindungen Split zur Hauptsaison

Hafen	Insel	Fährart	Abfahrt/ Frequenz	Preis p.P.	PKW[3]
Rogač	Šolta	Trajekt	06:45, 09:15, 11:45, 16:15, 18:45 21:15	3,85	17,50
Vis	Vis	Trajekt	09:00, 15:00, 20:30 21:00	5,65	37,00
Jelsa	Hvar	KAT	16:00	3,10	
Hvar	Hvar	KAT	11:30, 15:00	3,10	
Stari Grad	Hvar	Trajekt	01:30, 05:00, 08:30, 11:00, 14:30, 17:00, 20:30	5,20	35,50
Vela Luka Ubli	Korčula Lastovo	KAT	11:30, 15:00	3,80	
Supetar	Brač	Trajekt	05:15 - 24:00 14 mal	3,85	17,50
Bol	Brač	KAT	16:00	3,10	
Milna	Brač	KAT	nur Di. 11:30	3,20	
Veli / Mali Drvenik	Veli Drvenik Mali Drvenik	KB	15:30	3,85	17,50
Veli / Mali Drvenik[1]	Veli Drvenik Mali Drvenik	KB	09:30, 15:00, 20:30 (Mo, Mi, Do, Sa), 9:30, 17:30 (Di, Fr, So)	3,30	17,00
Sumartin[2]	Brač	Trajekt	07:30, 10:30, 13:30, 16:30, 20:00 ab Makarska	3,85	17,50
Sućuraj[3]	Hvar	Trajekt	07:30 - 22:30 10 mal täglich ab Drvenik	1,65	12:00

Trajekt = KFZ-Fähre, KB = Klasični Brod (bis 7,5 t),
KAT = Katamaran (Personenbeförderung)
[1] Veli/Mali Drvenik auch ab Trogir
[2] Sumartin (Brač) nur ab Makarska (Süddalmatien)
[3] Sućuraj (Hvar) nur ab Drvenik (Süddalmatien)
[4] PKW-Preis beinhaltet den Fahrer,
alle Preise in Euro (Hauptsaison, sonst –25%)

- **Daluma Travel Agency,** neben Hauptbahnhof/Bushauptbahnhof, Tel./Fax 021-338312, daluma-st@st.htnet.hr.
- Ebenso am Busbahnhof: **Jadroagent,** Tel. 021-338228, Fax 460999, www.jadroagent.com.

In der Obala Lazareta Nr. 3 (Uferpromenade) bieten fünf Agenturen alles, was das Herz begehrt:

- **F-Tours,** Tel. 021-346617, Fax 345599, f-tours@st.htnet.hr.
- **Generalturist,** Tel. 021-345183, Fax 347056, generalturist@generalturist.com.
- **Kompas,** Tel. 021-323300, Fax 323303, www.kompas.hr.
- **Palma,** Tel. 021-346617, Fax 344842.
- **Split Tours,** Tel. 021-346100, Fax 345766, booking@split-tours.hr.

Unterkunft

Split ist, wie viele andere größere Städte, eher ein Nebensaisonziel oder Transitpunkt zu den Inseln, so dass vorwiegend **Tagesausflügler** in die Stadt kommen und das Unterkunftsangebot insgesamt nicht so breit ist, wie man es vielleicht erwartet. Dennoch gibt es – wenn auch begrenzte und teure – Möglichkeiten der Übernachtung in der Stadt. Ein Dutzend weiterer Hotelanlagen wurde rund um Split bzw. in den Vororten in Meeresnähe gebaut. Sie werden vorwiegend von Reisegruppen als Quartier gewählt; Individualreisende bevorzugen daher meist eine Unterkunft in Trogir oder Omiš und kommen für einen Tagesbesuch in die Stadt.

Privatzimmer in Split werden von den Agenturen vermittelt und kosten 280–300 K bei einem Mindestaufenthalt von drei Tagen.

Zentrale Hotels:

- Das stilvolle, jüngst umfassend renovierte €€€€**Hotel Park** an der Bucht Uvala Bacvice bietet 54 luxuriös eingerichtete Zimmer, ein vorzügliches Restaurant, gediegenes Ambiente, diverse Wellness- und Erholungseinrichtungen einschließlich Sauna und Solarium. Zudem liegt es sehr günstig zur Altstadt (ca. 15 Min. zu Fuß) wie auch zum nahe gelegenen Badestrand. 95–135 Euro/Person im DZ, Anschrift und Reservierungen unter Hatzeov perivoj 3, Tel. 021-406400, Fax 406401, info@hotelpark-split.hr.
- Wer auf Casino, Geschäftszentrum, Nightclub, Privatbadestrand, Schönheitssalon u.Ä. Wert legt, dem sei das €€€€**Hotel Split** im südlichen Stadtteil Trstenik (ufernah) empfohlen. Modernes Hotel in einem netten, parkähnlichen Areal, alle Zimmer sind angenehm und praktisch ausgestattet, verfügen über Klimaanlage und einen Balkon wahlweise mit Park- oder Meerblick; EZ 68 Euro, DZ 96–140 Euro, Anschrift und Reservierungen unter Put Trstenika 19, Tel. 021-303111, Fax 303011, rezervacije@hotelsplit.hr.

●Auf der anderen Seite der Altstadt, ebenfalls unmittelbar am Meer (nahe ACI-Marina) und in Gehnähe zum Diokletianspalast, bietet das ebenfalls kürzlich umfassend renovierte €€€**Hotel Marjan** einfache Zimmer der Mittelklasse mit Bad und Balkon (Meerseite buchen!). DZ im 3-Sternehotel kosten zwischen 81 und 118 Euro/Person im DZ. Obala Kneža Branimira 8, Tel. 021-399211, Fax 399210, www.hotel-marjan.com.

●8 km südlich auf einer kleiner Anhöhe von Podstrana, etwa 200 m vom Strand entfernt, bietet das €€**Hotel Senator** nett eingerichtete Zimmer und Apartments mit Balkon oder Terrasse mit Blick auf Berge und Meer sowie die Insel Brač. Angeschlossenes Restaurant mit großer Frühstücksterrasse und Grillkamin; die Preise liegen zwischen 25 und 34 Euro/Person (Ü/F) – günstige Alternative zu den Stadthotels! Bartola Basica 9, Podstrana, Tel. 00385-91-5671675, Tel./Fax 021-335 773, split.senator@gmx.net.

Camping

●€**AC Stobreč-Split,** etwa 10 km südlich der Stadt gelegen (beschildert), Tel. 021-325426, Fax 325452, www.campingsplit.com. Kapazität für 1200 Gäste, keine Freizeitangebote.

Essen & Trinken

Einfach und mittlere Preiskategorie:

●Einfache Snacks holt man sich am **Markt** oder in den günstigen **Imbissstuben und Cafés an Hafen und Busbahnhof.**

●**An der Uferpromenade** nahe der Stadtbus-Haltestelle seeseitig liegen einige preiswerte **Cafés und Imbissstuben,** wohingegen man bei den palastseitigen (z.B. **Restaurant Adriana,** Tel. 021-44079, Spezialität: Gegrilltes) etwas tiefer in die Tasche greifen muss.

●Gut isst man in der **Pizzeria Galija,** Tončića 12, Tel. 021-40555.

●Wer in Split gut Fisch essen möchte, dem sei die gehobenere **Konoba Koralj** im Yachthafen, Uvala Baluni, Tel. 021-361143, empfohlen.

Restaurants der gehobenen Klasse:

●Das **Restaurant Boban** ist trotz des eher schlicht-modernen Interieurs eines der bekanntesten Häuser in Split mit 45-jähriger Tradition und zeichnet sich durch hervorragende dalmatische Küche aus. Spezialitäten sind hier Meeresfrüchte-Risotto, Schweinemedaillons mit Champignons sowie insbesondere die ausgezeichneten Jakobsmuscheln. Hektoroviceva 49, Tel. 021-510142, tgl. 10–24 Uhr.

●Das gehobene **Adriatic Grašo,** unmittelbar am Meer gelegen, ist ein Verfechter der Slow-Food-Bewegung und hat seine Küche entsprechend darauf abgestimmt. So stehen seltene Spezialitäten wie Heringscarpaccio, Shrimps in Blätterteig mit Trüffeln, Fischtatar oder Shrimpcarpaccio neben ausgefallenen Geflügelspezialitäten von Truthahn oder Strauß auf der Karte. Modernes Interieur und schöne Terrasse unmittelbar am Yachthafen. Der Inhaber *Zoran Grašo* ist übrigens der Vater des bekannten kroatischen Popstars *Petar Grašo*. Uvala Baluni bb (ACI Marina), Tel. 020-398560.

- Ein angenehmes Ambiente bei Klaviermusik lässt die Diners im **Restaurant Bruna** besonders munden. Die darüber hinaus herrliche Aussicht und exquisite Küche mit einer reichhaltigen Auswahl an Muscheln, Fisch und Fleischspezialitäten vom Grill sprechen vor allem die gehobenere Klientel an. Geöffnet tgl. 12–24 Uhr, Hatzeov perivoj 3 (Hotel Park), Tel. 021-406400.
- Besonderer Tipp für Weinliebhaber: Die **Enoteka Terra** kombiniert die gediegene Atmosphäre einer Weinprobe mit den Gaumenfreuden dalmatischer Spezialitäten. Neben einer der umfangreichsten Weinkarten der Region werden zu den edlen Tropfen Snacks in Olivenöl, diverse Bruschette, der ganz besondere Pager Käse oder istrischer Schinken, aber auch umfangreiche Menüs und sogar Trüffelgerichte serviert. Geöffnet tgl. 9–15 und 16–24 Uhr, Prilaz brace Kaliterna 6 (nahe Hotel Park), Tel. 021-314800.

Aktivitäten

- **ACI-Marina:** unterhalb des Marjan-Hügels, Uvala Baluni, Tel. 021-355886, Fax 361310, die Busse 8 und 12 fahren vom/zum Zentrum.
- Vier weitere, kleine **Yachthäfen** sind Mornar, Tel. 021-362130, Split, Tel. 021-46745, Spinut, Tel. 021-581653, und Zenta, Tel. 021-514039.
- **Baden** ist am besten auf der **Halbinsel Marjan** möglich.
- **Discos:** Kakadu, Suspitanski Put (beim Hotel Jadran Koteks, Nähe Marina), Admiral (Obala Kneza Branimira 8), Metropolis und Master-S (in der Osječka, ab Stadtbus 750 m die K. Zvonimira hinein, dann links).
- **Nationaltheater:** Trg Gaje Bulata 1, Tel. 021-585999.
- **Reitverein:** nördlich des Hauptbahnhofes, Ul. Slobode 31, Tel. 021-663217.

Sonstiges

- **Post:** Kralja Tomislava 9 (Mo bis Sa 7–20 Uhr), Zweigstelle landseitig Richtung Fährhafen.
- **Bank/EC-Automat:** An der Uferpromenade liegen Splitska und Narodna Banka, eine Privredna Banka gibt es am Fährhafen (Mo bis Fr 7.30–13 und 14–20 Uhr, Sa nur vormittags).
- **Medizinische Versorgung:** Krankenhaus, Spinčićeva 1, Tel. 021-515055, Notruf 94 (Anfahrt siehe Campingplatz); Erste Hilfe Split, Tel. 021-587222; Achtung Taucher: Druckkammer-Notruf (24 Std.), Tel. 021-354511.
- **Polizei:** Notruf 92, Verkehrspolizei Split, Trg Hrvatske Bratne Zajednice (nahe Museum der Schönen Künste), Tel. 021-307284.

Die Inseln vor Split

Insel Šolta

Ruhige Insel

Die von gut 1500 Menschen besiedelte und ca. **59 km²** große Insel steht touristisch im Schatten der Nachbarn Brač und Hvar (siehe REISE-KNOW-HOW „Süddalmatien") – und das macht sie besonders attraktiv. Neben den kultivierten Parzellen (Oliven, Wein und Feigen) prägen **Kräuterwiesen** (Rosmarin) und **Nadelholzwäldchen** das Landschaftsbild. Einsame Felsbadebuchten und eine Hand voll kleinerer Siedlungen am Meer verteilen sich auf Šolta. Höchste Erhebung ist der **Vela Starža** mit 237 m.

Die Insel wurde während der Völkerwanderung im 7. Jahrhundert von Flüchtlingen aus dem zerstörten Salona besiedelt und erlangte für vorzügliche Weine und Honigsorten einige Bekanntheit. Sie **untersteht** seither der Stadt **Split,** teilt deren Stadtgeschichte und dient den wohlhabenderen Städtern als Wochenenddomizil.

- Allgemeine Informationen: **www.solta.hr.**

Rogač

In Rogač legen die **Fähren von/nach Split** an; rund um die **Anlegestelle** finden sich Kiosk, Tankstelle, ein Café sowie nebenan das Jadrolinija-Büro und die Touristeninformation (arrangiert auch Unterkunft in Rogač). Unmittelbar oberhalb der Anlegestelle liegt das nette €€**Jerunta-Apartman,** 150 m rechts hinauf eine hübsche kleine **Badebucht.**

Transport & Verkehr

Zwei **Buslinien** verbinden von Rogač aus die Orte der Insel: Rogač – Stomorska sowie Rogač – Maslinica (5–10x tgl.).

Taxis ab dem Fährhafen kosten 15 K bis Grohote, zu den anderen Inselorten pauschal 50 K.

Personen-Katamaran: Rogač – Split (7 und 13 Uhr, ab Split 12.10 und 20.30 Uhr).

Jadrolinija (**Pkw-Fähre**): 6.45, 9.15, 14.35 und 19.30 Uhr ab Split, ab Rogač 5.30, 8, 10.30, 15.15 und 18.30 Uhr; in der Hauptsaison wird bei starkem Andrang eine Zusatzfähre eingesetzt.

Grohote

Der **Hauptort** Grohote wirkt verschlafen und rückständig. Seine Bewohner leben vorwiegend von Weinbau und Landwirtschaft im unmittelbaren Umland. Immerhin gibt es zwei Supermärkte, eine **Touristeninformation** (Tel. 021-654151, Fax 654130, Mo bis Sa 8–12.30 Uhr), die Inselpolizei und die Pizzeria Oasa (alles an der Hauptstraße) sowie am Ortsausgang Richtung Maslinica linker Hand eine Erste-Hilfe-Station. Ein Bankautomat befindet sich im Zentrum.

Maslinica Maslinica, ein hübscher, versteckt in einer umwaldeten Bucht gelegener Fischerort, birgt ein interessantes **Barockschlösschen** aus dem späten 18. Jahrhundert, in dem heute ein Restaurant dalmatische Spezialitäten in gediegenem Ambiente serviert. Maslinica bietet gute **Wassersportmöglichkeiten** von mehreren Felsbadebuchten und vorgelagerten Badeinselchen (Bootstaxi) sowie einen Bootsverleih. Am Hafenbecken liegen eine **Touristeninformation** (tgl. 8–11 und 18–20 Uhr) sowie das bekannte Fischlokal Riblja Konoba Moni.

Nečujam Die einstige Fischersiedlung Nečujam, Geburtsort des kroatischen Humanisten *Marko Marulić* (siehe Split, Trg Radić), liegt westlich vom Fährort Rogač

und dient heute als (hässliche!) **Ferienbungalowsiedlung.** Die Straße endet kurz hinter der Post (linker Hand) in einem T-Ende (hier Bushaltestelle); links erstreckt sich der Yachthafen, rechts liegt nach 500 m das Café De Paris – auf dieser Seite gibt es auch einige Bademöglichkeiten.

Unterkunft, Sonstiges

- **Ferienwohnungen** für zwei Personen kosten in Nečujam ca. 50 Euro und können unter Tel. 021-654149 und Fax 654270 gebucht werden, einziges **Hotel** ist das €**Nečujam,** Tel. 021-360591, Fax 343880, mit DZ zu 350 K.
- Vom Pier besteht mit der **Personenfähre „Kairos"** (siehe Stomorska) eine unregelmäßige Verbindung mit Split.

Stomorska

In Bezug auf Restaurants und Ferienunterkünfte hat sich Stomorska beinahe zum **Zentrum auf Šolta** entwickelt. Der dennoch ruhige und überschaubare Ort bietet den einzigen €€**Campingplatz Mido,** Tel. 021-658011, Fax 658232, auch Ferienwohnungen werden am Camp (vor dem Ortseingang scharf rechts) vermietet. Entlang des Hafenbeckens liegen ein **Turist Biro** (Tel. 021-658404) (Ausflüge Hvar, Brač u.a.), die Post, mehrere Minimärkte, die empfehlenswerte Pizzeria Volat sowie das in mehrerlei Hinsicht bemerkenswerte **Restaurant Nevera:** Abgesehen vom wirklich guten Essen kann man hier als Selbstversorger frischen Fisch bestellen, die Bestellungen werden gesammelt, abends um 18 Uhr legt der Fischer an und verkauft direkt am Pier. Auf der gegenüberliegenden Beckenseite liegen das Restaurant Turanj mit Lammspezialitäten vom Grill sowie der für etwas Stimmung sorgende **Disco-Club Cuvita** (mit Billard und Spielautomaten).

Transport & Verkehr

„Kairos"-Schnellboot (nur Personen) um 6.30 Uhr ab Split, 7 Uhr Stomorska und 7.15 Uhr Nečujam, dann retour nach Split; 9.30 Uhr ab Split, 10.15 Uhr ab Nečujam, 10.30 Uhr ab Stomorska, 19.15 Uhr Split, 20 Uhr Nečujam, 20.15 Stomorska, zurück nach Split (sonn- und feiertags nur früh und spät).

Mit diesem Boot werden übrigens auch die **Tagesausflüge zu den umliegenden Inseln** (zu buchen in den kleinen Agenturen in Stomorska und Nečujam) durchgeführt – eine urige Angelegenheit mit Fischpicknick und Rotwein bis zum Abwinken.

Unterkunft

- Unterkünfte liegen auf beiden Seiten der Bucht und können **über das Turist Biro** (z.B. €€Pension Olint) oder auch direkt gebucht werden, beispielsweise bei der familiären und empfehlenswerten deutsch-kroatischen **Tauchbasis Leo Novaković,** Tel. 021-658-121, leonovakovic@hotmail.com, mit prima €€-€€€Taucher-Apartments und Badeplätzen vor der Tür. *Leo* kennt die Tauchplätze der umliegenden Inseln wie kein Zweiter und weiß zahllose Anekdoten zu erzählen, etwa dass Gitarrenvirtuose *Mark Knopfler* der Tauchgang auf Šolta wichtiger war als sein Konzert mit den *Dire Straits* in Split.
- Weitere **Privatzimmer** in Stomorska können unter www.saskinja.de angefragt werden.

Inseln Mali und Veli Drvenik

Touristisch unterentwickelt

Die Drvenik-Inseln bilden das **nördliche Ende des Archipels von Split.** Touristisch noch unterentwickelt, sind es vor allem **Tagesausflügler** aus Trogir und Split sowie **Bootsbesitzer,** die eine der beiden kleinen Inseln auf der Suche nach Ruhe und Beschaulichkeit ansteuern. Auch die Drveniki waren im 15. Jahrhundert ein Zufluchtsort vor den Türken. Die Neusiedler rodeten die bestehenden Nadelwälder und lebten vom Wein-, Feigen- und Olivenanbau. Heute werden außerdem Zitrusfrüchte, Mandeln und Granatäpfel angebaut, in sehr bescheidenem Umfang wird auch Schafzucht betrieben. Zusatzeinnahmen liefern der Fischfang sowie der mäßig vorhandene Tourismus.

Wenn überhaupt, dann wird – vorwiegend an Wochenenden und Feiertagen – die **12 km²** große Insel **Veli Drvenik** von Trogir oder Split aus besucht. In dem gleichnamigen in den Hang gebauten Hauptort fällt nur die Georgskirche Sv Juraj (15. Jahrhundert) auf, ansonsten gleichen sich die

Kalksteinbauten. Fußwege führen zu den **Badebuchten** (Kies, Fels, aber auch Sand) auf der Ostseite der Insel; höchste Erhebung ist der 178 m hohe Buhaj.

Die nur **4 km^2** kleine Schwesterinsel **Mali Drvenik** wird nur von Trogir mit der Personenfähre angefahren. In der kleinen Siedlung gibt es Privatunterkünfte, auch hier empfiehlt sich bei Bedarf eine Vorabbuchung in Trogir. Ansonsten bietet die Insel schöne **Kies- und Sandbuchten.**

Unterkunft, Sonstiges

- In Veli Drvenik gibt es einen **Minimarkt.**
- **Privatzimmer** werden von Schildern („Sobe") angepriesen, ansonsten empfiehlt sich die Reservierung bei einer Agentur in Trogir.
- €€**Pension Vila Eleonora,** Tel. 021-893485, mit angegliedertem, sehr gutem Restaurant am Hafenbecken.
- Die einzige **Personenfähre** fährt von/nach Trogir (Mo bis Sa 1x tgl.) und Split (Fr und So jeweils 1x tgl.).

Insel Brač

Berühmter Kalk

Was verbindet das amerikanische Weiße Haus, den Berliner Reichstag und den Diokletianspalast von Split mit der Insel Brač? Alle wurden aus dem weltberühmten Kreidekalk der **mit 395 km^2 größten dalmatischen Insel** gebaut! Neben dem Kalkabbau spielen auf der Insel der Weinbau und die Schafzucht (Käseproduktion) eine große wirtschaftliche Rolle, wobei dem Fremdenverkehr eine stetig wachsende Bedeutung zukommt.

Die Insel Brač (18.000 Einwohner) **unterscheidet sich** in mehrfacher Hinsicht **von ihren Nachbarn:** Ihre massive Gestalt, die Süßwasserknappheit und der Bewuchs (Kiefern und Macchia, wenig Palmen und Zitrusfrüchte) lassen Brač eher karg, keinesfalls aber ärmlicher erscheinen als etwa Korčula oder Hvar. Auch wirken die bis zu 780 m hohen Berge wegen der großen Landmasse weit weniger monströs.

Die touristische **Infrastruktur** ist durchweg gut, Zentrum des Fremdenverkehrs ist **Bol,** der einzige

018da Foto: fz

Kristallklares Wasser vor der Insel Brač

nennenswerte Ort der Südküste. Hier liegt auch **Dalmatiens berühmtester Strand,** die aus Sand bestehende **Landzunge Zlatni Rat** (Goldenes Horn). Eine Fährverbindung besteht sowohl nach Makarska (ab Sumartin im Osten) wie auch nach Split (ab Supetar im Nordwesten), was Brač zu einem beliebten Durchreiseziel mit Aufenthalt für ein paar Tage macht.

Geschichte

In der Antike lag die Insel nicht im Siedlungsgebiet der Griechen, die illyrischen Siedlungen wurden direkt von den Römern übernommen. Auf eine bis ins frühe 15. Jahrhundert andauernde Periode der wechselnden Herrschaften folgten eine Stabilisierung unter Venedig (ab 1420) und ein wirtschaftlicher Aufschwung unter den Habsburgern (ab 1797). Nach dem Ersten Weltkrieg ging es mit der heimischen Industrie – vor allem dem Kalkabbau – rapide bergab, was eine drastische **Abwande-**

rungswelle zum Festland mit sich brachte. Erst mit dem Bau von Wasserleitungen vom Festland (seit 1977) gelang es, die Landwirtschaft zu konsolidieren, den Tourismus zu intensivieren und weitere Abwanderungen zu verhindern.

Transport & Verkehr

Fähren: Makarska - Sumartin 3x tgl. (28 Euro für Pkw mit 2 Personen), Split - Supetar 10–12x tgl. (gleicher Preis).

Ein **Schnellboot** fährt in der Hauptsaison die Route Split - Bol (65 K/Person).

In Milna und Sutivan ist in der Hauptsaison eine unregelmäßige **Fährverbindung** von/nach Split (4x wöchentlich) eingerichtet.

Wer von Österreich, insbesondere aus der Region Graz, per **Bus** nach Bol (oder sonst einen Ort auf Brač) reisen möchte, kommt recht preiswert mit der Fa. Gruber (www.gruberreisen.at) nach Kroatien; Ende Mai bis Ende Oktober, 40–70 Euro (Hauptsaison) einfach.

Von Mai bis Oktober bestehen **Direktflugverbindungen** mit Austrian Air und Croatia Air zwischen Brač und Wien, Klagenfurt, Graz, Linz, Salzburg sowie Innsbruck. Das Flughafenbüro für Tickets und Auskünfte liegt am Busplatz in Supetar, Tel. 021-631370, www.airport-brac.hr/airport_info.htm.

Supetar

Mit 2150 Einwohnern und einer beachtlichen touristischen Infrastruktur ist Supetar zwar nach Bol das zweitwichtigste Zentrum des Fremdenverkehrs auf Brač, doch ist dies mehr auf seine Bedeutung als **Fährhafen** denn auf seine besondere Attraktivität zurückzuführen. Die Bürgerhäuser an der schlichten Promenade mit ihren Souvenir- und Imbissbuden wirken wuchtig und trutzig, ebenso die Pfarrkirche Sv Petar mit dem hohen Glockenturm, die ihre heutige Erscheinung Modernisierungsmaßnahmen im 18. Jahrhundert verdankt.

Zwei Gründe ziehen Besucher nach Supetar: zum einen der **gute Badestrand** (Hotelbucht, dahinter FKK), zum anderen das interessante **Petrinović-Mausoleum** am Ende der Bucht. Es wurde 1914 von *T. Rosandić* als Grabmal der lokalen Reederfamilie *Petrinović* in europäisch-orientalischem Mischstil gebaut und ist u.a. die Ruhestätte des bedeutenden Bildhauers *I. Rendić* (1849–1932).

Infos, Agenturen

- **Touristeninformation,** P. Jakšića 17, Tel./Fax 021-63055.
- **Agenturen** im Zentrum u.a.: **Atlas,** Tel. 021-631105, **Maestral,** Tel. 021-631461, maestral@maestral.hr, und **Bračtours,** Tel. 021-757316, Fax 631238, mit Unterkunftsvermittlung und Ausflügen zu Zielen auf Brač, aber auch nach Dubrovnik oder zu den Krka-Fällen.

Unterkunft

- Am günstigsten ist das €€**Hotel Britanida,** Tel. 021-631038, Fax 630017, britanida@st.t-com.hr, mit DZ ab 500 K.
- Das €€€**Hotel Kaktus,** Tel. 021-630200, Fax 631344, info@watermanresorts.com, wird von Reisenden ebenfalls hervorgehoben.

Camping

- €€**AC Supetar,** Tel. 021-630200, Fax 631344, geöffnet Anfang Mai bis Ende September.
- €**AC Babura,** Tel. 021-631634.

Essen & Trinken

- **Grill Supetar,** Snackbar beim Busbahnhof.
- **Pizzeria Vlačica,** Pizza und Gegrilltes, am Ufer in Richtung der Hotels.
- **Restaurant Vrilo,** Ul. Hrvatskih Velikana, nahe Badestrand.

Sonstiges

- **Tauchen: Dive-Center Kaktus,** Tel./Fax 021-630421, Kontakt in Deutschland: Think Dive Company, Lindauerstr. 17, 87700 Memmingen, Tel. 08331-47793, Fax 47725, www.think-dive-company.de.
- Im Ort liegen ferner ein **Supermarkt,** die **Bank** Splitska Banka (Mo bis Fr 8–20 Uhr) und eine **Post** (Ul. Vlačica 13, Richtung Hotels; Mo bis Sa 7–21 Uhr).
- Von Supetar aus verbinden **Linienbusse** sternförmig alle Orte auf Brač (Bushauptbahnhof hinter dem rechten Hafenende).

Sutivan

Das altkroatische Wort „Sut-Ivan“ *(Sveti Ivan, Hl. Johannes)* deutet auf eine frühchristliche Basilika dieses Namens hin, auf deren Resten die heutige Pfarrkirche steht. Eine alte Windmühle und **barocke Adelshäuser** zeugen von einstiger Größe; heute wird das Bauern- und Fischerdorf eher selten angesteuert, wer Ruhe sucht, ist hier genau richtig. Im Ort rund um das kleine Hafenbecken gibt es mehrere Gaststätten und einen Minimarkt. Unregelmäßig hält auch eine Fähre von/nach Split. **Gute Fels- und Kiesstrände** sowie ein kleiner **Campingplatz** runden das Angebot ab.

Milna

Milna (900 Einwohner) verfügt über den **besten Jachthafen auf Brač** und bietet **tolle Kiesstrände** in den durch Fußwege verbundenen Nachbarbuchten (teils FKK). Fischfang und -verarbeitung sowie Fremdenverkehr stehen im Mittelpunkt dieses sehr modern wirkenden Dorfes mit seiner kleinen, aber feinen **Uferpromenade.**

Immerhin findet Milna als historische Fußnote Erwähnung: In der **Seeschlacht von Milna** 1806 besiegte die russische Flotte die französischen Angreifer – mit Hilfe der Bewohner von Milna, wie es heißt.

Unterkunft, Sonstiges

- Auskünfte erteilt das **Touristenbüro** an der Promenade, Tel. 021-636233.
- €€**Hotel Milna,** Tel. 021-636116, Fax 636550, Infos unter www.croatica.net (Milna), DZ ab 400 K.
- Bestes Restaurant (mittelpreisig) ist die **Gostionica Marina** am Jachthafen mit leckeren Fischplatten und gutem Schafskäse. Einfach und günstig isst man im **Bistro an der Promenade.**

kro_382 Foto: wl

- **Bank** (Splitska Banka, Mo bis Sa nur vormittags geöffnet), **Post, Supermarkt** und **Gemüsemarkt** im Ort, ebenso eine **ACI-Marina,** Tel. 021-636306, Fax 636272.

Bol

„Baden ohne Limit" (Scherzkürzel der Urlauber für Bol) weist nur eine einzige, echte Attraktion auf: **Zlatni Rat** (Goldenes Horn), eine sichelförmige, 400 m ins Meer hineinragende **Landzunge aus Feinkies,** einen knappen Kilometer westlich von Bol. Wer die Idylle einer Urlaubsinsel sucht, wird vermutlich enttäuscht sein, für einen Tagesausflug aber empfiehlt sich Bol durchaus.

Orientiert man sich an der zentralen **Anlegestelle** (Tankstelle und Bushaltestelle) nach rechts, so findet man Restaurants, Eisdielen, Post, Supermarkt, EC-Automaten und die Touristeninformation. Es folgen dann etwas versteckt eine Reihe von beschilderten Privatunterkünften sowie der Fußweg zu einem Dominikanerkloster, in dessen Vorgängerbau mit der **„Urkunde von Povlja"** (1184) eines der wichtigsten Schriftdokumente Kroatiens erstellt wurde (tgl. 10–12 und 17–19 Uhr).

Von der Anlegestelle nach links passiert man in der V. Nazora zwei Agenturen (s.u.) und erreicht den von Souvenir- und Kitschhändlern gesäumten **Fußweg zum Zlatni Rat.** Hier überlässt man gerne die Madonnenbildnisse und liturgischen Schriften des am anderen Ortsende von Bol gelegenen Dominikanerklosters den höheren Mächten und frönt dem Badespaß. Wer sich noch anderweitig betätigen möchte, besteigt von Bol aus über einen einfachen **Wanderweg** in knapp 2 Stunden den **Vidova Gora,** den mit 778 m höchsten Berg von Brač und der dalmatischen Inselwelt.

Infos

- **Touristeninformation am Hafen,** Tel. 021-635638, Fax 635972, www.bol.hr; arbeitet mit den Agenturen zusammen. Einige Richtpreise: Scooter 250 K/Tag, Pkw 400 K/Tag, Fahrräder 70 K/Tag. Es werden auch günstigere Wochenpreise angeboten.

An Wassersport ist alles geboten auf Brač

Agenturen

● Die **Agenturen Boltours,** Tel. 021-635693, Fax 635695, bol-tours@st.htnet.hr, und **Adriatours,** Tel. 021-635966, Fax 635977, adria-tours-bol@st.htnet.hr, vermitteln Unterkunft (östlich vom Hafen ist es ruhiger als auf der Westseite Richtung Zlatni Rat), Ausflüge, Boote, Fahrzeuge usw.

Unterkunft

● Das stilvolle €€€**Hotel Kaštil,** ein ehemaliges Hafenkastell, liegt zentral in Bol am Ufer und hat 32 Zimmer mit AC und Sat-TV sowie ein angenehmes Terrassenrestaurant oberhalb der kleinen Hafenpromenade. Cocktail-Bar, zwei Restaurants und abendliche Live-Musik runden das Angebot ab. Gesetztere Klientel. 40–70 Euro/Person im DZ; F. Radica bb, Tel. 021-635995, Fax 635997, kastil@kastil.hr.

● Das sportlich-aktive, jüngere Publikum bevorzugt das €€€**Resort Bretanide** direkt an der Promenade zum Zlatni Rat. Mehrere Restaurants und Pizzerien, Poolbar und Dancing-Club sorgen für Unterhaltung und das leibliche Wohl, Pool, Kinderpool und zahlreiche Sportangebote (u.a. Kite-Surfen, Tauchen, Wasserski) verschaffen so manchen Adrenalinstoß. Eine umfangreiche Wellness-Oase (Ayurveda) rundet das attraktive Angebot ab. DZ mit AC, Sat-TV Kühlschrank, und Balkon sind ab 56 Euro (Hauptsaison 91 Euro) p.P. auf All-Inclusive-Basis zu haben. A. Rabadana bb, Tel. 021-740140, Fax 740141, office@bretanide.hr.

● Als gelungene Mischung aus Stadthotel, Wellness-Oase und Ferienwohnung erweist sich das €€€**Hotel Ivan** mit je 8 EZ und DZ sowie je 16 Apartments für 2 bzw. 4 Personen. Alle Wohneinheiten verfügen über AC, Internetzugang und Sat-TV, die Apartments zudem über Kitchenette und zusätzlichen Wohn-/Schlafraum. Zum Hotelangebot gehören Pool, Fitnessraum, Massageeinheiten und ein kleiner Nachtklub. Preise: 45–65 Euro p.P. im DZ, 55–75 Euro p.P. im Apartment (Ü/F). David cesta 11°, Bol, Tel. 021-640888, Fax 640846, hotel-ivan@hotel-ivan. com.

Camping

● €€**AC Kito,** Tel./Fax 021-635551, und sieben Minicamps in Gehnähe zum Zentrum.

Essen & Trinken

● Für einen Drink bietet sich die offene **Varadero Bar** (nahe Pier) an.

● Das **Bistro Pumparela** (nahe Post) serviert günstige Kleinigkeiten.

● Die **Pizzeria Topolino,** Tel. 021-635767, an der Promenade zur Touristeninformation gilt als die beste in Bol.

Mittlere bis gehobene Kategorie:

● In der Parallelstraße der Uferpromenade von Bol liegt die gemütlich-rustikale **Taverne Gušt.** Neben hausgemachten Gerichten wie Rindergulasch, mariniertem Fisch oder dalmatischem Fischeintopf wird ein mit Kräutern und Feigen hergestellter hausgemachter Brandy serviert. Lokale Weine der Inseln Hvar und Brač runden das kulinarische Angebot ab. Geöffnet tgl. 12–2 Uhr, Frane Radica 14, Bol, Tel. 021-635911.

● Nur wenige Meter weiter befriedigt das **Hotelrestaurant Kaštil** gehobenere Ansprüche. Von der hübschen Terrasse direkt oberhalb des Jachthafens kann bei vorzüglichen Weinen, dalmatischen wie internationalen Gerichten und gelegentlicher Live-Musik das Treiben im Hafen beobachtet werden. Ul. Frane Radica 1, Tel. 021-635996.

● Die italienischen Einflüsse auf die moderne kroatische Küche sind nicht zu leugnen; das **Restaurant-Pizzeria Topolino** an der Uferpromenade steht seit vielen Jahren in dem Ruf, nicht nur dalmatische Hausmannskost schmackhaft zuzubereiten, sondern auch die besten Nudel- und Pizzagerichte auf Brač zu servieren. Riesenportionen, günstige Preise, bei der sportlich aktiven, jüngeren Klientel sehr beliebt. Riva 2, Bol, Tel. 021-635767.

Aktivitäten

● **Tauchbasen: Big Blue Sport,** Tel. 021-635614, Fax 306222, www.big-blue-sport.hr, unmittelbar neben der Touristeninformation (8.30–11.30 und 18–22 Uhr) und am Hotel Borak; **Dive Center Bol,** Tel. 021-635367, www.nautic-center-bol.com, Nautic Diving Center, mit Boots-, Surf- und Radverleih.

● **Sport: Simfo-Windsurf-Center** (tgl. 9–18 Uhr), **Tenniscenter Hotel Bretanide, Orca Surf- und Bikecenter** mit Bootsverleih sowie die **BIC Bol-Windsurf-Schule** (alle am Fußweg zum Zlatni Rat).

● Rund um den Strand/Hotelbereich kann vielen Aktivitäten nachgegangen werden: **Surfbrett- und Bootsverleih, Paragliding, Fahrradverleih** usw.

Sonstiges

● Selbstversorger finden einen großen **Supermarkt** an der Promenade und eine **Bäckerei** in der Ul. Rudina.

● **Apotheke** (Tel. 021-635987) und **Erste Hilfe** (Tel. 021-635112) am Porat bolskih pomoraca bei der Touristeninformation, mehrere **EC-Automaten** auf dem Weg zum Pier.

● Ein **Schnellboot** verbindet Split mit Bol (in der Hauptsaison, ca. 10 Euro/Person).

● 4–6x tgl. **Busanbindung** nach Supetar und Sumartin (am Pier).

● Eine **Touristen-Eisenbahn** verbindet das Zentrum von Bol mit dem Hotelkomplex am Zlatni Rat, wo auch etliche Wassersportarten angeboten werden (9–19 Uhr Zlatni Rat, 19–23 Uhr zu den Hotels).

Sumartin

Sumartin, nach der örtlichen Pfarrkirche Sv Martin benannt, ist eigentlich nur der **Hafen des höher gelegenen Dorfes Selce.** Keine touristische Offenbarung, bietet Sumartin jedoch die für viele Reisende so wichtige Anbindung ans Festland nach Makarska.

Unterkunft

• Dem Rummel von Bol kann man im €€**Ferienhaus Tomic** in Selce entgehen. Das sehr hübsche und stilvolle Haus für max. 5 Personen verfügt über 2 Schlafräume, Wohnzimmer mit Kamin, Küche (mit Gefriertruhe) und eine zauberhafte Terrasse unmittelbar am Meer. Das Haus kostet je nach Saison zwischen 85 und 120 Euro/Tag und ist über Familie *Klingenberg,* Am Ölberg 9, 55459 Grolsheim, Tel. 06727-892477, www.privaturlaub-kroatien.de, zu buchen.

Der Nordosten

Mehrere kleine, touristisch kaum bedeutsame und gerade deshalb interessante Örtchen warten im Nordosten von Brač auf ihre Entdeckung. **Povlja** ist ein kleiner Fischerort, **Pučišća** das Zentrum des Kalksteinabbaus, **Gornji Humac** eine Oase der Landwirtschaft (Käseproduktion!) und **Pražnice** schließlich eine stille Hirtensiedlung rund um einen Marktplatz.

Essen & Trinken

• Die **Konoba Tomic,** ein 800 Jahre altes Weingehöft in **Gornji Humac,** könnte ebenso gut als Heimatmuseum durchgehen. Der *turan* (alte Weinpresse) kann hier ebenso begutachtet werden wie der *toc* (steinerne Ölgefäße) oder der *žrvanj* (Maismühle). Superb speisen kann man in uriger Atmosphäre auch: gebackener Tintenfisch, Sardellen, Ziegenbraten und Bohneneintopf sind nur einige der Köstlichkeiten des Hauses. Eigene Gartenprodukte (u.a. Mangold), eigener Brotofen und Hausmacher Wurst bei gelegentlichen Musikeinlagen des Wirtes – bon apetit! Michieli Tomic d.o.o., Gornji Humac, Tel. 021-647242.

Nerežišća

Ein ehemaliger Fürstensitz erinnert mit seinen venezianischen Löwen daran, dass Nerežišća im Inselzentrum zur Zeit der Venezianer der Verwaltungssitz von Brač war. Heute dient der Ort als Ausgangspunkt für eine Expedition zur **Eremitage Blaca** oder zum höchsten Berg **Vidova Gora** (778 m). Während die Piste zum Aussichtspunkt Vidova Gora mit Veitskapelle und Grotte noch einigermaßen befahrbar ist, wird die Piste Richtung Blaca zur Material-Bewährungsprobe. Auf den (einzigen) markierten Fußweg nach links achten –

man geht von hier noch 40 Minuten zu Fuß. Die in den Berg gebaute Eremitensiedlung ist nur über diesen Fußweg oder per Boot (siehe Bol) erreichbar. Vom 13. bis ins 19. Jahrhundert wohnten hier altkirchenslawisch predigende Wanderpriester als Eremiten; sie lebten von der Schaf- und Bienenzucht sowie von Spenden der Bauern aus dem Umland.

- **Eremitage Blaca:** tgl. 8–17 Uhr von Mai bis Oktober, Eintritt: 30 K inklusive Führung.

Spliska und Postira

Spliska (oft als Splitska zu lesen) an der **Nordküste** der Insel war in der Antike der Verschiffungshafen der Kalkblöcke, ist aber heute mehr oder weniger in Vergessenheit geraten. Der Nachbarort Postira ist der Geburtsort bedeutender kroatischer Persönlichkeiten, namentlich des Dichters und Politikers *V. Nazor* und des Bildhauers *N. Lazanić*.

Insel Vis

Allgemeines

Vis, **ehemalige Marinebasis** im sozialistischen Jugoslawien, wurde erst in der „neukroatischen" Ära für Touristen zugänglich gemacht. Die 1930 Bewohner der Insel, die sich etwa gleichmäßig auf die beiden Orte Vis und Komiža aufteilen, sind daher auf ihre traditionelle Lebensweise als **Fischer** (Fischfabrik) und **Bauern** (Viehzucht und Wein) angewiesen. Die Landschaft erscheint deutlich karger als auf anderen Inseln, außer Kräutern und vereinzelten Kiefern ist der **Bewuchs** wegen der geringen Niederschläge **außerordentlich dürftig.** Wer eine ruhige, abgeschiedene und untouristische Insel ohne großartige Höhepunkte sucht, wird sich auf Vis wohlfühlen. Campingmöglichkeiten sind angedacht, aber noch nicht realisiert.

Vis als äußerer Vorposten der süddalmatischen Inseln wurde **in allen Epochen stark befestigt.** Den illyrischen Siedlern folgten die griechischen

Händler, die Römer ab 45 v. Chr. bauten Thermen und Tempel. Nach dem Fall Roms blieb Vis mehr oder weniger unter der Obhut der kroatischen Könige und wurde 1242 nominell der Insel Hvar angegliedert. Somit fiel auch Vis 1420 an Venedig, welches zu diesem Zeitpunkt ganz Dalmatien dem kroatischen König abkaufte. Nach einer kurzen französischen und britischen Einflussnahme wurde Vis von 1815–1918 von Österreich regiert und zu einem bedeutenden Marinestützpunkt ausgebaut. Diesen nutzten dann auch die jugoslawischen Partisanen und machten Vis im Zweiten Weltkrieg zum **Hauptquartier Titos** mit eigens angelegtem Militärflughafen. *Tito* organisierte seinen Partisanenkrieg von einer Höhle in den Bergen von Vis aus – sie kann man heute bei einer Wanderung von Vis nach Komiža besuchen. Ihre militärische Bedeutung behielt die Insel bis 1989 – seitdem erst ist sie für Ausländer zugänglich.

Hauptort Vis

Im Hauptort Vis mit der **Fähranlegestelle** sind die **alten Prachtbauten** – u.a. der Palazzo Garibaldi (siehe Glossar) – sowie das **Archäologische Museum** sehenswert. Die hier gezeigten Funde der näheren Umgebung entstammen der einstigen griechischen Handelsstation Issa (griechisch für Vis) sowie römischen Thermen und Theaterbauten. Ansonsten ist noch die **Pfarrkirche Sv Ciprijan** aus dem 16. Jahrhundert mit aufwendigen Deckenmalereien erwähnenswert.

- **Archäologisches Museum:** geöffnet tgl. außer Mo 9–13 und 17–19 Uhr.

Komiža

Am anderen Inselende, 18 km von Vis entfernt, liegt das ruhigere Komiža. Sehenswert sind hier das ehemalige **Dominikanerkloster Sv Dominik** aus dem 17. Jahrhundert sowie die kleine **Bergkapelle Gospa Planica** oberhalb des Ortes. Von Komiža aus bieten sich Tagestouren zur **Badeinsel Biševo** an oder eine fünfstündige **Wanderung** auf einem gut markierten Weg, der über die Berge (Hum, 587 m) nach Vis führt. Nach etwa 8 km wird die knapp 80 m tiefe **Tito-Höhle (Titova Špilja)** erreicht, aus der der Partisanenführer den Widerstand gegen die Achsenmächte organisierte.

Transport & Verkehr

Vom 01.06.–30.09. **Fährverbindung** von/nach Split 2–3x tgl. für ca. 370 K (Pkw mit 2 Personen), 1x tgl. **Personenschnellboot** von/nach Split.

Ein **Inselbus** verkehrt 5x tgl. zwischen Vis und Komiža.

Unterkunft, Sonstiges

- €€**Hotel Issa,** Zanelle 5, Tel. 021-711124, Fax 711740, issa @st.t-com.hr, in Vis oder €€**Hotel Biševo** in Komiža.
- In beiden Orten gibt es **Supermarkt, Post, Bank** und etliche **Restaurants.** Eine **Tankstelle** liegt nahe der Anlegestelle in Vis.

Aktivitäten

- **Baden** ist jeweils in der Nähe der Hotels (Kiesbuchten) möglich. Ab Komiža (Kai) werden Tagestouren zur 6 km² großen **Badeinsel Biševo** angeboten, bekannt für ihre (nur von See erreichbaren) azurblauen Grotten.
- Vis hat sich wegen des geringeren Schiffsverkehrs zum interessanten Tauchrevier gemausert: **Tauchbasen An-Ma,** Kamenita 12, Vis, Tel. 021-711367, **Dodoro,** Kranjčevićeva 4, Vis, Tel. 021-711311, dodoro@iridis.com, **Komiža,** P. Strada, Komiža, Tel. 021-713504, und **Issa,** Ribarska 91, Komiža, Tel. 021-743651.

Omiš und die Cetina-Schlucht

Flussmündung

Ab Split südwärts rücken die Ausläufer der dinarischen Berge immer näher zur See; der ohnehin schmale Flachlandstreifen verengt sich zusehends und wird nur an wenigen Stellen von Flussmündungen durchbrochen. Eine davon ist die des Flusses **Cetina,** der sich in Omiš in die Adria ergießt und der Brücke, die die beiden Ortsteile verbindet, einen bedeutenden Charakter verleiht. **Omiš** (6100 Einwohner) wird von Split-Reisenden als Ausweichquartier benutzt und dient als Ausgangspunkt für einen lohnenswerten Ausflug in die Cetina-Schlucht.

Unter den kroatischen Königen mehrfach verschiedenen Adeligen als Lehen gegeben, fiel Omiš Mitte des 15. Jahrhunderts an Venedig. Die Venezianer bauten eine **Stadtbefestigung,** die letztlich auch die mehrfach anrückenden Türken nicht überwinden konnten. Die Ruinen der Fortiza in den Hängen auf über 300 m Höhe zeugen von dieser Wehrhaftigkeit. Auch Renaissancepaläste im Ort gehen auf diese Epoche zurück.

Auf der Südseite des Flusses wurden entlang der heutigen Durchgangsstraße die hübschen **Kirchen** Sv Mihovil (13. Jahrhundert), Sv Duh (16. Jahrhundert) und Sv Rok (17. Jahrhundert) sowie der städtische **Uhrturm** errichtet. Ein kleines Juwel steht auf der anderen Flussseite, die Peterskirche aus dem 10. Jahrhundert.

Infos, Agenturen

- Auskünfte zur Region und Hilfe bei der Unterkunftssuche bietet das **Büro der Touristischen Gemeinschaft** an der Hauptstraße, Tel./Fax 021-861350.
- Im Raum Omiš arrangiert die **Agentur Active Holidays,** Knežova Kačića, Tel./Fax 021-863015, www.activeholidays-croatia.com, neben Rafting auf der Cetina auch Freeclimbing-Kurse, Windsurfen, Tauchen, Unterkunft, Pkw-Vermietung und Ausflüge aller Art.
- In Stanići bietet die **Agentur Emsa,** Tel. 021-879047, Fax 897011, www.emsatours.hr, Riverrafting (neben Freeclimbing, Wandern, Tauchen, Unterkunft, Fischen etc.) zu vergleichsweise günstigen Preisen.
- Im nahe gelegenen Ortsteil Nemira wende man sich an die sehr zuverlässige **Agentur Adria Tours,** Duče Zavlje II/2, Tel./Fax 021-734577, www.adriaturist.hr.
- Internetinfos zur Region unter **www.omisinfo.com.**

Unterkunft

- Die Agenturen (s.o.) vermitteln wie üblich **Privatzimmer.**
- Günstigste „offizielle" Unterkunftsmöglichkeiten bietet die €€**Hotelanlage Ruskamen,** Tel. 021-871402, Fax 871401, hotel-ruskamen@inet.hr, mit DZ zu 80 Euro und 4er-Ferienwohnungen zu 50–75 Euro.

Camping

Eine ganze Reihe von Campingplätzen unmittelbar vor und hinter Omiš zieht zahllose Campingfreunde an, darunter:

- €€**AC Lisičina,** Tel. 021-861332, klein und ohne Extras.
- €€**AC Ribnjak,** Tel. 021-864430, Fax 862075, mit gutem Freizeitangebot: Rad- und Bootsverleih, Tennis- und Surfkurse, breiter, flacher Strand.

- €**Camp Daniel,** Tel. 021-879173.
- €**Camp Linda,** Tel. 021-879023.

Essen & Trinken

- Etliche gute Lokale empfehlen sich entlang der Hauptstraße, besonders erwähnenswert ist der **Konoba-Grill Dalmacija** mit Fleischspezialitäten.
- Die **alte Mühle in Radmanove-Mlinice** in der Cetina-Schlucht empfiehlt sich für eine Rast (Fisch, Schinken und Käse) bei Touren durch die Schlucht.

Aktivitäten

Der **Fluss Cetina,** der sich bei Omiš unmittelbar hinter der Stadt den Zugang zum Meer durch das malerische Gebirgsmassiv bahnte und damit einen **großartigen Cañon** schuf, und ein 1 km langer Sandstrand kreieren einen unvergleichlichen Abschnitt der Adriaküste.

- Sportarten wie **Rafting** auf den Stromschellen der Cetina, **Klettern** in den umliegenden ursprünglichen Felshängen, ergänzt durch modern ausgestattete Privatpensionen, Villen und Apartments – alles einerseits sehr nahe, andererseits doch weit genug vom Zentrum Split und der Tourismusindustrie entfernt; Infos unter: www.raft.hr.
- **Kajak- und Kanufahrten** auf Wildflüssen werden in Kroatien auf den Flüssen Kupa, Korana, Cetina und Una organisiert, wobei die Cetina die besten Möglichkeiten bietet.
- Besonderer Beliebtheit erfreute sich in der abgelaufenen Saison die berühmte **„Kombi-Abenteuertour“** der bekannten **Fa. Atlas** in Split, Tel. 021-343055, Fax 362012, www.atlas-croatia.com, die inkl. Flug ab ca. 900 Euro/Person gebucht werden kann und kombiniert mit Mountainbike und Kajak eine Woche lang die Cetina entlangführt.

330nd08 Foto: wl

Anhang

Literaturtipps

- *Bodrožić, Marica:* **Tito ist tot,** Suhrkamp Verlag. Kurzgeschichten und Erzählungen zum neuen Kroatien.
- *Deschner, Kh. & Petrovic, M.:* **Der ewige Kreuzzug auf dem Balkan.** München, 1999.
- *Dubravka Ugrešić:* **Kultur der Lüge,** Suhrkamp Verlag. Auseinandersetzung mit dem jugoslawischen bzw. kroatischen Nationalstaat.
- *Dubravka Ugrešić:* **Lesen verboten,** Suhrkamp Verlag. Weitere Auseinandersetzung mit dem jugoslawischen bzw. kroatischen Nationalstaat.
- *Elsässer, Jürgen:* **Kriegslügen,** Kai Homilius Verlag, 2004. Erläutert die unselige Geschichte des Balkankonfliktes bis zum Milošević-Prozess.
- *Hösch, Edgar:* **Geschichte der Balkanländer,** C. H. Beck Verlag. Grundlagenwerk zur Geschichte des ehemaligen Jugoslawien und seiner Nachfolgestaaten.
- *Jovanović, Dragoslav:* **Kroatisch – Wort für Wort,** Kauderwelsch Band 98, Reise Know-How Verlag, Bielefeld. Kroatisch für den einfachen Einstieg und die schnelle Verständigung im Reisealltag. Der „AusspracheTrainer Kroatisch" (Audio-CD, ca. 60 Min. Laufzeit) enthält die wichtigsten Sätze und Redewendungen des Kauderwelsch-Bandes zum Hören und Nachsprechen.
- *Mappes-Nieldick, Norbert:* **Balkan Mafia,** Berlin 2003. Beschreibt die Balkanstaaten in der Hand krimineller Banden und Politiker, sehr aktuell bis zum Djindić-Attentat.
- *Schmidt, H. & Barth, E.W.:* **Hafenhandbuch Mittelmeer,** in 6 Bänden, Nautik-Verlag. Detaillierte Pläne und Beschreibungen aller adriatischen Hafenanlagen und Segelreviere.
- *West, Rebecca:* **Schwarzes Lamm und grauer Falke,** Berlin, 2002. Geschichtlicher und kultureller Hintergrund des Balkan basierend auf einer Reise einer Engländerin in den 1930er Jahren.

Bild auf den Seiten zuvor: Veli Rat auf der Insel Dugi Otok

Glossar

• **Abecedarium:** Alphabet (lateinisch, kyrillisch oder griechisch), welches vom Bischof bei der Kirchweihe in den Boden graviert wird.

• **Antolčić, Ivan** (*15.5.1928 in Komarevo, Sisak): In Zagreb ausgebildeter Bildhauer, von 1954–1991 Bühnendekorateur und Skulpteur des Nationaltheaters in Zagreb, gleichzeitig gefragter Poster-Zeichner (Ballett Zagreb) und Maskenbildner. Seit 1963 stellt er selbst aus und arbeitet bevorzugt für Kinderzeitungen („Radost", „Modra"), gestaltet Folianten, Medaillen, Plaketten u. Ä. *Antolčić* gilt als Aushängeschild der kroatischen Allround-Kunst des 20. Jh.

• **Aquilea** (ital. Aquileja): Ab 181 v. Chr. als römische Kolonie erwähnt, wurde als zweite italienische Stadt christianisiert und war eine der größten Städte Italiens überhaupt. Ab Mitte des 6. Jh. war es Patriarchat („Patriarch" ursprünglich: Vorsteher des Sanhedrin, des höchsten jüdischen Gerichtes, dann ähnlich einem Erzbischof). Ab 1421 gehörte das Patriarchat Aquilea zu Venedig, verlor 1445 seine weltliche Macht und wurde schließlich von Papst *Benedikt XIV.* aufgelöst. Heute Ruinenstadt in Nordost-Italien (Grado). Mit dem Zusammenbruch Westroms (476) fielen zahlreiche Städte Nordkroatiens, insbesondere Istriens, an das Patriarchat Aquilea.

• **Archidiaconus:** geistlicher Titel (Erzdiakon), ursprünglich erster Diakon und Vertreter des Bischofs, oft in Personalunion Dompropst, beteiligt an Vermögensverwaltung und Kirchenrechtsprechung.

• **Ban:** Vizekönig, Statthalter.

• **Byzanz:** Hauptstadt des byzantinischen Weltreichs (später Konstantinopel, heute Istanbul), gleichzeitig Bezeichnung für das oströmische Reich nach der Abspaltung von Westrom (Reichsteilung 395 n. Chr.). Während Westrom schon 476 n. Chr. von den germanischen Goten zerschlagen wurde (Odoaker), blieb Byzanz (Ostrom) bis zur Eroberung durch die Türken 1453 ein wichtiger Machtfaktor und Bollwerk gegen den Islam im östlichen Mittelmeerraum. Obgleich die kroatische Adria im Allgemeinen und Istrien im Besonderen eher dem weströmischen Einfluss zuzurechnen sind, war Ostrom nicht unbedeutend, was an der nur allmählichen Trennung von Kirche und Staat lag: Kirchlich unterstanden viele Städte weiterhin dem Patriarchen von Konstantinopel, während sie politisch an die Nachfolger Westroms fielen (etwa Venedig) und so erst später unter römisch-katholischen Einfluss gerieten.

• **Campanile:** Glockenturm, der abgesetzt neben der Kirche steht, sehr häufig in Italien und in vielen Kirchen Kroatiens, die während der venezianischen Phase errichtet worden sind.

• **Dalmatinac, Juraj** (1410–1473): Dalmatischer Innenarchitekt und Künstler aus Zadar in der Übergangsphase von der Spätgotik zur Renaissance. Seine Werke sind von außerordentlicher Bedeutung für Kroatien und sogar Italien, wo *Dalmatinac* in Ancona und Venedig (Kaufmannsloge) tätig war. Die Gesamtanlage der Stadt Pag, Wohnhäuser und Befestigungsmauern von Dubrovnik sowie die Kathedrale von Šibenik gehören zu seinen bedeutendsten Werken.

• **Exarchat:** Verwaltungsrat und Statthalter von Byzanz.

• **Frankopanen:** Kroatisches Fürstengeschlecht in Hoch- und Spätmittelalter sowie der frühen Neuzeit, welches insbesondere die Kvarner Bucht südlich von Rijeka kontrollierte und mit Wehrschlössern befestigte. Architektonische Musterbeispiele findet man in der Kvarner Bucht von Bakar bis Novi Vinodolski sowie auf den Inseln.

• **Garibaldi:** Nach der Kapitulation des faschistischen Italien (1943) schlossen sich etliche der bis dahin für die Achsenmächte auf dem Balkan kämpfenden Italiener den Partisanen *Titos* im Kampf gegen die Deutschen an. Diese italienischen Einheiten wurden als „Division Garibaldi" bekannt und erlangten einiges Ansehen in den befreiten jugoslawischen Landesteilen. Ihnen zu Ehren findet man in einigen Städten Istriens eine „Ulica Garibaldi" (Garibaldi-Straße).

• **Gespanschaft:** Die Republik Kroatien ist administrativ in 20 Gespanschaften gegliedert, die etwa einem Bundesland bzw. Kanton entsprechen (die Stadt Zagreb bildet zusätzlich eine eigene Verwaltungseinheit). Der Begriff stammt aus der k.u.k. Zeit und wurde 1918 übernommen (Königreich der Serben und Kroaten), nach dem Zweiten Weltkrieg abgeschafft und 1992 reaktiviert.

• **Glagolitisch:** altslawische Schrift, die im 9. Jh. entwickelt wurde, um Bibeltexte ins Altslawische zu übersetzen.

• **Gregor von Nin (Grgur Ninski):** Hochmittelalterlicher Bischof (10. Jh.) der Stadt Nin sowie Zeitgenosse und Berater, später Kanzler des kroatischen Königs *Tomislav. Gregor* trat für die Erhaltung der slawischen Sprache (statt Latein) in den Gottesdiensten ein, wandte sich stets gegen den dominanten Klerus von Split und wird als eine Art erster kroatischer Freiheitskämpfer verehrt.

• **Histrer & Liburner:** Im Nordwesten des heutigen Kroatien, insbesondere in Istrien verbreitete regionale ethnische Gruppe der Illyrer des Altertums. Der Name der Halbinsel

„Istrien" (lat. Histria) wird oft auf die dort einst ansässigen „Histrer" zurückgeführt.

• **Ikonostase:** dreiteilige, mit Ikonenbildern versehene Trennwand zwischen Altar und Kirchenhauptschiff in serbisch- und griechisch-orthodoxen Kirchen.

• **Illyrer:** Bedeutende indoeuropäische, staatlich organisierte Volksgruppe des Altertums, die im Nordwesten des Balkans und entlang der Adria beheimatet war; einzelne Stämme sind auch in Italien und sogar Griechenland nachgewiesen. Nach der Zeitenwende wurden die Illyrer schnell romanisiert; ab Mitte des 3. Jh. gingen zahlreiche römische Imperatoren („Zeit der illyrischen Kaiser", *Diokletian)* aus ihren Reihen hervor. Auf der Halbinsel Pelješac bei Dubrovnik wurde im Jahr 2000 in einer Höhle eine 8000 Jahre alte, unberührte Tempelstätte gefunden, deren Auswertung noch andauert. Die Annahme, dass ihre Herkunft in Mitteldeutschland (Lausitzer Kultur) liegt, blieb bislang ohne zwingende Beweise.

• **Lapidarium:** Für kleine Museen und Ausstellungen wird oft der Begriff Lapidarium verwendet. Es handelt sich dabei um Sammlungen steinerner Relikte (lat. *lapidarius* = steinern) wie Fußböden, Wandplatten oder andere Fragmente bzw. Bauteile (etwa Säulen).

• **Meštrović, Ivan** (*1883 in Otavice/Šibenik, †1962): Bildhauer und Urheber zahlreicher Büsten und Denkmäler in den Küstenorten Kroatiens. Er emigrierte wegen der italienischen Besatzung in die USA und gilt heute als bedeutendster kroatischer Vertreter des modernen Expressionismus und Neoklassizismus. Sein einstiges Atelier liegt in der Zagreber Altstadt (Gradec) in der Mletačka-Straße nahe des Markusplatzes.

• **Militärgrenze:** In der Zeit vom 16. bis 19. Jh. ein militärisch organisierter und mit zahlreichen Festungsbauten bestückter Landstrich an der türkischen Grenze Österreich-Ungarns (wurde 1849–1866 ein eigenes österreichisches Kronland). 1881 wurde die kroatisch-slawonische Militärgrenze mit Kroatien-Slawonien vereinigt. Die Grenzer waren örtliche Bauernsoldaten, die Wehrdienst in Grenzregimentern leisteten und dafür zu meist keine Abgaben zu entrichten hatten.

• **Polyptychon:** Meist holzgeschnitzte, baldachinähnliche Kirchenaltäre oder Seitenschreine mit einer Vielzahl von Bildnissen christlicher Heiliger. Das äußere Erscheinungsbild eines Polyptychon ist dem einer Ikonostase nicht unähnlich, man geht daher von einem byzantinischen Ursprung aus. Der für Kroatien bedeutendste Künstler ist *Antonio Vivarini.*

- **Portikus:** Von Säulen getragenes Vordach einer Kirche, Kathedrale oder Basilika, das häufig bei Sakralbauten byzantinischen Ursprungs zu sehen ist.

- **Sanmichele, Michele:** Venezianischer Architekt, der Mitte des 16. Jh. im Auftrag der Dogenrepublik zahlreiche weltliche und geistliche Baudenkmäler in Nord- und Zentraldalmatien schuf (Zadar).
- **SFOR** (Stabilisation Forces Of Restjugoslavia): Internationales Kontingent unter deutscher Beteiligung zur Überwachung des Daytoner Friedensabkommens in Bosnien-Herzegowina. Das deutsche Kontingent in Bataillonsstärke ist bei Sarajevo (Rajlovac) stationiert und untersteht dem Kommando der französisch-multinationalen DMNSE (Division Multinationale Sudeste) mit Hauptquartier in Mostar-Ortijes. Das Divisionsgebiet erstreckt sich von der Gegend um Sarajevo über Mostar bis zur kroatischen Grenze. Die SFOR-Truppen wurden 2005 von einer EU-geführten internationalen Truppe („Operation Athea") abgelöst.
- **Štrossmayer:** Fast jeder größere Ort Kroatiens hat eine Hauptstraße mit dem Namen „Ulica Štrossmayera". Dahinter verbirgt sich *Josip Juraj Štrossmayer* (1815–1905), Bischof von Djakovo und Beichtvater Kaiser *Franz Josephs.* Er war ein Vordenker des Panslawismus (Streben nach Einheit aller Slawen von Russland bis Kroatien). Da aber hierzu die slawisch-orthodoxe und die römisch-katholische Kirche vereinigt werden mussten, war er ein Gegner aller die Kirchen trennenden Dogmen, v.a. der katholischen Theorie der unbefleckten Empfängnis, womit er in scharfer Opposition zum Papst stand (Erstes Vaticanum 1870).

- **Tesla, Nikola:** In vielen kroatischen Gemeinden wird der Besucher auf eine Ulica N. Tesla (Nikola-Tesla-Straße) treffen, wobei es sich um den Erfinder und Elektroingenieur *N. Tesla* (1856–1943) aus Lika bei Gospić (Dalmatien) handelt. Der Sohn serbischer Eltern machte den Wechselstrom nutzbar und gilt auch in Kroatien als einer der bedeutendsten Serben des Landes.

- **Uškoken:** Mittelalterliche Seeräuberbande, die sich gegen die türkische und die venezianische Fremdbestimmung auflehnte und entlang der norddalmatischen Küste mit Zentrum in Senj ihr Unwesen trieb.

Anhang

Die Reiseführer auf einen Blick

Reisehandbücher
Urlaubshandbücher
Reisesachbücher
Edition RKH, Praxis

Algarve, Lissabon
Amrum
Amsterdam
Andalusien
Apulien
Athen
Auvergne, Cévennen

Barcelona
Berlin, Potsdam
Borkum
Bretagne
Budapest
Burgund

City-Trips mit Billigfliegern
City-Trips mit Billigfliegern, Bd.2
Cornwall
Costa Blanca
Costa Brava
Costa de la Luz
Costa del Sol
Costa Dorada
Côte d'Azur, Seealpen, Hochprovence

Dalmatien
Dänemarks Nordseeküste
Disneyland Resort Paris
Dresden

Eifel
El Hierro
Elsass, Vogesen
England, der Süden
Erste Hilfe unterwegs
Estland
Europa BikeBuch

Fahrrad-Weltführer
Fehmarn
Föhr
Formentera
Friaul, Venetien
Fuerteventura

Gardasee, Trentino
Golf von Neapel, Kampanien
Gomera
Gotland
Gran Canaria
Großbritannien

Hamburg
Helgoland
Hollands Nordseeinseln
Hollands Westküste
Holsteinische Schweiz

Ibiza, Formentera
Irland
Island, Faröer
Istanbul
Istrien, Kvarner Bucht

Juist

Kalabrien, Basilikata
Katalonien
Köln
Kopenhagen
Korfu, Ionische Inseln
Korsika
Krakau, Tschenstochow
Kreta
Krim, Lemberg, Kiew
Kroatien

Landgang an der Ostsee
Langeoog
La Palma
Lanzarote
Latium mit Rom
Leipzig
Ligurien, Cinque Terre
Litauen
London

Madeira
Madrid
Mallorca
Mallorca, Leben/Arbeiten
Mallorca, Wandern
Malta, Gozo, Comino
Mecklenb./Brandenb.: Wasserwandern
Mecklenburg-Vorp. Binnenland
Menorca
Montenegro
Moskau
Motorradreisen
München

Norderney
Nordseeinseln, Dt.
Nordseeküste Niedersachsens
Nordseeküste Schleswig-Holstein
Nordspanien
Nordzypern
Normandie
Norwegen

Ostseeküste Mecklenburg-Vorp.
Ostseeküste Schleswig-Holstein
Outdoor-Praxis

Praxis, KulturSchock

Reise Know-How

Europa

Pferdetrekking
Radreisen
Reisefotografie
Reisefotografie digital
Reisekochbuch
Reiserecht
Respektvoll reisen
Schutz vor Gewalt und Kriminalität
Schwanger reisen
Selbstdiagnose unterwegs
Sicherheit Meer
Sonne, Wind, Reisewetter
Spaniens Fiestas
Sprachen lernen
Survival-Handbuch Naturkatastrophen
Tauchen Kaltwasser
Tauchen Warmwasser
Trekking-Handbuch
Unterkunft/Mietwagen
Vulkane besteigen
Wandern im Watt
Wann wohin reisen?
Wein-Reiseführer Deutschland
Wein-Reiseführer Italien
Wein-Reiseführer Toskana
Wildnis-Ausrüstung
Wildnis-Backpacking
Wildnis-Küche
Winterwandern
Wohnmobil-Ausrüstung
Wohnmobil-Reisen
Wohnwagen Handbuch
Wracktauchen
Zahnersatz, Reiseziel

KulturSchock

Familienmanagement im Ausland
Finnland
Frankreich
Irland
Leben in fremden Kulturen
Polen
Rumänien
Russland
Spanien
Türkei
Ukraine
Ungarn

Wo man unsere Reiseliteratur bekommt:
Jede Buchhandlung Deutschlands, der Schweiz, Österreichs und der Benelux-Staaten kann unsere Bücher beziehen. Wer sie dort nicht findet, kann alle Bücher über unsere **Internet-Shops** bestellen. Auf den Homepages gibt es auch **Informationen** zu allen Titeln:

www.reise-know-how.de
www.reisebuch.de

Register

A

B

C

D

Anhang

M

N

O

P

R

S

T

U

V

W

Z

Der Autor

Werner Lips, Jahrgang 1961, betätigte sich nach dem Studium der Ostsprachen und Geschichte in verschiedenen Bereichen: als Offizier im Balkaneinsatz, als Manager bei Markenunternehmen und Betriebsleiter in der Baunebenbranche, als Fachhochschuldozent für Sprachen und Kulturwissenschaften. Als gefragter Experte im Bereich Osteuropa/Asien beriet er wiederholt Fernsehen (WDR, VOX, ZDF/Arte) und Behörden. Der Taucher, Motorradfahrer und Trekker ist seit vielen Jahren intensiv über und unter Wasser rund um das Mittelmeer, dabei besonders in dessen Osthälfte, unterwegs auf der Suche nach interessanten Reisezielen. Kroatien bzw. Istrien fasziniert ihn landschaftlich, kulturell und in geschichtlicher Hinsicht, nicht zuletzt wegen der zahlreichen historischen Stätten, aber auch wegen der politischen Besonderheiten auf dem Balkan. Von ihm sind bei Reise Know-How auch Reisebücher zu Kroatien, Istrien, Süddalmatien, Montenegro, Malta und Zypern (Süd und Nord) erschienen.

Danksagung

Zahlreiche Menschen trugen zur Verbesserung dieses Buches bei. Mein herzlicher Dank richtet sich dabei insbesondere an: *N. Hartge, M. Albrich & K. Bradl, M. Linke, K. Rosenfeld, P. Huber, A. Vilim, S. & B. Meier-Neiss, B. Carlson, Dr. D. Martin, S. Kagerer, B. Kier & F. Friedrich, S. Burkert, S. Hermann, Y. Dalferth, B. Schönegger, A. Kuck, M. Klotzbach, N. Suppanz, N. Röß, R. Russ, J. Kiel* und *B. Patocka.*